RÉPUBLIQUE FRANÇAISE

UNIVERSITÉ DE FRANCE.

Académie de Montpellier.

LYCÉE DE CARCASSONNE

ANNÉE SCOLAIRE 1891-1892

Classe de *Philosophie*

Prix du Tableau d'honneur de Classe

obtenu par l'Élève *Rivés Edouard*

Carcassonne, le 30 juillet 1892.

Le Proviseur,
Officier de l'Instruction publique,
A. ROUQUET.

TYP. POLÈRE.

LA

CHEVALERIE

ET

LES CROISADES.

TYPOGRAPHIE FIRMIN-DIDOT. — MESNIL (EURE).

LE PRIX DU TOURNOI.

Miniature des *Tournois du roi René*, manuscrit du quinzième siècle, à la Bibliothèque nationale de Paris

L'ANCIENNE FRANCE.

LA
CHEVALERIE

ET

LES CROISADES.

FÉODALITÉ — BLASON — ORDRES MILITAIRES.

OUVRAGE ILLUSTRÉ DE 214 GRAVURES

ET D'UNE CHROMOLITHOGRAPHIE,

D'APRÈS LES GRANDS OUVRAGES DE M. PAUL LACROIX,

SUR LE MOYEN AGE ET LA RENAISSANCE.

PARIS,

LIBRAIRIE DE FIRMIN-DIDOT ET CIE,

IMPRIMEURS DE L'INSTITUT, RUE JACOB, 56.

1887.

NOTE DES ÉDITEURS.

Le présent volume a été composé en majeure partie du texte écrit par Paul Lacroix, pour les chapitres relatifs à la *Vie Militaire*, aux *Mœurs* et aux *Sciences au Moyen Age*. Nous n'avons presque rien eu à y changer; seulement, comme le point de vue était différent, il a fallu nécessairement introduire quelques transitions entre les passages divers, et augmenter le texte original de P. Lacroix, de quelques citations puisées aux sources les meilleures.

Nous avons cru cependant ne pas devoir mettre ce texte sous son nom, parce qu'il n'était pas de lui entièrement, bien que la majeure partie lui soit due; on pourra en juger par l'indication suivante des passages qui lui ont été empruntés :

Depuis, p. 1, Le jour...   jusqu'à, p. 6, Le principe...
   —   8, L'investiture...   —   16, Autour d'eux...
   —   16, Aussitôt...   —   20, Les Francs...
   —   20, Dans les pays...   —   56, Mais, il faut...

Depuis p. 57, Dès longtemps...   jusqu'à, p. 61, Plus on était...
— 62, Chez les Germains...   — 74, Nous citerons...
— 76, On voit donc...   — 87, C'est l'incident...
— 88, A peine née...   — 113, Enfin un jour...
— 119, Le symbolisme...   — 132, Citons un exemple...
— 132, Retournons...   — 134, La tradition...
— 135, En général...   — 142, Si le gage...
— 142, Après le combat...   — 144, Malgré...
— 146, Les usages...   — 156, Les luttes...
— 157, Ce n'était...   — 159, D'ailleurs l'idée...
— 160, Urbain II...   — 162, Les nouveaux...
— 168, Un demi-siècle...   — 170, En 1144...
— 172, De France...   — 174, Après plus...
— 178, ... rapportant moult...   — 212, Quelques années...
— 214, Vingt-quatre...   — 224, Ces ordres...
— 224, En 1188...   — 238, Les trois ordres...
— 242, L'ordre de la Toison...   — 246, Le dernier ordre...
— 249, Lorsque la féodalité...   — 262, Divers savants...
— 263, On trouve...   — 275, Les États...
— 276, Vers le temps...   — 278, ... de la communauté..

LA
CHEVALERIE
ET
LES CROISADES.

FÉODALITÉ.

I. — APERÇU GÉNÉRAL DE LA FÉODALITÉ DANS LES DIFFÉRENTS
ÉTATS DE L'EUROPE OCCIDENTALE.

E jour où leur chef Clovis partage et distribue à ses *leudes* ou compagnons d'armes les terres qu'ils ont gagnées sous ses ordres, au prix de leur sang; le jour notamment où, par son baptême, après la victoire de Tolbiac (fig. 3), il se soumet et s'inféode à l'Église chrétienne, une aristocratie théocratique et une aristocratie guerrière apparaissent à la fois, et dans cette origine simultanée, se laisse apercevoir déjà la cause cachée d'un antagonisme inévitable.

Des conspirations, des exécutions sanglantes, des révoltes continuelles, divers foyers d'intrigues, où se rencontrent les leudes du roi et les dignitaires du haut clergé; une austère censure ecclésiastique menaçant et frappant sans cesse ces tyrans farouches et aveugles, qui se vengent ou s'humilient tour à tour; des ambi-

Fig. 1. — Costume gaulois de l'époque gallo-romaine.

tions sans frein, des haines terribles; des races différentes toujours opposées l'une à l'autre : ici, la race gauloise (fig. 1) et la race des Goths; là, des races barbares (fig. 2), germaniques ou slaves; c'est la féodalité qui commence, en marquant, par d'incessantes usurpations, les étapes successives de la civilisation moderne.

Le système politique inauguré par les lois barbares au profit des leudes était entièrement opposé au système sanctionné par le droit romain. Les leudes voulaient qu'un seigneur, propriétaire des terres et des hommes qui les cultivaient, pût *inféoder,* c'est-à-dire concéder, à titre de fief inférieur, une portion quelconque de son propre fief, en abandonnant au concessionnaire, ou *vassal,* non seulement la propriété du sol, mais la souveraineté

Fig. 2. — Cavalier barbare à la solde de l'empire romain. D'après les monuments antiques

sur les habitants qui l'occupaient. Pour que le vassal fût déchu de ses droits, il fallait qu'il eût forfait aux engagements contractés par lui en recevant l'investiture du fief. La cession des terres et des droits y attachés, en un mot les clauses allodiales sur lesquelles reposait le principe de la féodalité naissante, demeurèrent pendant plus d'un siècle dans le vague des situations chancelantes qui cherchent une assiette fixe, et par lesquelles la loi d'équilibre se laisse deviner longtemps avant d'être résolue.

Dominateur de la France, de l'Allemagne, de l'Italie, et protecteur de l'Église, Charlemagne eut toutes les prérogatives des empereurs d'Occident (fig. 4). Deux fois il délivre le saint-siège de ses ennemis; en Allemagne comme en Italie, il met son épée

Fig. 3. — Bataille de Tolbiac et baptême de Clovis. D'après une gravure de 1516.

au service de la foi chrétienne; un pape, Adrien, lui confère la dignité de patrice; un autre pape, Léon III, son successeur, lui met, en 800, la couronne impériale sur la tête. On voit alors,

mieux qu'au temps des empereurs romains et grecs, l'Église protégée par le chef de l'État,
auquel se trouvait inféodée
l'aristocratie seigneuriale,
dont les velléités d'insubordination étaient comprimées
sous un sceptre de fer.

La féodalité, qui grandit
et qui pressent déjà sa force,
ne recule point : elle fait une
halte et s'abstient, attendant
pour agir un moment plus
propice. Les héritiers de
Charlemagne, en effet, n'ont
été ni les rois de France, ni
les empereurs d'Allemagne,
mais bien les seigneurs féodaux, possesseurs des grands
fiefs. Leur puissance devint
d'autant plus considérable,
qu'en 853 un édit de Charles
le Chauve avait ordonné de
reconstruire les anciens manoirs, d'en réparer les ouvrages de défense et d'en
bâtir de nouveaux, afin d'arrêter les invasions dévasta-
trices des Normands, des
Sarrasins, des Hongrois, etc.

Fig. 4. — Charlemagne. Statue du xvᵉ siècle.

L'Europe se couvrit ainsi de forteresses, derrière lesquelles nobles et vilains trouvaient un refuge contre les nouveaux barbares. Il n'y eut bientôt plus un fleuve, un défilé de montagnes, une route importante, qui ne fussent défendus par des postes militaires et par de bonnes murailles (fig. 5 à 10). Les envahisseurs, que l'effroi qu'ils inspiraient avait rendus si audacieux et si redoutables, suspendirent leurs incursions ou ne s'éloignèrent pas du littoral où ils avaient débarqué; on vit renaître peu à peu la sécurité dans les campagnes; le salut des peuples civilisés fut assuré. Un service de cette importance, rendu par les nobles ou par les seigneurs à la société tout entière, devait légitimer leurs droits à la garde exclusive des *marches,* ou frontières, qu'ils fermaient à l'ennemi commun.

« Le principe essentiel de la féodalité, » dit M. Chéruel, « est la confusion de la propriété et de la souveraineté; le propriétaire exerce en même temps les droits réguliers (justice, guerre, impôt, monnayage); il les exerce à titre de propriétaire. Point de terre sans seigneur, point de seigneur sans terre : ce sont des axiomes féodaux. Le plus grand terrien est le plus puissant seigneur; voilà pourquoi la royauté carlovingienne, réduite à quelques domaines à la fin du dixième siècle, était si méprisée. Toute souveraineté avait des racines dans la terre. Cette terre s'appelait *fief*, la propriété par excellence. »

Vers le dixième siècle, tout noble qui désirait obtenir d'un autre noble, plus riche ou plus puissant que lui, une terre à titre de fief, et qui consentait à devenir ainsi son vassal, allait le trouver en personne et lui déclarait qu'il voulait être désormais son fidèle, son dévoué, son défenseur jusqu'à la mort; il le jurait à genoux, les mains posées entre celles du seigneur, sans éperons, sans baudrier, sans épée (fig. 11 et 12); tel était l'*hommage lige,* qu'on prêtait en ces termes : « Sire, je viens à votre hommage et en votre foi,

Fig. 5. — Tour de l'enceinte
de Provins. XIIᵉ s

Fig. 6. — Tour du château
de Fougères. XIIᵉ s.

Fig. 7. — Tour du château
de Loches. XIIᵉ s.

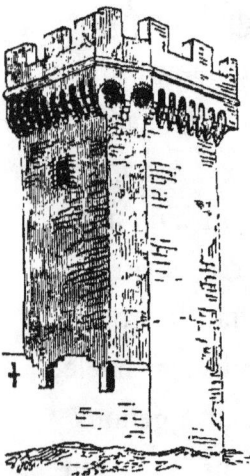

Fig. 8. — Tour de Beau-
caire. XIIIᵉ s.

Fig. 9. — Tour du télégraphe
à Narbonne. XIVᵉ s.

Fig. 10. — Ancien château
d'Angoulême. XIIIᵉ s.

et deviens votre homme de bouche et de main. Je vous jure et promets foi et loyauté envers et contre tous, et garder votre foi en mon pouvoir. » Dans l'*hommage simple*, le vassal se tenait debout, gardait son épée et ses éperons, pendant que le chancelier lisait la formule, et se bornait à répondre : *Voire,* en signe d'affirmation. Dès lors le seigneur lui concédait la terre ou le domaine féodal, par *investiture* ou par *saisine*, formule accompagnée souvent d'un signe symbolique, tel qu'une motte de terre, une baguette, un couteau, une lance, une crosse, une quenouille, des gants, un caillou, selon l'usage du fief.

L'investiture des royaumes se faisait par le glaive et le sceptre, celle des provinces par l'étendard.

Les obligations réciproques du vassal et du suzerain étaient nombreuses : les unes morales, les autres matérielles. Le vassal devait garder loyalement les secrets que le suzerain lui avait confiés, dévoiler et conjurer toute perfide entreprise de la part de ses ennemis, le défendre même au péril de sa vie, lui donner son propre cheval dans une mêlée où il aurait perdu le sien, aller en captivité à sa place, faire respecter son honneur, l'aider de bons avis, etc. Sur une simple réquisition du seigneur, le vassal était tenu de le suivre à la guerre, soit seul, soit avec un certain nombre d'hommes, suivant l'importance du fief, et pourvus d'armes et de vivres. La durée de ce service militaire variait également selon le fief, de quarante à soixante jours, ce qui ne permettait pas les expéditions lointaines. Les femmes, les mineurs, les ecclésiastiques pouvaient se faire remplacer par leur sénéchal. Manquer au service de l'*ost,* quand on était légalement convoqué, était un cas de forfaiture, qui entraînait la confiscation du fief et le châtiment du félon.

Le seigneur féodal remplaçait l'État, et, se trouvant investi des fonctions du pouvoir public, il fallait qu'il eût recours aux forces disséminées entre ses vassaux et qu'il les appliquât d'après ses convenances personnelles. La justice administrée de la sorte s'appelait la *fiance,* c'est-à-dire la sécurité. Le seigneur *semonnait* (sommait) les hommes du fief ou des fiefs pour qu'ils se rendissent à ses *plaids* (fig. 13), ou assises, soit pour lui servir de conseil, soit pour siéger avec lui comme juges, soit pour faire exécuter ses sentences, et nul ne devait s'en affranchir.

Fig. 11. — Acte de foi et d'hommage avec cette légende : *Secretum meum mihi* (Mon secret est à moi). Sceau de Gérard de Saint-Amand (1199). Archives nat.

Il y avait au profit du seigneur des *aides* (contributions) *légales* et obligatoires, des *aides gracieuses* et volontaires. Le vassal devait les aides légales en trois circonstances différentes : quand le seigneur était prisonnier et qu'il avait à payer une rançon, quand il armait chevalier son fils aîné, quand il mariait sa fille aînée. Les aides, dans la société féodale, tenaient lieu des impôts publics que l'État seul prélevait dans l'antiquité comme il le fait dans les temps modernes ; mais loin de présenter le caractère de périodicité fixe, ou même celui d'une exigence absolue, c'était une espèce de don volontaire, quoique peu de vassaux eussent osé s'en affranchir. On s'acquittait des aides quelquefois en argent, le plus souvent en nature. Tout était fourni au seigneur de cette manière. A Paris, c'était dans la tour du Louvre que les vassaux directs du roi apportaient leurs aides.

Le seigneur, qui vis-à-vis du vassal n'abdiquait jamais sa souveraineté, intervenait parfois dans certaines modifications essentielles que le fief avait à subir, modifications en dehors de la compétence du vassal. Ces modifications, faisant naître des droits

Fig. 12. — Acte de foi et d'hommage (xiie siècle). Sceau représentant Raymond de Mont-Dragon, agenouillé devant l'archevêque d'Arles, son suzerain. Archives nat.

nouveaux, devenaient pour le seigneur une nouvelle source de revenus. Ainsi, le seigneur prélevait : 1° un droit de *relief,* somme d'argent due par tout individu majeur qui se mettait en possession d'un fief par succession ; et le relief coûtait d'autant plus que la succession s'éloignait davantage de la ligne directe ; 2° un droit d'*aliénation*, que payait celui qui vendait ou aliénait le fief d'une façon quelconque ; 3° les droits de *déshérence* et de *confiscation,* d'après lesquels le fief faisait retour au suzerain, lorsque le vassal

venait à mourir sans héritiers ou lorsqu'il avait mérité d'être dépouillé de ses droits de feudataire ; 4° le droit de *garde,* en vertu
duquel le seigneur, pendant la minorité de ses vassaux, tenait la
tutelle et l'administration du fief, dont il prélevait d'ailleurs les
revenus; 5° le droit de *mariage,* qui consistait à offrir un mari à
l'héritière d'un fief, en la forçant de choisir entre les prétendants
que le seigneur pouvait lui présenter.

Fig. 13. — Cour des seigneurs. D'après une miniature d'un ms. du xiiiᵉ siècle.

Du moment qu'un vassal remplissait exactement ses obligations diverses, quelque nombreuses et délicates qu'elles fussent,
il pouvait se considérer comme maître de son fief, l'inféoder par-
tiellement ou en totalité, et devenir à son tour le suzerain de
vassaux d'un ordre inférieur, nommés *vavasseurs* ou *vavassaux,*
chargés, à son égard, de devoirs identiques à ceux qui lui incom-
baient vis-à-vis de son seigneur. Le suzerain, de son côté, était
tenu de respecter rigoureusement son contrat, de ne pas dépossé-
der le vassal sans motif légitime, de le protéger, de lui rendre
bonne justice, etc. Il s'y trouvait intéressé, d'ailleurs, parce que

la prospérité du fief dépendait des conditions de sécurité et de bien-être qui étaient faites au vassal.

On désignait sous le nom de *pairs*, ou égaux, les vassaux d'un même suzerain, établis autour de lui, sur un même territoire, et investis de fiefs équivalents l'un à l'autre. Chaque suzerain, y compris le roi, avait ses pairs, et chacun jouissait du droit d'être jugé par ses pairs devant son seigneur. Celui-ci refusait-il justice,

Fig. 14. — Château de Coucy dans son ancien état. D'après une miniature d'un manuscrit du xiiie siècle.

le vassal, se croyant injustement jugé, pouvait dresser une plainte en « défaut de droit » et former appel par-devant le suzerain de son seigneur.

Un autre droit d'appel, celui qui recourait aux armes, régnait aussi dans la société féodale. Les seigneurs, en général, aimaient mieux se faire justice eux-mêmes qu'attendre d'autrui une décision lente et incertaine. De là tant de petites luttes sanglantes, de seigneurie à seigneurie : le droit du plus fort était le meilleur; et cependant la loi réglait les formalités dont ces sortes de combats devaient être précédés, afin que le seigneur ou le vassal, qui de-

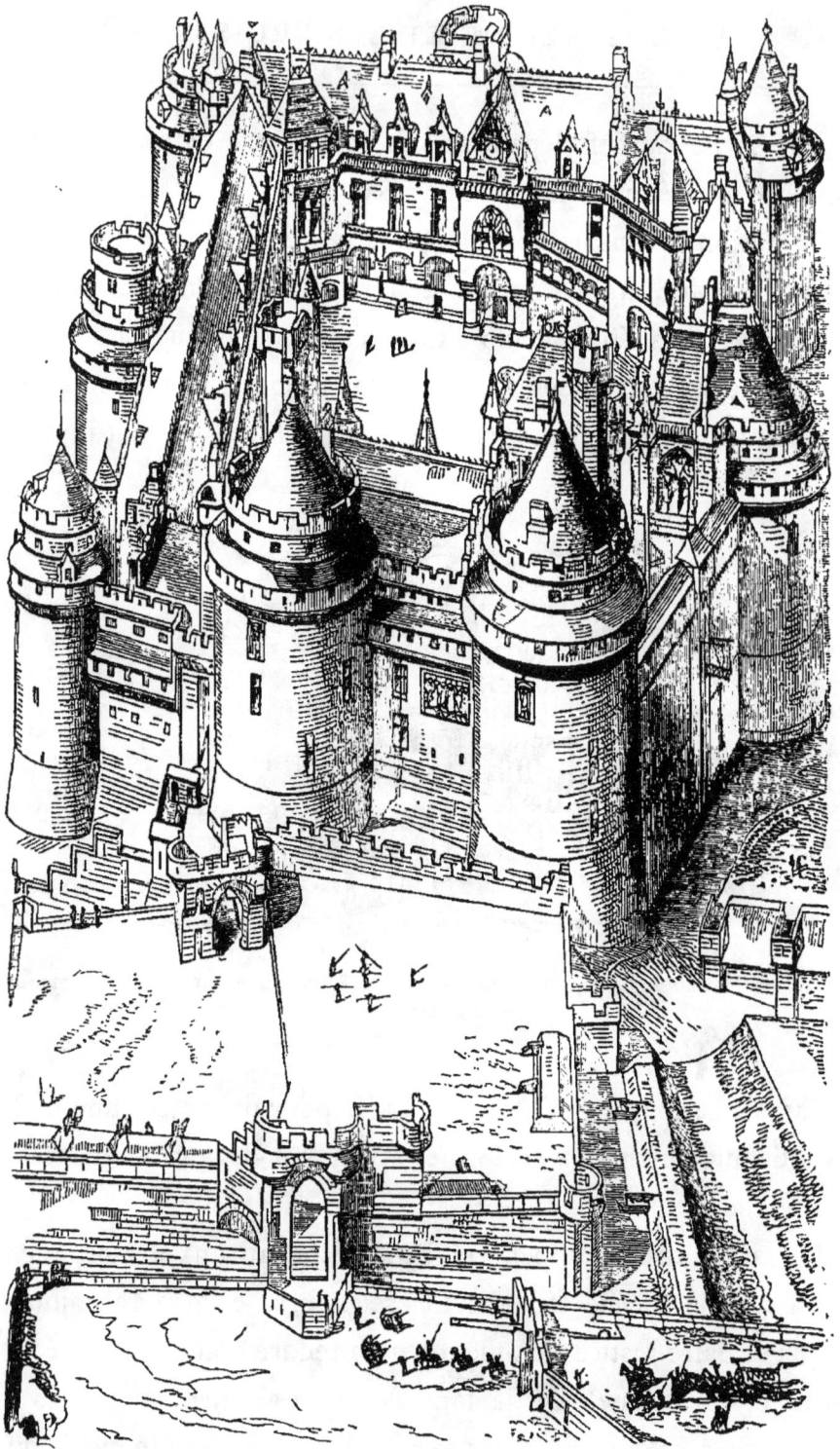

Fig. 15. — Vue cavalière du château de Pierrefonds (commencement du xv⁰ siècle), tel qu'il a été restitué par M Viollet-le-Duc.

vait être attaqué, fût d'avance averti et pût se tenir sur ses gardes (fig. 14 et 15). De plus, pour remédier autant que possible aux calamités qu'entraînaient ces escarmouches perpétuelles, l'Église avait eu le crédit de les suspendre, de les empêcher, sous peine d'excommunication, depuis le coucher du soleil le mercredi soir, jusqu'au lever du soleil le lundi, pendant les saisons de jeûne de l'avent et du carême, et les jours de grandes solennités religieuses. C'était là ce qu'on nommait depuis 1041 la *paix* ou la *trêve de Dieu.*

Les seigneurs ne possédaient pas un droit de justice uniforme. On distinguait, en France, une haute, une moyenne et une basse justice. La haute justice conférait seule le droit de vie et de mort. Généralement, aux fiefs les plus considérables était dévolu le droit de justice le plus élevé; mais il y avait des exceptions : tel vavasseur jouissait d'un droit de haute justice; tel seigneur, qui n'exerçait que la justice basse, pouvait punir de mort tout voleur pris en flagrant délit sur ses terres.

Le droit de battre monnaie, indice constant de souveraineté, attribué parfois à de simples possesseurs d'alleux, et l'exclusion de toute juridiction étrangère, de tout pouvoir étranger dans la circonscription de chaque fief, formaient ainsi deux prérogatives importantes. Enfin, le fief, avec ses privilèges, demeurait indivis; il passait toujours à l'aîné de la famille, sous la seule réserve du droit d'hommage au suzerain.

La plupart des églises et des abbayes (fig. 16), telles que celles de Saint-Denis, de Saint-Martin des Champs, de Saint-Germain des Prés (fig. 17), qui s'élevaient fièrement avec leurs tours et leurs créneaux en face du Louvre des rois de France, exerçaient pour leur propre compte tous les droits féodaux qu'elles avaient acquis en raison de leurs propriétés territoriales, par suite de concessions bénévoles des souverains. Les archevêques, les évêques, les abbés, étaient ainsi des seigneurs temporels, obligés par conséquent d'avoir des vassaux pour le service militaire, et de plus une cour de justice, un atelier monétaire ; ils réunissaient dans leurs mains, les

Fig. 16. — Saint-Jean des Vignes, abbaye de chanoines réguliers à Soissons (1076); une barbacane et des bastilles en défendaient l'entrée. D'après une gravure de l'*Architecture monastique,* par M. A. Lenoir.

évêques surtout, à cause du titre de comte qui leur était donné, l'autorité spirituelle et l'autorité politique. Cette double autorité faisait du prélat le suzerain de tous les seigneurs de son diocèse. Par le double effet de la permission donnée aux particuliers de léguer aux églises la propriété de leurs biens, et de la disposition formelle des capitulaires qui défendaient expressément d'aliéner les biens de l'Église, il arriva que la féodalité ecclésiastique, à la fin du dixième siècle, possédait le cinquième du territoire en France et en Angleterre et près du tiers en Allemagne, tandis que le dernier Carlovingien en était arrivé à ne plus posséder en propre que la ville de Laon où il résidait, tant il avait fallu que ses précécesseurs se dépouillassent de leurs domaines terriers en faveur de leurs grands vassaux, qui le reconnaissaient toutefois pour leur suzerain.

Dans le onzième siècle, l'Europe était divisée en une myriade de fiefs, ayant chacun leur vie propre, leurs coutumes et leur chef ecclésiastique ou laïque, aussi indépendant qu'il était possible de l'être. Autour d'eux, mais avec certaines conditions de dépendance et de subordination, se reconstituait et se développait la classe bien plus nombreuse des hommes libres. Le travail des bras, les efforts de l'intelligence conduisirent insensiblement à l'existence politique les bourgeois, ces honnêtes représentants de la classe laborieuse. Celle-ci ne se résigna pas toujours au rôle passif. Dès l'an 997, les *vilains* de la Normandie se soulèvent, se liguent contre leurs seigneurs féodaux et réclament le droit de chasse et de pêche, ainsi que le privilège d'avoir une administration et une magistrature à eux. C'était le peuple qui se révélait ainsi; les villes et les bourgs étaient remplis d'habitants qui y tenaient leurs demeures des seigneurs, propriétaires des fonds, sous les obligations serviles de la taille.

Aussitôt que l'établissement de la hiérarchie des fiefs eut mis fin aux discordes et à l'anarchie, on vit commencer la grande révolution qui devait ramener à la liberté civile les héritiers de ces innombrables habitants, que les malheurs de la Gaule et la tyrannie des empereurs avaient réduits en servitude. Le mouvement communal débuta de la sorte. On cite la ville du Mans comme

Fig. 17. — Vue de Saint-Germain des Prés sous Charles V. — 1. L'abbaye de Saint-Germain des Prés. — 2. Le Louvre. — 3. Le petit Bourbon. — 4. La Seine. — 5. Montmartre. — Fac-similé réduit d'une gravure de l'*Histoire de Saint-Germain des Prés*, par dom Bouillart, 1724.

ayant la première donné l'exemple et s'étant coalisée contre son seigneur par le serment des classes ouvrières. Cependant nous trouvons, dans les annales de Metz, vers l'an 1098, l'élection d'un maître-échevin à vie, nommé Millon, remplaçant un maître-échevin annuel, Hennolu Bertin, qui, sans doute, n'était pas le premier en charge; nous trouvons un conseil échevinal, dit *conseil des douze*, revêtu des fonctions à la fois magistrales, administratives et militaires. Il y avait bien, à côté de cette organisation communale, un comte du nom de Gerald, remplacé en 1063 par un autre comte appelé Folmar; il y avait bien aussi un évêque, riche, puissant, ferme, instruit, belliqueux, Adalbéron III, aimé du pape et de l'empereur, pouvant tout obtenir et ne demandant que la justice. Ce fut donc sous les auspices de l'épée du comte et de la crosse de l'évêque qu'on vit surgir les libertés municipales de Metz, libertés devenues tellement expansives et menaçantes dans l'espace d'un siècle, qu'un autre évêque, d'origine saxonne, Bertrand, s'imposa la tâche de les comprimer, en les régularisant par une charte, qui rendit à l'Église son influence électorale (1180), mais non pas gouvernementale.

Cette première organisation communale, type de beaucoup d'autres municipes en France et en Allemagne, s'était faite sans effusion de sang. Bientôt la rivalité des pouvoirs qui se trouvaient en présence amena des querelles et des luttes sanglantes. La commune de Cambrai, par exemple, fut longtemps en guerre ouverte avec l'évêque, son seigneur suzerain. A Laon, dans cette vieille cité féodale où la noblesse et la bourgeoisie exerçaient de concert toutes sortes de brigandages, on vit un prélat indigne, grand guerroyeur et grand chasseur, exciter par ses exactions la colère de la commune, et périr assassiné au milieu d'une insurrection terrible (1113); les villes d'Amiens, de Beauvais, de Noyon, de

Saint-Quentin, de Sens, de Soissons (fig. 18) et de Vézelay traver-
sèrent à peu près les mêmes vicissitudes que Cambrai et Laon
avaient subies. Les communes françaises arrivèrent bientôt à une
grande indépendance vis-à-vis du pouvoir féodal, comme on peut
voir par cet extrait des coutumes de Cambrai : « Ni l'évêque ni

Fig. 18. — Sceau de la commune de Soissons, représentant le maire armé de toutes pièces
au milieu des échevins de la ville (1228). Archives nationales.

l'empereur ne peuvent mie assoir ne taxe, ne tribut, et n'en peult
issir la malice, fors que pour la bonne garde et défense de la ville,
et ce depuis coq chantant jusques à la nuit. » Aucun feudataire
n'avait demandé ni obtenu davantage dans l'exercice de ses droits
féodaux (fig. 19).

L'introduction du régime communal s'était faite aussi sans conflit et presque sans débat, comme une réforme utile et impérieuse, à Metz, à Reims; dans quelques cités du centre, comme Bourges, Moulins, Lyon, Périgueux, dans la plupart des villes du Midi, telles que Arles, Aigues-Mortes (fig. 20), Marseille Narbonne, Cahors (fig. 21), Carcassonne (fig. 22), Nîmes et Bordeaux. C'est que cette indépendance du peuple avait été préparée par le système adopté par les Francs, qui ne laissèrent subsister aucune différence entre le sort politique des vaincus et des vainqueurs; les droits et les devoirs avaient été rendus communs à tous les hommes libres de la monarchie, sans distinction de nation. Les Francs auraient craint, en agissant autrement, de voir les rois se servir des nations soumises pour asservir les conquérants eux-mêmes, et de laisser aussi la monarchie dégénérer en despotisme.

Au delà des Alpes, notamment en Lombardie, sous l'action protectrice des institutions libérales, le commerce et l'industrie se développèrent, surtout à Milan, Pavie, Vérone, Florence, que surpassaient encore, grâce à leur position maritime, Venise et Gênes. Dans ces villes riches et prospères, la noblesse seigneuriale et l'Église dominèrent d'intelligence, d'une façon à peu près parallèle et concurrente, et quand la haute féodalité voulut s'y implanter avec son despotisme inflexible, la cité travailleuse et marchande se groupa autour de quelques patrons chefs d'atelier et de quelques prêtres estimés, puis, s'alliant avec la petite noblesse des campagnes qui lui prêtait ses vassaux, elle parvint à repousser ce joug écrasant. Ce ne fut pas sans de douloureux sacrifices.

Dans les Pays-Bas, qui ont de tous temps porté à un haut degré le sentiment du patriotisme local, la lutte des vilains contre les nobles, soit ecclésiastiques, soit laïques, diffère peu de la lutte des villes du nord de la France contre les seigneurs; mais elle prit des proportions plus larges, ainsi que le comportaient les immenses ressources en tous genres dont elle disposait. Le seigneur féodal avait ses ponts-levis, ses créneaux, ses hommes d'armes tout

Fig. 19. — Thomas de Savoie, comte de Flandre, et Jehanne, sa femme, octroient à la ville de Cambrai la charte de la paix faite entre les comtes de Hainaut et le chapitre de Cambrai en 1240. Miniature d'un manuscrit du xv° siècle.

bardés de fer; mais le vassal insurgé lui opposait, outre le labyrinthe des rues tortueuses et le nombre des combattants, de redoutables engins et des armes bien trempées, qu'il fabriquait luimême. Lorsque la féodalité, pour écraser ce qu'elle appelait *le*

populaire, appela de loin à son aide et à sa solde les bandes d'a-
venturiers recrutés dans tous les pays, on vit des forces indisciplinées de *gens méchaniques* ou d'artisans sortir en armes de Gand,
de Bruges, de Liège, et souvent y rentrer victorieuses.

Au delà de la Meuse, de la Moselle et du Rhin, la féodalité flo-

Fig. 20. — Châtelet dit tour de la Carbonnière, à Aigues-Mortes, ville qui obtint
en 1240 une charte de commune.

rissait et s'épanouissait sous la rude écorce germanique; l'ombre de
ses gigantesques tours à triple enceinte s'étendait sur les campagnes;
les villes participaient aux libertés municipales; elles n'étaient souvent que spectatrices désintéressées des guerres terribles que les
seigneurs se livraient entre eux. Nulle part la féodalité ne déploya
plus d'orgueil ni plus de sauvagerie. L'Allemagne ressemblait à

un vaste champ clos où les seigneurs descendaient de leurs donjons, afin de se rencontrer en face et de se mesurer corps à corps.

Lorsque les villes industrielles et populeuses de l'Allemagne réclamèrent des libertés municipales analogues à celles des villes de France, d'Italie et des Pays-Bas, l'empereur se hâta de recon-

Fig. 21. — Pont fortifié de Valentré, à Cahors (1308).

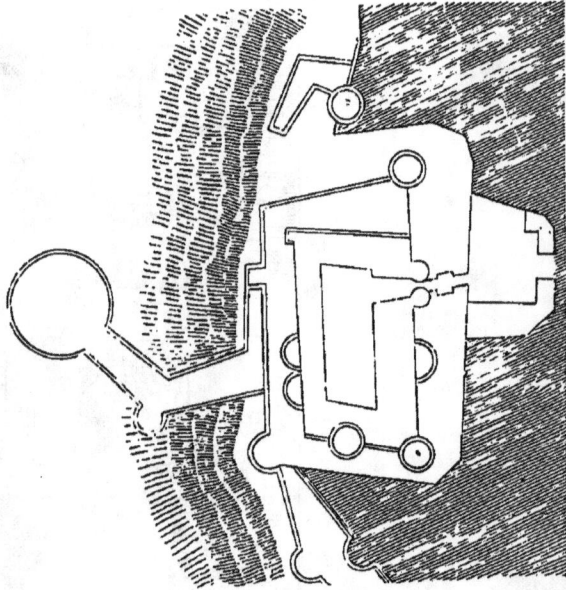

Fig. 22. — Plan de la Cité fortifiée, à Carcassonne. XIIIᵉ siècle.

naître et de confirmer ces libertés. Il fit plus, il les gratifia de l'*immédiateté* contre les princes de l'Empire, c'est-à-dire que telle ville, située sur le territoire d'un prince souverain, relevait directement, non de ce prince, mais de l'empereur lui-même, qui trouva ainsi de fermes appuis naturels au sein des grands fiefs. Les villes allemandes, déjà riches et commerçantes auparavant, accrurent leur commerce et leurs richesses, grâce à la condition nouvelle qu'elles avaient acquise. L'empereur Henri V (1106-1125)

aida beaucoup cette révolution pacifique, en accordant des privilèges
à la classe inférieure des citoyens, aux artisans, qui jusque-là, d'après
l'esprit de la loi romaine, avaient vécu séparés des hommes libres
et placés au dernier degré de l'échelle sociale; il les affranchit notamment d'une coutume oppressive en vertu de laquelle le seigneur, à leur mort, restait nanti de tous leurs biens meubles ou
pouvait du moins réclamer à son profit ce qu'il y avait de meilleur dans la succession. Dans beaucoup de villes, ce prince enleva l'autorité temporelle à l'évêque et distribua les bourgeois
en compagnies ou communautés, suivant la nature de leurs
occupations manuelles, institution imitée et adoptée presque aussitôt dans les autres pays commerçants. La bourgeoisie, organisée
de la sorte en petits groupes distincts, ne tarda point à former des
conseils recrutés par élection, et dont les membres, désignés sous
les dénominations de *sénateurs, prud'hommes, bonshommes,
échevins, jurés*, assistèrent d'abord le représentant du pouvoir
impérial, qu'il s'appelât duc, comte, juge ou évêque, et finirent
par exercer eux-mêmes une juridiction spéciale et indépendante,
non sur des vassaux, mais sur des citadins ou manants.

On se demandera ce qu'était alors la commune dans les principales parties de l'Europe, où elle s'était constituée avec plus ou
moins d'efforts et de sacrifices; on se demandera, le régime de la
commune étant établi de gré ou de force, quelle part de privilèges
ou d'immunités revenait au seigneur féodal, au représentant du
pouvoir souverain, à l'organe élu de la classe laborieuse. Un adversaire déclaré de l'institution communale, Guibert de Nogent,
qui écrivait en 1110, va répondre : « Les gens taillables ne payent
plus qu'une fois l'an à leur seigneur la rente qu'ils lui doivent. S'ils
commettent quelque délit, ils sont quittes pour une amende légalement fixée; quant aux levées d'argent qu'on a coutume d'infli-

ger aux serfs, ils en sont tout à fait exempts. » Guibert de Nogent aurait pu signaler d'autres conquêtes faites par les bourgeois, plus importantes dans l'ordre moral et qui devaient tôt ou tard changer la face de la société.

Quant aux seigneurs intelligents, qui comprirent alors leur intérêt personnel en même temps que les procédés logiques d'une

Fig. 23. — Sceau de Jean, sire de Corbeil (1196). Archives nationales.

administration tutélaire, ils tâchèrent de favoriser le mouvement instinctif des populations rurales, qui, pour se soustraire à la tyrannie, aux exactions, aux mauvais traitements d'un maître féodal, demandaient asile et protection à quelque seigneur, plus humain ou plus politique que les autres, et venaient, sur la foi d'une charte de commune, se fixer près des remparts d'un manoir seigneurial (fig. 23), autour d'une église crénelée ou à côté d'un monastère fortifié ; le seigneur y gagnait des hommes valides, artisans ou métayers, soldats au besoin; il y gagnait aussi un accroissement de revenus et de puissance.

On comprend qu'il y ait eu alors une multitude de chartes analogues à celle-ci, qui mérite d'être citée comme type du genre : « Moi, Henri, comte de Troyes, fais savoir à tous présents et à venir que j'ai établi les coutumes ci-desous énoncées pour les habitants de ma *Villeneuve* (près Pont-sur-Seine), entre les chaussées des ponts de Pugny : tout homme demeurant dans ladite ville payera chaque année douze deniers et une mine d'avoine pour prix de son domicile; et s'il veut avoir une portion de terre ou de pré, il donnera un arpent quatre deniers de rente. Les maisons, vignes et prés pourront être vendus ou aliénés à la volonté de l'acquéreur. Les hommes résidant en ladite ville n'iront ni à l'*ost* (armée en campagne), ni à aucune *chevauchée* (expédition), si je ne suis moi-même à leur tête. Je leur accorde, en outre, le droit d'avoir six échevins qui administreront les affaires communes de la ville et assisteront mon prévôt dans ses plaids. J'ai arrêté que nul seigneur, chevalier ou autre, ne pourrait tirer hors de ville aucun des nouveaux habitants pour quelque raison que ce fût, à moins que ce dernier ne fût son homme de corps ou n'eût un arriéré de taille à lui payer. — Fait à Provins, l'an de l'Incarnation 1175. »

Ce nom de *Ville-neuve* qu'on trouve si fréquemment répété dans les chartes et les pouillés du moyen âge, Ville-neuve l'Étang, Ville-neuve Saint-Georges, Ville-neuve le Roi, Ville-neuve-lès-Avignon (fig. 24), etc., constate un fait, général au douzième siècle : la création d'une ville libre, affranchie dès son berceau, moyennant de faibles redevances, à l'égard du seigneur, et dont les habitants, naguère encore serfs ou vilains, sont devenus propriétaires d'immeubles, qu'ils peuvent aliéner ou transmettre, soit par donation, soit par disposition testamentaire, sous la protection immédiate de leur seigneur nominal.

D'anciennes villes du domaine royal de France, Paris, Orléans, Meaux, Senlis et d'autres, qui ne semblent pas avoir conservé chez

Fig. 24. — Tour de Philippe le Bel, à Villeneuve-lès-Avignon

elles la moindre trace des institutions romaines, si l'on excepte toutefois la compagnie des *Nautes parisiens* (fig. 25), qui furent les véritables créateurs de l'antique municipalité de Paris, étaient régies chacune par un prévôt, officier et lieutenant du roi, leur seigneur, et elles jouissaient néanmoins de franchises et de privilèges séculaires. En 1137, Louis VII, inspiré ou dirigé par son ministre Suger, interdit à chaque prévôt, ainsi qu'à ses sergents, toute es-

pèce de vexations contre la bourgeoisie, dont il fixe l'impôt; dix
années après, il abolit le droit de *mainmorte,* puis il réprime les
abus du fisc, institue un pouvoir judiciaire, favorise le commerce;
ce n'était pas comme monarque, mais comme seigneur suzerain
que Louis VII agissait de la sorte.

La bourgeoisie française d'alors ne datait pas de loin : issue de
la *vilainie* triomphante et légalement autorisée, elle commençait à
former une nouvelle souche, d'où devait sortir, quelques siècles

Fig. 25. — Autel des *Nautes parisiens,* hanse ou compagnie de la marchandise de l'eau, c'est-
à-dire de la navigation commerciale de la Seine, élevé dans l'île de Lutèce, pendant le
règne de Tibère. Les fragments de cet autel, découverts en 1711 sous le chœur de Notre-
Dame, sont conservés au musée de Cluny.

plus tard, le tiers état; elle ne jouissait qu'exceptionnellement de
la juridiction et du droit de battre monnaie, privilèges féodaux
dont la suzeraineté royale fut toujours très jalouse. Philippe-Auguste comprit mieux que ses prédécesseurs les intérêts du pouvoir
royal, car s'il accorda gracieusement soixante-dix-huit chartes de
commune, il en fut récompensé par le concours efficace que les
milices communales lui prêtèrent à la bataille de Bouvines (1214),
où il eut le bonheur de vaincre la coalition que la féodalité étrangère avait formée avec ses grands vassaux révoltés; il les fit ren-

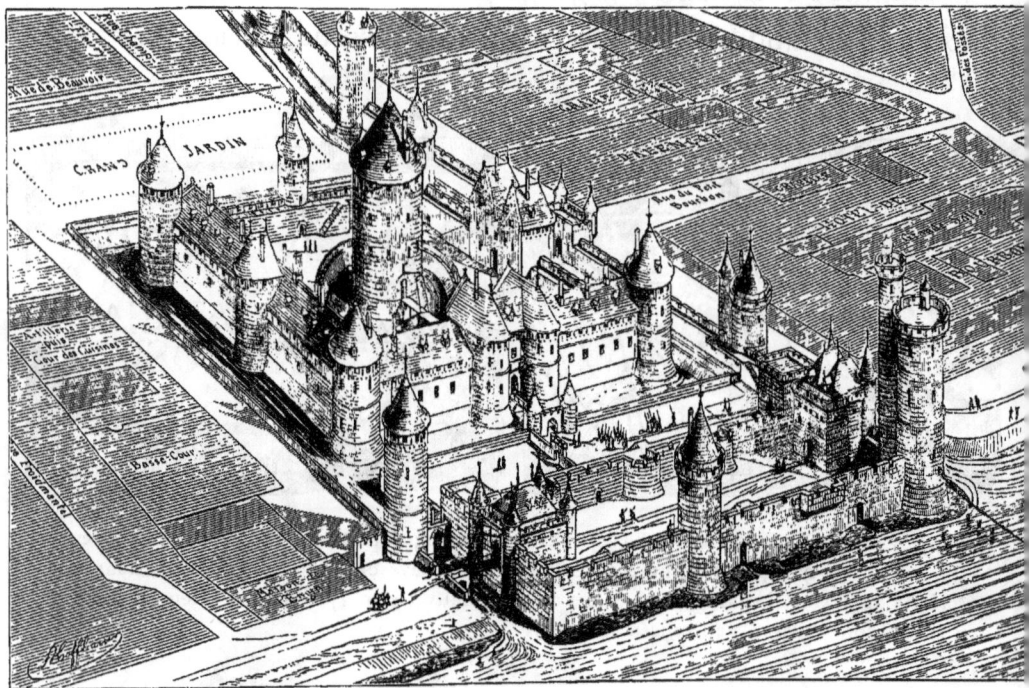

Fig. 26. — Vue à vol d'oiseau du Louvre de Philippe-Auguste. xiiie siècle. (Gravure tirée de *Paris à travers les âges.*)

trer dans le devoir, et l'un d'eux, le comte de Flandre, resta
douze ans prisonnier dans la grosse tour du Louvre (fig. 26).
Philippe-Auguste ne craignit pas de constituer légalement la
bourgeoisie de Paris et des bonnes villes, en face de la noblesse
féodale.

Le mouvement des communes, ce développement naturel du
droit légal introduit par les Francs, fut à peine sensible en Angleterre. Déjà, bien avant la conquête normande, sous la domination
anglo-saxonne, plusieurs villes industrieuses, riches et peuplées,
telles que Cantorbéry, Londres, Oxford, York, prenaient part aux
affaires, dans une limite restreinte, il est vrai, mais qui suffisait à
leur bien-être ainsi qu'à leur prospérité. L'invasion victorieuse de
Guillaume de Normandie, si fatale au pays tout entier, le fut davantage aux grandes villes, qui assistèrent à la ruine matérielle de
chacune d'elles, au séquestre et au partage de leurs biens, à la dis-
persion et à l'inféodation de leurs habitants, colons et métayers, et
qui, ne pouvant plus invoquer la protection d'un roi souvent débonnaire, durent courber la tête sous le glaive d'étrangers, d'a-
venturiers heureux, hardis, exigeants, cruels, qui étaient loin de
représenter la fleur de la féodalité française. Le roi Henri Ier, troisième fils de Guillaume le Conquérant, octroya, le lendemain de
son couronnement (6 août 1100), une charte qui servit en quelque
sorte de modèle à la *grande charte* de 1215, considérée bien à
tort comme l'origine fondamentale des libertés anglaises, qui lui
étaient antérieures; en même temps, il releva la bourgeoisie de
Londres du triste abaissement qu'elle subissait depuis la conquête.
Sous le règne d'Henri II (1154-1189), réformateur de l'administration et de la justice, non seulement en Angleterre, mais dans
une partie de l'Écosse et de l'Irlande, qu'il avait conquise, les habitants de plusieurs villes purent acquérir la nue propriété du sol

occupé par eux et se racheter de divers tributs individuels, moyennant une redevance fixe à payer au seigneur féodal.

Dès lors s'organisa cette bourgeoisie hautaine, avec laquelle les barons durent compter, bourgeoisie dont Jean sans Terre ménagea les intérêts, à proportion de la crainte que lui inspiraient les révoltes sans cesse renaissantes des seigneurs féodaux. Deux fois le prince Louis, fils de Philippe-Auguste, appelé par les barons anglo-normands, avait dû traverser la Manche avec une armée pour forcer le monarque à remplir loyalement les clauses de chartes que les grands vassaux tenaient de lui (1215-1216). D'autre part, les villes ou communes, redevenues riches et puissantes, grâce aux privilèges qui leur furent

Fig. 27. — Philippe III, dit *le Hardi*. D'après une miniature d'un manuscrit du XIVe siècle.

octroyés, ainsi qu'à l'activité du travail industriel, se firent respecter des seigneurs nobles. Ceux-ci n'exigèrent plus d'aides; ils les sollicitèrent, quelquefois même avec humilité, en sorte que les communes et les seigneurs fieffés eurent une portion égale et identique dans la hiérarchie féodale. Les titres de *nobles* et de *barons,* donnés aux chefs des citoyens de Londres et des cinq ports, élevèrent à un degré supérieur la classe bourgeoise; pour que cette classe, déjà prépondérante par ses richesses et ses alliances, constituât un corps politique, il ne lui fallait plus que le privilège de faire siéger ses représentants au parlement, ce qui, grâce à Simon de Montfort, fut accordé, en 1265, aux principales villes du royaume.

Vers la même époque, en France, la bourgeoisie industrielle et commerçante siégeait déjà dans le conseil privé de saint Louis; devenue lettrée et savante, elle s'empara successivement de toutes les chaires de l'Université; elle occupa, dès le règne de Philippe le Hardi (fig. 27), tous les degrés supérieurs de la judicature; elle prit dès lors au sein des grands bailliages et des parlements une place que la noblesse féodale dédaignait de lui disputer, et qui devait opposer bientôt des obstacles invincibles aux abus de pouvoirs de cette noblesse, qui perdait peu à peu le terrain. Admise par Philippe le Bel dans les assemblées générales de la nation, aux séances des états généraux (1302), la bourgeoisie devint un ordre, un *état* du royaume, qu'on appela le *tiers*; elle absorba successivement les offices d'administration et de finance; elle fournit au bas clergé la plupart de ses membres les plus distingués, aux municipalités leurs meilleurs magistrats; elle put acheter des charges donnant la noblesse, posséder des immeubles seigneuriaux avec basse et haute justice, et pénétrer ainsi, comme un lierre rongeur, dans les crevasses de l'édifice féodal, qui se désorganisait et tombait pierre à pierre (fig. 28). Philippe le Bel, qu'on avait surnommé le *roi des légistes,* qui le secondaient merveilleusement dans ses actes comme dans ses desseins, se montra l'adversaire secret de l'Église et de la noblesse : il s'appuya sur le tiers pour remplacer par l'absolutisme la monarchie tempérée, type primitif du gouvernement (fig. 29).

La noblesse chevaleresque, vaillante mais irréfléchie, donnant tête baissée en toutes sortes d'aventures, ne rêvant que prouesses,

Fig. 28. — Bourgeois du xive siècle. D'après une miniature des *Merveilles du monde*. Bibl. nat.

sans souci de ses intérêts matériels, n'estimant que les fêtes guerrières et les grands coups d'épée, se laissa insensiblement dépouiller d'une partie considérable de ses domaines par la bourgeoisie, qui lui prêtait sur hypothèque et par des *voués* ou procureurs, qui la dévoraient. Le déclin de sa fortune pécuniaire date des premières croisades. Elle s'était obérée pour faire les frais d'expéditions lointaines, dont elle accepta la plus lourde charge, et, lorsqu'elle voulut rentrer dans les propriétés qu'elle avait engagées en mains tierces, elle les trouva chargées de nouvelles dettes qu'on avait dû contracter en son absence, et ne produisant plus que de chétifs revenus, faute de bras pour cultiver le sol. Alors il fallut bien aliéner une partie de ces terres, et cette aliénation se fit à vil prix. Restait une ressource, la cession des privilèges féodaux, qu'on aliéna de même : c'est ainsi que la noblesse perdit son droit de battre monnaie, d'exercer la justice. Les rois, secondés par la bourgeoisie, étendirent leur absolutisme.

La journée de Courtray (1302), où tombèrent massacrés, sous la hache de la milice flamande, plus de 6,000 chevaliers ou gentilshommes, humilia profondément cette imprudente noblesse. Malgré la revanche qu'elle prit à Mons-en-Puelle, ce lui fut une révélation pénible : les vilains savaient manier les armes, qu'ils fabriquaient pour les autres; ils possédaient le courage et le savoir-faire du champ de bataille; ils devenaient une puissance en ligne rangée, autrement redoutable qu'en groupes tumultueux au sein des villes (fig. 29 et 30).

En Allemagne, la chute de la famille des Hohenstaufen, anciens ducs de Souabe et de Franconie, favorisa l'émancipation des agglomérations urbaines; toutes les villes de ces deux principautés, soumises jusqu'alors à des seigneurs médiats, le furent à l'empereur, qui, sans pouvoir réel, les laissa libres de s'attribuer des franchises et des immunités républicaines. Pour accroître leur population, elles firent ce qu'avaient tenté avec succès les rois et les seigneurs féodaux de France et de Lombardie dans la formation des *villes neuves;* elles organisèrent autour de leurs murailles, comme naguère la féodalité au pied de ses donjons, des champs d'asile où se rendirent une foule d'étrangers désignés sous le nom *pfalburger,* citoyens des palissades ou faubouriens, qu'abritait et protégeait originairement une

Fig. 29. — Philippe le Bel en costume de guerre, après avoir vaincu les communes de Flandre à Mons-en-Puelle (18 août 1304). Statue placée dans le chœur de Notre-Dame de Paris, et détruite en 1772. D'après une gravure d'un ouvrage du xive siècle.

barrière en bois, qui reculait au fur et à mesure de l'augmentation du nombre des habitants, ou en raison des nécessités de leurs diverses industries.

Beaucoup de serfs avaient déserté les fiefs voisins, pour chercher dans ces villes libres l'indépendance, l'honorabilité, le gain et tous les avantages dont ils ne jouissaient point sous le régime féodal. Chaque seigneur réclamait alors en vertu du droit féodal ses sujets absents (fig. 31); il les réclamait avec de vives instances, avec des menaces, suivies quelquefois d'effet; mais on atermoyait, on tâchait de gagner du temps; les villes libres, non moins intéressées à cacher le fugitif que ne l'était lui-même le fugitif à se tenir caché, favorisaient par tous les moyens possibles sa désobéissance, jusqu'à ce que le délai d'un an et d'un jour fût écoulé; après quoi, le titre de possession féodale étant périmé, le seigneur demeurait naturellement débouté de ses droits sur son homme lige ou vassal.

Fig. 30. — Guerrier flamand portant le costume des milices de Van Artevelde. D'après une statue du xive siècle, aujourd'hui aux ruines de Saint-Bavon, de Gand.

Les villes impériales, qui du douzième au quatorzième siècle, après avoir rompu les mailles du réseau de la féodalité, s'étaient fait une existence tellement indépendante, que l'empereur lui-même ne conservait plus sur elles qu'une suprématie nominale, s'appelaient Ratisbonne, pour la Bavière; Augsbourg et Ulm, pour la Souabe;

Nuremberg, Spire, Worms, Francfort-sur-le-Mein, pour la Franconie ; Magdebourg, pour la Saxe ; Hambourg, Brême, Lubeck (fig. 32), pour la ligue hanséatique ; Aix-la-Chapelle, Bonn, Cologne, Coblentz, Mayence, Strasbourg et Metz, pour les marches rhénanes et lorraines.

Industrieuses et commerçantes par excellence, ces villes, où

Fig. 31. — Cour d'un baron allemand. D'après une gravure sur bois du XVIᵉ siècle.

domina souvent une honnête bourgeoisie, formèrent de vastes comptoirs, dans lesquels affluaient les productions du Nord, du Midi et de l'Orient. On les considérait comme le grenier d'abondance et l'arsenal de l'Europe. La féodalité, ne pouvant rien produire par elle-même, venait puiser sans cesse dans ces dépôts les ressources dont elle avait besoin pour équiper et ravitailler ses armées. C'était de là que sortaient les armes et les engins de guerre, ainsi que les ouvriers spéciaux, arbalétriers, charpentiers, fondeurs, *artilliers,* en un mot, composant le personnel de l'ar-

tillerie à cette époque. Si les villes libres avaient pu s'entendre et former entre elles une ligue pacifique, la seigneurie suzeraine eût éprouvé dans ses luttes les plus sérieux obstacles ; mais la distance qui les séparait l'une de l'autre, surtout au centre de l'Allemagne, ne leur permettait guère de se concerter. Elles ne pouvaient pas non

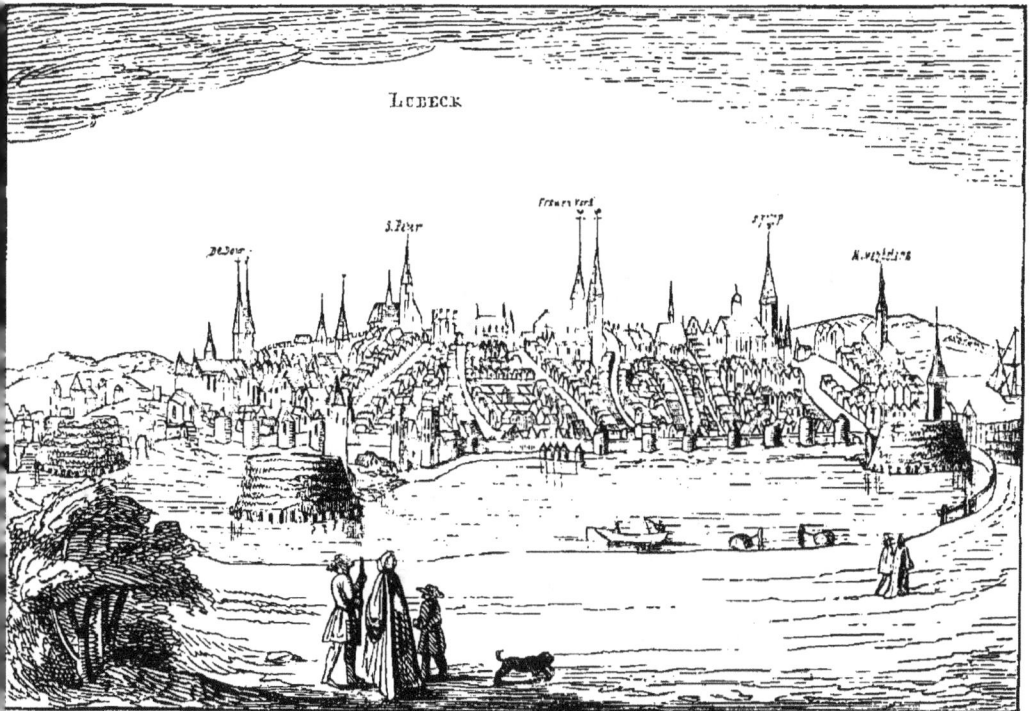

Fig. 32. — Vue de Lubeck et de son port au xvie siècle. D'après une gravure du temps.

plus, comme en Angleterre, s'allier avec la noblesse féodale, ni, comme en France, associer leur cause commune à la cause du suzerain. L'empereur se séparant d'elles et les abandonnant à leur initiative comme à leurs propres forces, il leur fallait se défendre elles-mêmes, contracter des alliances avec quelques puissants voisins et affaiblir, en le divisant, l'ennemi qu'elles craignaient de ne pouvoir vaincre.

Aussi les villes libres n'ont-elles jamais constitué un corps homogène; elles se trouvaient isolées, éparpillées sur une trop vaste étendue du territoire; n'ayant entre elles que des relations d'intérêt et de sympathie, sans lien commun, sans cohésion politique. Tel seigneur féodal qu'elles combattaient la veille entrait le lendemain à leur service et se mettait à leur solde, avec le titre de *soldurien;* une seule ville avait parfois jusqu'à deux et trois cents de ses clients, qui marchaient toujours suivis d'un nombre considérable de varlets pillards et faisaient au pays un mal affreux.

Fig. 33. — Sceau de Jean, évêque du Puy et comte de Velay (1305), tenant à la main droite une épée nue en signe de juridiction séculière.

La seigneurie sans fortune, la petite féodalité campagnarde, trouvant dans le service éventuel des villes un moyen de soutenir son train et de payer ses hommes d'armes, passait du service d'une ville au service de l'autre, et ne s'engageait qu'à défaut d'une condition meilleure sous les drapeaux d'un prince souverain; celui-ci payait en général plus mal que la ville libre avec son gouvernement de marchands.

Du onzième siècle au quatorzième, en Allemagne, en Angleterre et en France, dans les villes libres ou républicaines, la condition de l'évêque ne s'améliora point quant à l'influence politique. Seigneur suzerain par l'autorité morale, il ne l'était au temporel que d'une manière très restreinte (fig. 32). Sa justice s'exerçait sur ses vassaux, tout au plus sur les membres du clergé séculier inférieur, car les chanoines, les curés, même les diacres, jouissant d'immunités particulières, en eussent référé, en cas de contestation ou de censure, à l'archevêque métropolitain, voire en cour de Rome. Il est vrai que, de leur côté, les dépositaires laïques de l'autorité municipale ne se permettaient à l'égard des ecclésiastiques aucune mesure extrajudiciaire, à moins de conjuration contre l'État, auquel cas seulement le coupable était livré au bras séculier.

En dehors des subordonnés de l'évêque et du chapitre, la cour ou le tribunal épiscopal connaissait des crimes, des délits et des fautes que les citoyens commettaient envers la religion : hérésies, blasphèmes, paroles outrageantes, bris d'images, infractions scandaleuses aux commandements de Dieu et de l'Église, insultes et voies de fait à l'égard des prêtres, etc. Mais, quand le délinquant se qualifiait noble, quand surtout il appartenait aux classes supérieures de la féodalité, la juridiction des tribunaux ecclésiastiques ne l'atteignait point : la noblesse devant être toujours jugée par ses pairs, il n'était fait qu'exceptionnellement infraction à ce principe féodal, et encore était-ce sous l'influence d'un évêque diocésain ou d'un métropolitain assez puissant pour substituer sa volonté au droit coutumier.

Dans presque toutes les villes épiscopales, les jugements du prélat ou de ses délégués se rendaient sur le parvis de la cathédrale ou à la porte de quelque chapelle extérieure adjacente. Cet usage, maintenu pendant les premiers siècles de l'Église, cessa d'exister quand une autre justice, la justice civile, eut pris sa place au soleil. Pour éviter des conflits inévitables, pour ne pas fournir de prétexte

Fig. 34. — L'arbre des batailles : figure allégorique représentant les discordes existant entre les diverses classes de la société au moyen âge. Miniature du xve siècle.

à des émeutes populaires, la justice ecclésiastique se réfugia dans une enceinte spéciale, désignée généralement sous le nom de *cour l'évesque,* jusqu'à ce que le pouvoir diocésain, destitué de ses prérogatives temporelles dans l'enceinte des villes libres, se vit obligé de transférer ailleurs le siège de sa juridiction et des droits féodaux qui lui restaient. L'atelier monétaire du prélat s'y trouvait établi; mais tel était le désaccord entre l'autorité ecclésiastique et l'autorité civile urbaine, telle était la lutte permanente entre les intérêts féodaux et les intérêts bourgeois, qu'il arriva souvent que la monnaie épiscopale n'avait point cours dans la ville même où siégeait l'évêque, ni sur les territoires annexés à la ville libre et jouissant des mêmes prérogatives qu'elle.

En Allemagne et en Italie, l'empereur, en Angleterre et en France, le roi, représentants suprêmes de la haute féodalité, avaient dans chaque cité considérable, notamment les cités dites impériales et royales, un délégué officiel, qualifié *burgrave, comte* ou *vicomte,* qui, d'abord chef d'armée, de magistrature et de finance, perdit peu à peu ses prérogatives, à tel point qu'au treizième siècle il n'était plus guère qu'un simple dignitaire, sans puissance et sans crédit. Beaucoup d'évêques, par la volonté de la souveraineté laïque, ont porté le titre de *comte,* sans que pour cela leur autorité s'en soit accrue sensiblement. Quels que fussent, au surplus, le caractère et la portée des fonctions du comte, les villes ne semblent pas s'en être préoccupées plus que de la prééminence de l'évêque dans tout ce qui concernait l'administration et le gouvernement de la commune. Sur bien des points, notamment en Italie et le long de la Moselle et du Rhin, la bourgeoisie avait des conseils investis à la fois du pouvoir judiciaire et du pouvoir exécutif, un sénat, un parlement, qu'on réunissait au son de la cloche, et dans lesquels étaient admis les seigneurs des châteaux voisins, qui y figuraient comme simples citoyens, sans rien perdre toutefois de leurs privilèges domaniaux.

Quoique la féodalité offrît un type générique qui se retrouvait à peu près pareil dans toutes les contrées de l'Europe, elle pré-

Fig. 35. — Sceau de Jean, duc de Bourgogne, comte de Nevers et baron de Donzy, surnommé *Jean sans Peur* (1371-1419). Archives nationales de Paris.

sentait çà et là des nuances de nationalité, dues à la dissemblance des races, aux habitudes indigènes, aux modes différents de son introduction parmi les peuples, aux phases diverses de sa lutte et de son développement.

L'auguste maison de Franconie, épouvantée des progrès incessants de la grande féodalité germanique et voulant en arrêter la marche, avait créé, au milieu des duchés qui la menaçaient, quantité de seigneuries *immédiates,* relevant de l'empereur seul et ayant un droit héréditaire sur les *fiefs de chevalerie.* Il y eut résistance opiniâtre de la part des grands vassaux qui avaient ce droit héréditaire, que le monarque élu ne possédait pas en propre. D'un autre côté, les seigneurs palatins, agents de l'empereur, et chargés de le représenter dans les grands fiefs ou dans ses domaines, et les burgraves des villes, impatients de se soustraire à la suzeraineté impériale, reprenaient simultanément le rôle d'insubordination que les leudes avaient joué à l'époque carlovingienne, et tâchaient de s'approprier une indépendance transmissible à leurs héritiers.

Pendant que ce mouvement s'opérait, l'héritage de la comtesse Mathilde (fig. 36) préparait la lutte entre la papauté et l'empire (1115) : l'empereur Lothaire II reçut en fief des mains d'Innocent II la Toscane, le duché de Spolète, la marche d'Ancône, Bologne, Parme, Plaisance, etc., provenant du legs fait au saint-siège. Conrad de Hohenstaufen, successeur de Lothaire, accepta aussi de se reconnaître, pour ses domaines, vassal du saint-siège. Mais Henri le Superbe, duc de Bavière, refusa de rendre au pape l'hommage féodal, et la querelle de famille des guelfes et des gibelins traversa les Alpes pour aller s'implanter des rives du Rhin au cœur de l'Italie (fig. 37), où elle devint une affaire de parti. Henri, chef des guelfes, fut mis au ban de l'empire et dépouillé de ses duchés (1138), tandis que Conrad, chef des gibelins, inaugura la brillante dynastie des Hohenstaufen.

Trente années d'une guerre implacable, pendant laquelle fut cimentée l'alliance de la papauté avec le parti national, que secondait la petite féodalité, amenèrent le traité de Constance

(1183), qui termina d'une manière définitive la lutte de l'empire féodal contre l'indépendance populaire des cités italiennes. Le

Fig. 36. — Portrait de la comtesse Mathilde. D'après une miniature d'un poème du temps (Bibl. du Vatican.)

pape avait recouvré ses allodiaux de la comtesse Mathilde; les villes conservaient leurs droits régaliens : liberté absolue de lever des armées, de s'entourer de fortes murailles, d'exercer la juridiction criminelle et civile, de se confédérer avec les autres villes, etc. L'empereur ne conservait pas d'autres privilèges que de confirmer, par ses légats, les élections consulaires, et d'établir en chaque ville un juge d'appel en son nom. Vainement l'empereur Henri VI voulut rétablir la haute féodalité; il mourut à la peine (1197), et le pape Innocent III, qui se regardait comme le défenseur naturel de tous les droits et le juge suprême de toutes les monarchies de l'Europe, s'opposa aux tentatives d'Henri VI. Plusieurs croisades, d'ailleurs, vinrent donner le change à l'hu-

Fig. 37. — Pont fortifié de Lamentano, près Rome, théâtre des guerres entre les guelfes et les gibelins, au xiiᵉ siècle.

meur batailleuse de la noblesse féodale, jusqu'au jour où, grâce à la politique des illustres pontifes qui venaient d'occuper la chaire de saint Pierre, grâce aux efforts des villes libres, appuyés par la petite noblesse féodale, l'indépendance de l'Italie sortit triomphante du tombeau où descendait l'empereur Frédéric II, le 13 décembre 1250.

En Angleterre, par la grande charte de 1215, le roi Jean sans Terre avait promis au clergé de respecter les libertés de l'Église, notamment la liberté d'élection; aux seigneurs féodaux, d'observer les conditions féodales de relief, de garde et de mariage, déjà stipulées; aux bourgeois, de n'établir aucun nouvel impôt sans le consentement du conseil commun; à tous ses sujets il accordait l'*habeas corpus*, c'est-à-dire la liberté individuelle, avec le jury, en constituant dans une demeure fixe la cour des plaids communs. Une seconde charte, dite *des forêts*, tempérait l'excessive rigueur des peines qu'on appliquait aux délits de chasse, et garantissait l'ensemble des libertés conquises, par la

Fig. 38. — Saint Louis rendant la justice. (Ms. du commencement du xvᵉ siècle.)

création d'un tribunal de vingt-cinq barons chargés de faire observer l'exécution de cette charte, et de surveiller même les actes de la royauté. C'était une véritable discipline gouvernementale. Autant, dès l'origine, la noblesse féodale avait été maîtrisée et dominée par la puissance souveraine, autant cette puissance redoutable était alors serrée de près, gênée et contrecarrée dans ses tendances despotiques.

Louis IX, marchant sur les traces de Philippe-Auguste, s'appliqua à supprimer les abus du régime féodal (fig. 38) : il exigea de ses barons d'opter entre les fiefs qu'ils tenaient de lui et ceux qui leur provenaient des rois d'Angleterre; il substitua aux vieilles souches féodales une féodalité nouvelle, non moins vaillante et plus morale que l'ancienne, et ne perdit jamais de vue la formidable réaction que l'ancienne noblesse avait osé exercer contre la régente Blanche de Castille, en déclarant qu'elle ne souffrirait pas que le jeune roi Louis fût sacré avant que l'aristocratie suzeraine eût été rétablie dans la plénitude de ses privilèges. Après Louis IX, la féodalité française, transformée par le saint roi, ne fut ni moins hautaine ni moins fière qu'auparavant; mais elle se montra plus favorable à la royauté et moins hostile à l'Église. C'était une brillante chevalerie, pleine d'enthousiasme et d'impétuosité, commençant admirablement une bataille, la gagnant toujours au début de la journée, la perdant à la fin, faute de s'appuyer sur une infanterie bien organisée; corps de cavalerie merveilleusement préparé pour les tournois et les pas d'armes, mais incapable de soutenir les longues guerres ni même d'assurer le succès d'une grande bataille. Les victoires de Mons-en-Puelle (1304), sous Philippe IV, et de Cassel (1328), sous Philippe de Valois, accrurent au dernier degré la confiance aveugle de la noblesse française et produisirent, par des causes absolument identiques, les désastres de Crécy, de Poitiers et d'Azincourt (1346, 1356, 1415).

Des événements qui s'accomplirent pendant l'espace d'un siècle, depuis l'élection de l'empereur Louis V au trône (1314) jusqu'à la paix de Brétigny (1360), il résulte, de la manière la plus évidente, que les destinées du monde féodal reposaient désormais sur la France et l'Angleterre, ces deux puissances rivales, toutes deux absorbantes et inflexibles; que l'empereur et le pape n'arriveraient qu'en second ordre dans cette dernière évolution de la féodalité; que Rome, forcée d'incliner vers la France, lui donnait

Fig. 39. — Le duc de Bourgogne et le roi d'Angleterre s'alliant contre la France.
Miniature des *Chroniques d'Angleterre*, ms. fr. du xve s. (Bibl. nat.)

une prépondérance considérable, et qu'une question d'équilibre
devait inévitablement rapprocher du roi d'Angleterre l'empereur

d'Allemagne. La royauté française, malgré les vicissitudes d'une interminable lutte contre les Anglais (fig. 39), malgré les ravages de la peste noire qui dépeupla les deux tiers du royaume, malgré l'état

Fig 40 — Statue équestre en pierre de Rodolphe de Habsbourg, empereur d'Allemagne : à la cathédrale de Strasbourg. xiiiᵉ siècle.

obéré des finances et la situation difficile où se trouvait la monarchie, continua son œuvre d'assimilation et d'incorporation féodale ; la suzeraineté attachée aux grands fiefs tombait pièce à pièce dans la juridiction souveraine du roi, tandis qu'au delà du Rhin les

Text within the illustration:

...dit charlee duc de bourgongne et de psabeau fille du duc de bourbon defandy marie

Fig. 41. — L'empereur Maximilien Ier, Marie de Bourgogne, sa femme, leur jeune enfant Philippe le Beau, qui fut dans la suite roi de Castille. (*Chroniques abrégées de Bourgogne*, ms. du xve siècle.)

hauts barons demeuraient presque omnipotents, ainsi qu'ils l'é-
taient jadis.

Il y eut alors en Allemagne deux sortes de ligues, offensive et
défensive, de la noblesse : la ligue des *Gauerbinate* ou *Gauerbs-
chaften,* en vertu de laquelle les petits nobles formaient des pactes
de famille pour transmettre leurs fiefs en ligne indirecte, si la
ligne directe venait à manquer, et pour reconstruire ou réparer
leurs châteaux à frais communs; et la *Hanse teutonique,* ligue
des princes-archevêques électeurs avec soixante villes libres. Rodolphe de Habsbourg (fig. 40), politique ferme autant qu'habile, arrêta des menées dangereuses pour le pouvoir impérial, força ses
feudataires à lui rendre hommage et rasa soixante-dix forteresses,
refuge des guerroyeurs féodaux qui désolaient le pays; mais,
après lui, l'usurpation des seigneurs reprit son cours, et la *bulle
d'or,* base du droit public allemand, consacra la déchéance de la
suzeraineté impériale (1356).

D'un autre côté, en France, chaque convocation des états généraux ayant pour objet quelque nouvel impôt à créer ou à préle-
ver, le tiers se montrait d'autant plus exigeant vis-à-vis de la
royauté, qu'il lui donnait davantage : il demandait à intervenir
dans les questions de paix et de guerre; il prétendait diriger l'administration financière du royaume, être convoqué annuellement
et partager, avec les deux autres ordres, le poids des charges qui
devaient profiter à tous. La noblesse féodale résista aux prétentions exorbitantes du tiers état; mais quand elle vit les paysans
entreprendre une *jacquerie* formidable, dont le mot d'ordre était
la destruction des châteaux et l'anéantissement des nobles, elle
hésita, elle recula, jusqu'à ce que les horribles excès des jacques
campagnards eussent rendu légitime la réaction féodale.

En 1383, après la bataille de Rosebecque, qui compromit gravement la cause des communes de Flandre et de France, on eût dit que les beaux temps de la féodalité allaient renaître; Froissart, ce chroniqueur si judicieux, s'en félicitait, parce qu'il croyait l'ordre social menacé d'un écroulement complet. Mais voilà qu'aux champs d'Azincourt la chevalerie française succombe à son tour, *égorgetée* sous le couteau des archers anglais; ce fut la condamnation de l'importance presque exclusive donnée à la cavalerie dans les armées féodales. Le système que ces armées représentaient touchait d'ailleurs à sa fin. Déjà la féodalité française n'existait plus que comme un dépôt de traditions, encore respectées, et de vieilles coutumes tombées en désuétude entre les mains de l'ancienne noblesse.

En Angleterre, la grande féodalité militaire était bien déchue longtemps avant que le roi Henri VIII lui portât le dernier coup; elle s'efforçait de se survivre en Allemagne, sous le sceptre impérial de Maximilien Ier (fig. 41). En France, Louis XI l'étreignit avec le concours du tiers état. Au delà des Alpes, en Italie, son existence se prolongea par l'influence de quelques familles éminentes, et aussi avec l'appui de la démocratie urbaine, de la population industrielle et marchande; mais elle disparut partout avec le moyen âge.

FÉODALITÉ.

§ II.

CONDITION DES PERSONNES ET DES TERRES.

« Le moyen âge, » dit le savant Benjamin Guérard, à qui nous emprunterons les éléments de ce chapitre, « est le produit de la barbarie germanique et du christianisme. Il commence en 476, à la déposition d'Augustule, et finit en 1453, à la prise de Constantinople par Mahomet II. La chute de deux empires, celui d'Occident et celui d'Orient, marque ainsi les termes de sa durée, qui remplit environ dix siècles. Son premier acte est dû aux Germains; ce fut la destruction de l'unité politique, que remplaça ensuite l'unité religieuse. Alors on vit naître, sur les ruines du pouvoir central, une multitude de forces éparses et désordonnées. Le joug de la domination impériale fut brisé par les barbares; mais, loin de s'élever à la liberté, le peuple descendit à tous les degrés de la servitude; au lieu d'un despote, il eut des milliers de tyrans, et ce fut avec une peine et une lenteur extrêmes qu'il se dégagea des entraves de la féodalité. »

Rien de plus étrangement troublé que l'Occident à l'époque de la dissolution de l'empire des Césars; rien de plus divers ni de plus discordant que les intérêts, les institutions, les États de la

société livrée aux barbares. D'ailleurs, jamais société ne fut formée d'eléments plus hétérogènes, plus incompatibles. D'un côté,
des Goths, des Bourguignons, des Vandales, des Allemands, des
Francs (fig. 42 et 43), des Saxons, des Lombards : nations, ou plu-

Fig. 42 et 43. — Costumes des Francs du IVᵉ au VIIIᵉ siècle. D'après les documents originaux
recueillis par H. de Vielcastel dans les grandes bibliothèques de l'Europe.

tôt hordes conquérantes; de l'autre, des Romains ou, pour parler
plus exactement, des peuples devenus Romains par un long
asservissement à la domination Romaine (fig. 44). Il y avait, des
deux parts, des hommes libres, des affranchis, des colons, des esclaves, et plusieurs degrés étaient marqués dans la liberté comme

dans la servitude. Ce principe hiérarchique s'appliquait même au sol : les domaines, divisés en terres franches et en terres tributaires, en terres seigneuriales et en terres serviles, constituaient des *alleux,* des *bénéfices* ou *fiefs* et des *tenures.* Ajoutons que les coutumes et, en quelque sorte, les lois variaient indéfiniment, suivant les maîtres et les pays.

Partout diversité, inégalité, lutte et guerre partout; et ce qui rendait la situation plus déplorable encore, tout était corrompu et usé.

Les Germains (fig. 45) n'avaient pas apporté en deçà du Rhin les héroïques vertus que Tacite leur a prêtées en écrivant leur histoire, dans le but évident de faire la satire de ses compatriotes. Chez les Romains dégénérés, que ces farouches barbares avaient assujettis, la civilisation se résumait en un ensemble de mœurs dissolues et d'institutions affaiblies. Vainqueurs et vaincus n'eurent donc à mettre en commun, pour fonder une société nouvelle, que des ruines et des vices.

« Mais, il faut le dire, la part apportée par les conquérants était de beaucoup la plus mauvaise des deux. L'esprit d'indépendance qui les animait n'était qu'un penchant irrésistible à se livrer à des passions farouches et à des appétits brutaux. La liberté qu'ils connaissaient, la liberté qui leur était chère et pour laquelle ils bravaient le danger, était celle de faire le mal; car lorsqu'ils affrontaient la mort, c'était moins par le mépris de la vie et l'amour de l'indépendance que par la soif du butin. L'esprit de liberté individuelle, dont il leur est fait honneur et qu'ils auraient inoculé à l'Europe, est peu d'accord avec ce que nous savons de leur caractère national, et ne paraît pas avoir été plus vif chez eux que chez les peuples auxquels ils l'auraient, dit-on, communiqué. N'était-il pas, en effet, de droit public dans les forêts de la Germanie que l'homme se mît au service de l'homme? »

Fig. 44. — Costumes de soldats romains.   Fig. 45. — Costume de guerrier germain.
D'après les miniatures de divers manuscrits du vıᵉ au xııᵉ siècle.

Dès longtemps aussi, ils avaient adopté la bizarre institution du *vasselage* (fig. 46). Lorsqu'ils vinrent en Occident créer des États, bien loin de fondre et de niveler les personnalités, ils ne firent que les échelonner depuis le sommet jusqu'à la base de leur édifice social. Dépendre d'un maître ou d'un seigneur, tel fut leur pre-

Fig. 46. — Esclaves ou serfs du vi⁰ au xii⁰ siècle. D'après les documents recueillis par H. de Vielcastel.

mier principe politique, et sur ce principe devait un jour s'asseoir la féodalité.

La domesticité était, en effet, de toutes les conditions et de tous les rangs. On la trouvait dans le palais du souverain aussi bien que dans les habitations de ses sujets. Le vassal, qui se faisait servir à table par un valet, servait lui-même comme valet à la table de son seigneur; les seigneurs en usaient de même entre eux, selon l'ordre de suzeraineté, et tous ces services, véritablement

corporels, que chacun rendait et se faisait rendre, étaient regardés,
non comme des devoirs oné-
reux, mais comme des hon-
neurs. Le sentiment de la
dignité et de l'indépendance
personnelles, qui est devenu,
pour ainsi dire, l'âme des so-
ciétés modernes, n'existait que
d'une manière fort équivoque
chez les Germains. Si nous
en pouvions douter, nous
n'aurions qu'à nous rappeler
que ces hommes si fiers, si
insouciants de la souffrance
et de la mort, risquaient souvent au jeu leur liberté, dans
l'espoir d'un gain pécuniaire
qui leur promettait l'assou-
vissement de quelque brutale
passion. Il n'en était pas de
même chez les Gaulois, beaucoup plus avancés en civilisation.

Lorsque les Francs s'em-
parèrent de la Gaule, leurs
coutumes, leurs institutions
firent nécessairement invasion dans la siocété romaine
(fig. 47); mais ce fut pour y

Fig. 47. — Roi ou chef franc, armé du scrama-
sax. D'après une miniature du IXe siècle, dessinée par H. de Vielcastel.

exercer une mauvaise influence, à plusieurs points de vue, et l'on peut aisément démontrer que la civilisation ne sortit de ce chaos qu'au fur et à mesure que l'esprit tudesque se retira du monde. Tant que cet esprit domina, il n'y eut guère plus de liberté individuelle que de liberté publique. La patrie se réduisait à la famille, et la nation à la tribu. La Gaule se trouva bientôt morcelée en seigneuries presque indépendantes les unes des autres : point de loi générale ni d'intérêt commun. Voilà comment se manifestait le génie barbare.

L'absence de protection générale et de pouvoir public contraignit chacun à chercher la sûreté de sa personne et de ses biens dans l'organisation des forces privées. La solidarité s'établit d'abord au sein des familles. Si quelqu'un souffrait d'une violence, il chargeait ses parents réunis d'en poursuivre la réparation. La question devait alors se vider entre la famille de l'offensé et celle de l'offenseur, également associées dans le but de débattre ensemble une cause qui n'intéressait qu'elles, sans reconnaître aucune autorité établie, sans invoquer aucune législation en vigueur. Toutefois, si les parties s'étaient recommandées à des hommes puissants, la querelle, grandissant, pouvait allumer la guerre entre deux seigneuries. Le roi ou le chef n'intervenait, à son tour, que dans les cas où la sûreté de sa personne et les intérêts de ses domaines se trouvaient menacés.

Les délits et les peines étaient, d'ailleurs, toujours rachetables à prix d'argent. Le meurtre était plutôt un malheur qu'un crime. Le fils, par exemple, au lieu de venger la mort de son père, recevait du meurtrier une certaine indemnité en numéraire, d'après le tarif, et la justice alors était satisfaite.

Le tarif des indemnités ou *compositions* à payer pour chaque offense faisait le fond du code des lois chez la principale tribu des Francs, code essentiellement barbare, qu'on nomme la *loi salique* ou *des Saliens* (fig. 48). Mais tel était l'esprit d'inégalité parmi les peuples germains, qu'un principe fondamental, généralement admis chez eux, voulait que la peine eût toujours une application subordonnée à la condition des personnes. Plus on était puissant,

Fig. 48. — Le roi des Francs, au milieu des chefs militaires, formant sa cour armée, dicte la loi salique, code des lois barbares. D'après une miniature des *Chroniques de Saint-Denis*, ms. du xivᵉ s. (Bibl. de l'Arsenal.)

plus on était doucement traité par la loi ; plus on était faible ou de condition humble, moins on était ménagé par elle. Pour ne parler que des hommes libres, la vie d'un Franc avait, en droit, deux fois plus de valeur que celle d'un Romain ; la vie d'un client du roi ou *antrustion* en avait trois fois plus que celle d'un homme isolé qui ne possédait pas cette attache protectionnelle. La composition pour le meurtre d'un simple Franc s'élevait à 200 sous d'or, somme qui représente environ 18,000 francs de notre monnaie. D'autre part, le châtiment était d'autant plus prompt et rigoureux, que le coupable appartenait à une classe moins élevée.

Fig. 49. — Costumes des seigneurs et des nobles du VIIᵉ au IXᵉ s. D'après H. de Vielcastel.

En cas de vol, par exemple, si le coupable était une personne considérable, il était appelé au tribunal du roi, qui avait arbitraire ment égard au rang que l'accusé occupait dans la hiérarchie sociale (fig. 49); s'agissait-il, au contraire, d'un pauvre homme, le juge ordinaire, prononçant en dernier ressort, le faisait saisir et pendre sur-le-champ.

Chez les Germains, comme chez les Francs et les autres races barbares, on ne fut conduit à l'égalité civile et politique que par l'égalité religieuse ; ce fut en devenant chrétiens que les hommes

Fig. 5o. — Les grands feudataires annoncent à Charles la mort du roi Pépin, son père et lui offrent la couronne. Costumes de la cour de Bourgogne au xvᵉ s. D'après une miniature de l'*Histoire des Empereurs*. (Bibl. de l'Arsenal.)

devinrent citoyens. Cette transformation s'opéra lentement , graduellement, en passant de la servitude au servage, du servage à la mainmorte, et de la mainmorte à la liberté.

Après la chute des rois mérovingiens, il y eut un grand progrès dans l'état politique et social des peuples. Ces rois, qui n'étaient que des chefs de bandes indisciplinées, avaient été impuissants à constituer la royauté proprement dite. Leur autorité fut personnelle plutôt que territoriale; car il y eut dans la délimitation de leurs domaines conquis des fluctuations incessantes. Aussi était-ce avec raison qu'ils s'attribuaient le titre de *rois des Francs*, et non celui de *rois de France*.

Charlemagne fut le premier qui, tendant à cette unification sociale dont l'organisation romaine lui fournissait un admirable exemple, sut réunir, diriger et maîtriser les forces divergentes et opposées, établir et coordonner des administrations publiques, fonder et bâtir des villes, former et reconstruire en quelque sorte un nouveau monde avec les éléments et les instruments mêmes de la destruction (fig. 5o). On le vit assigner à chacun sa place, créer à tous une communauté d'intérêts, faire d'une foule de petits peuples épars une grande et puissante nation : en un mot, rallumer le flambeau de la civilisation antique en faisant régner le christianisme dans l'Occident. Quand il mourut, après quarante-cinq ans du règne le plus actif et le plus glorieux, il laissait un empire immense dans une paix profonde. Ce magnifique héritage devait malheureusement passer dans des mains indignes ou inhabiles. La société retomba bientôt dans l'anarchie, dans la confusion. Les grands, investis à leur tour du pouvoir, se firent une guerre acharnée, et affaiblirent successivement l'autorité souveraine, en se disputant, en s'arrachant les lambeaux du royaume et de la royauté.

La révolution qui s'opéra sous la dynastie carlovingienne eut,

cette fois, pour caractère particulier de rendre territorial ce qui
auparavant n'était qu'individuel, et de détruire, pour ainsi dire,
la personnalité. L'usurpation foncière des grands ayant été imitée

Fig. 51. — Ruines du château féodal de Château-Gaillard, aux Andelys, qui passait au moyen
âge pour un des plus forts châteaux de France, reconstruit au xiie siècle, par Richard Cœur
de Lion.

par les petits, chacun ne songea plus qu'à devenir seigneur terrien. La possession de la terre fut alors la base des diverses conditions sociales, et il s'ensuivit dans l'état des personnes beaucoup
moins de servitude et plus de stabilité. Les anciennes lois des
tribus nomades tombèrent en désuétude; et en même temps dis-

parurent maintes distinctions de race et de caste, incompatibles avec le nouvel ordre de choses. Comme il n'y avait plus de Saliens, de Ripuaires ni de Visigoths parmi les hommes libres, il n'y eut plus également de colons, de *lides* ni d'esclaves parmi les hommes privés de la liberté.

Des chefs de famille fixés au sol, pour ainsi dire, devaient naturellement avoir d'autres vues, d'autres besoins, d'autres mœurs, que des chefs d'aventuriers errants. Il ne s'agissait plus pour eux de rendre forte la bande, mais la demeure. Les châteaux allaient succéder aux associations armées. Ce fut le temps où chacun, par un sentiment de recherche du repos domestique, se cantonna et se retrancha chez soi du mieux qu'il put. Les rives des fleuves, les sites escarpés, les hauteurs inaccessibles furent occupés par des tours et des donjons, entourés de fossés, servant d'abri aux maîtres des terres (fig. 51). Souvent aussi ces asiles devinrent des lieux d'offense. Apostés chez eux comme des oiseaux de proie dans leur aire, certains seigneurs faisaient le guet, toujours prêts à fondre non seulement sur leur ennemi, mais encore sur leur voisin pour le dépouiller, sur le voyageur pour le rançonner. Dans maint endroit, on se tenait en embuscade et on guerroyait sans paix ni trêve : c'était le temps des guerres féodales.

Il va sans dire que le résultat d'un pareil système de guerres locales, ou plutôt d'aventures guerrières, n'était possible qu'avec l'abaissement du pouvoir central. Et en effet, vers la fin de la deuxième race, la royauté se trouvait singulièrement affaiblie ; aussi, quand les descendants de Hugues Capet voulurent la relever en lui donnant une large base, ils se virent obligés, pour s'étendre sur le sol, de s'avancer pied à pied, en attaquant l'un après l'autre les châteaux forts, en forçant les seigneurs à reconnaître la suzeraineté du roi, en rattachant à la commune chaque fief, chaque cité, chaque province. Il leur fallut des siècles de combats et de négociations avant de constituer le domaine de France.

Les communes, les bourgeoisies contribuèrent puissamment à

Fig. 52. — Chevaliers et hommes d'armes, couverts de cottes de mailles, sous le règne de Louis le Gros. D'après une miniature du xvᵉ siècle.

la restauration du pouvoir monarchique, aussi bien qu'à la formation de la nationalité française; mais l'influence bienfaisante qui se fit sentir au moyen âge, ce fut celle du christianisme. Le dogme d'une origine et d'une destinée communes à tous les hommes, et surtout de la fraternité de tous dans le Christ, n'était rien moins qu'un appel incessant à l'émancipation de chacun. L'égalité religieuse tendait à amener l'égalité politique; les frères devant Dieu tendaient à devenir égaux devant la loi.

Bien lentement, toutefois, s'opéra cette dernière transformation, qui suivit dans ses progrès le plus ou moins de fixité de la propriété. A l'origine, l'esclave ne possédait que sa vie, imparfaitement garantie, même par la loi de charité, dans ces temps cruels.

Fig. 53. — Colons laboureurs (XIIᵉ siècle). D'après une miniature d'un manuscrit dit de la Sainte-Chapelle. (Bibl. nat.)

Il devint ensuite colon ou fermier (fig. 53 et 54), travaillant pour son compte moyennant des conditions ou *tenures* des redevances, des services souvent exagérés; s'il appartenait encore à la glèbe, à ce champ sur lequel il était né, au moins était-il sûr que ce champ ne lui serait pas enlevé, et qu'en cédant à son maître une partie de son temps, de ses forces, du fruit de son travail, il pourrait jouir du reste à sa guise. Le fermier se changea ensuite en propriétaire, possédant en propre sa personne aussi bien que les terres qu'il cultivait, à la charge par lui de satisfaire à quelques obligations toutes matérielles, qui d'ailleurs s'allégèrent de jour en jour et finirent par disparaître tout à fait avec la Révolution française.

Précisons maintenant avec quelques détails les diverses conditions des personnes au moyen âge.

Le roi, qui tenait ses droits de la naissance et non de l'élection, jouissait d'une autorité relativement absolue, c'est-à-dire proportionnée à la puissance de son génie, à l'étendue de son domaine,

Fig. 54. — Colons travaillant à la terre (xII^e siècle). Même source que la précédente figure.

au dévouement de ses vassaux. Investi d'un pouvoir qui longtemps ressembla au commandement d'un général d'armée, il n'eut en principe d'autres ministres que des officiers auxquels il déléguait sommairement le gouvernement de telle ou telle province : le même personnage décidant arbitrairement, au lieu et place du roi, sur toutes les questions administratives. Un seul magistrat figurait en titre près du souverain : c'était le référendaire ou chancelier, qui vérifiait, scellait et expédiait les ordonnances royales.

Quelques grands officiers apparaissent, cependant, dès le septième siècle, qui sont particulièrement attachés à la personne ou à la maison du roi : un comte du palais, pour l'examen et la direction des procès portés devant le trône ; un maire du palais, qui, à une certaine époque, s'éleva de l'administration des biens royaux à la suprême puissance ; un archichapelain, présidant aux ecclésiastiques ; un camérier ou chambellan, chargé du service de la chambre, et un comte de l'étable, ou *connétable* qui surveillait les écuries.

Pour toutes les affaires importantes, le roi consultait les grands de son entourage ; mais, comme dans les cinq ou six premiers siècles de la monarchie, la résidence royale n'avait aucune permanence, il est probable que ce conseil était composé en partie des officiers qui suivaient le roi, et en partie des seigneurs qui venaient le visiter, ou qui résidaient dans le voisinage du lieu où il se trouvait alors. Ce fut seulement sous les Capétiens que le conseil royal prit un caractère régulier et s'assembla même à des époques déterminées.

En temps ordinaire, c'est-à-dire quand il n'était pas en campagne avec son armée, le roi n'avait guère autour de lui que sa famille, les officiers de son service personnel et les ministres chargés de l'expédition des affaires ; vivant tantôt sur une de ses terres, tantôt sur une autre, il ne tenait réellement sa cour qu'aux grandes fêtes de l'année.

Jusqu'au treizième siècle il n'y eut, à vrai dire, ni impôt ni trésor public. Le roi recevait, soit en argent, soit en nature, par l'intermédiaire d'officiers spéciaux, des redevances variables, souvent très fortes, et perçues presque exclusivement sur ses domaines privés. Dans les circonstances graves, il faisait appel au concours pécuniaire de ses vassaux.

Fig. 55. — Les seigneurs et barons « font de leurs blasons fenestres », c'est-à-dire témoignent de leur noblesse, en appendant leurs bannières, et en exposant leurs armoiries aux fenêtres de la loge des hérauts d'armes. D'après une miniat. des *Tournois du roi René* (xvᵉ s.).

Les grands, qui vivaient loin de la cour, les uns dans les gouvernements que le roi leur confiait, les autres dans leurs propres fiefs, avaient la plupart une maison montée sur le modèle de celle du roi. De nombreux et considérables privilèges les élevaient au-dessus des autres hommes libres. Les offices et les fiefs étant deve-nus héréditaires, l'ordre de la noblesse se trouva ainsi constitué; et il y eut dès lors un intérêt majeur pour les familles à conser-ver les titres généalogiques, qui non seulement donnaient satisfac-tion à leur orgueil, mais encore leur servaient de preuves et de garanties pour les avantages féodaux résultant de leur naissance (fig. 55). Sans le principe de l'hérédité d'ailleurs, la société, en-core mal assise au moyen âge, n'eût pas tardé à se décomposer. Ce principe, légitime aux yeux de tous, petits et grands, soutint et conserva la féodalité, avec laquelle il devait sinon périr, du moins déchoir singulièrement, sans toutefois disparaître, dans le tumulte des révolutions.

Nous l'avons déjà dit, mais on ne peut assez insister sur ce point capital, du jour où les goûts aventureux des chefs barbares eurent fait place chez eux au sentiment de la possession territoriale, le rôle de la terre s'agrandit jusqu'à déterminer la condition de la per-sonne qui la possédait. Le domaine devint une seigneurie, ou plu-tôt un petit royaume, dans l'étendue duquel le maître s'attribuait les droits les plus absolus, les plus arbitraires. On vit bientôt s'é-tablir ce principe, que la noblesse était en quelque sorte inhérente à la terre, et, par conséquent, que la terre devait transmettre tout naturellement à ses possesseurs la noblesse seigneuriale. Ce privilège fut si bien accepté, que la possession prolongée d'un fief finissait par anoblir le roturier. Plus tard, par une espèce de compensation indispensable, une terre sur laquelle avaient pesé jus-que-là les redevances serviles devenait franche et noble en passant aux mains de la noblesse. Enfin, le principe contraire prévalut,

Fig. 56. — Chevalier en costume de guerre. D'après une miniature d'un psautier
écrit et enluminé sous Louis le Gros. XIIe siècle.

qui voulait que les biens ne changeassent pas de qualité en changeant de maître : le noble put encore posséder une terre roturière sans perdre sa noblesse, mais le roturier devint propriétaire d'un fief sans acquérir par là la qualité de gentilhomme.

Aux compagnons, ou *comites,* qui, suivant Tacite, s'attachaient à la fortune des chefs germains, avaient succédé les *leudes* mérovingiens, dont la réunion formait le *comitat* du roi. Ces leudes, personnages considérables à cause du nombre de leurs vassaux, composaient son conseil ordinaire et s'opposaient parfois ouvertement à sa volonté. Le nom de *leude* fut abandonné sous la deuxième race et remplacé par celui de *féal* ou fidèle, qui devint une sorte de désignation générale, aussi bien pour les vassaux immédiats de la couronne que pour les vassaux des seigneurs.

Sous les rois de la troisième race, le territoire du royaume était divisé en cent cinquante domaines environ, qu'on appelait les *grands fiefs de la couronne*, et que possédaient, par droit héréditaire, les membres de la haute noblesse, placés immédiatement sous la suzeraineté ou dépendance royale. Nous citerons entre autres les duchés de Bourgogne, de Bretagne, de Lorraine, de Normandie, d'Anjou et de Berry; les comtés de Champagne, de Flandre, d'Auvergne, de Périgord, de Béziers, de Toulouse, de Nevers, de Touraine et de Provence.

On désignait, en général, par le titre de *barons*, les vassaux qui relevaient directement du roi, et dont la plupart possédaient des châteaux forts. Les autres nobles se confondaient sous la dénomination de *chevaliers*, titre générique auquel s'ajoutait celui de *bannerets* pour ceux qui levaient bannière et menaient à la guerre une compagnie d'hommes d'armes. Les *fiefs de haubert* devaient fournir au suzerain des chevaliers couverts de cottes de mailles et complètement armés. Tous les chevaliers, comme l'indique leur nom, servaient à cheval (fig. 56); mais il ne faudrait pas confondre les *chevaliers de naissance* avec ceux qui l'étaient devenus par suite d'une réception particulière, et encore moins avec les membres des différents ordres de chevalerie. Dans l'origine, le bénéfice ou fief ne comportait rien de plus que la cession de l'usufruit d'une terre, cession qui mettait l'usufruitier

Fig. 57. — Le roi Charlemagne recevant d'un de ses grands feudataires ou hauts barons le serment de foi et hommage. D'après une miniature des *Chroniques de Saint-Denis,* ms. du xive siècle. (Bibl. de l'Arsenal.)

dans la dépendance personnelle du propriétaire, puisqu'il devenait son *homme* et qu'il lui devait foi et hommage (fig. 57), c'est-à-dire service en cas de guerre et assistance en cas de comparution judiciaire au tribunal du roi. Plus tard, tout fut de même donné au bénéfice : dignités, offices, droits, revenus et titres.

La qualité d'homme libre n'exigeait pas nécessairement la possession territoriale, mais quand il n'était pas détenteur de fief, sa position devenait très difficile; car il se trouvait, de droit naturel, dans la dépendance du feudataire sur le domaine duquel il résidait. A la vérité la plupart de ces nobles sans terres devenaient, de préférence, les hommes du roi, au service duquel ils restaient attachés. Tombaient-ils dans le dénûment, ils prenaient des terres à bail, sans descendre à la servitude proprement dite; et en cas de vente du sol qu'ils exploitaient, ils passaient avec la terre dans le domaine du nouveau propriétaire. Souvent la misère les obligeait à vendre leur liberté; ils gardaient alors la faculté de se racheter, en remboursant le prix de vente, augmenté d'un cinquième en sus.

On voit donc que la liberté en ces temps reculés, comme en des temps plus modernes, était la conséquence naturelle du plus ou moins de richesse ou de puissance des individus et des familles, qui se disaient libres au milieu d'une dépendance presque générale; car, au dixième siècle, il eût été sinon impossible, au moins fort difficile de trouver un habitant du royaume de France qui ne fût pas l'*homme* de quelqu'un, les uns étant astreints à des obligations d'un ordre libéral, les autres à des obligations serviles.

Anciennement, toute propriété foncière d'une certaine étendue se composait de deux parties distinctes : l'une, occupée par le maître, constituait le domaine ou manoir; l'autre, divisée entre des personnes plus ou moins dépendantes, formait ce qu'on appelait des *tenures*. Ces tenures étaient, selon le cas, désignées par le titre de *bénéfices* ou *fiefs* et possédées par des personnes libres, qui prenaient le nom de *vassaux ;* ou concédées à des colons, à des *lides*, à des serfs, et s'appelaient alors *colonies* ou *censsive*.

Le *lide* occupait un rang intermédiaire entre le colon et le serf. Il avait moins de liberté que les colons, sur lesquels le propriétaire ne conservait plus qu'un pouvoir indirect et très limité. Le colon ne servait que la terre (fig. 58); le lide, cultivateur et valet, servait la terre et l'homme en même temps; il jouissait néanmoins du droit de posséder et du droit de se défendre, ou de poursuivre en justice. Le serf pouvait contracter mariage; de ses droits de père de famille sortirent toutes les autres libertés. Le lide avait, en outre, la faculté de se racheter quand il avait amassé le prix de sa liberté.

Fig. 58. — Laboureurs. D'après une miniature d'un ms. anglo-saxon très ancien.

Les serfs occupaient le plus bas degré de l'échelle sociale (fig. 59). Ils succédèrent aux esclaves, en faisant un pas vers la liberté. Si les lois civiles les protégeaient peu, celles de l'Église s'efforçaient de mettre en leur faveur un frein à l'arbitraire. Le jour vint où il n'y eut plus de maîtres immédiats, mais des seigneurs, et où la dépendance, en quelque sorte absolue, des serfs se trouva remplacée par la dîme et le cens. Le servage, enfin, conduisit à la roture, et le cens et la dîme disparurent à leur tour devant l'impôt.

Ce sont les colons, les lides et les serfs, ramenés uniformément à la roture, qui ont formé le peuple des temps modernes. Ceux qui restèrent attachés à l'agriculture furent les pères de nos paysans ; ceux qui, dans les villes, se livrèrent à l'industrie, au commerce, donnèrent naissance à la bourgeoisie.

Dès le commencement de la troisième race, nous trouvons, dans les campagnes aussi bien que dans les villes, un très grand nombre

Fig. 59. — Serf et vassale au xᵉ siècle. D'après une miniature du manuscrit des *Dialogues de saint Grégoire*.

d'hommes libres. Dès lors, les chartes relatives à la condition des terres et des personnes, en dépit de l'instinct oppressif des grands, témoignent de l'adoucissement de la servitude. Dans les siècles suivants, l'institution des communes et des bourgeoisies (fig. 60), rend plus général encore l'accès à la liberté. Cette liberté, qu'on ne s'y trompe pas, est plutôt morale que matérielle : si les seigneurs la concèdent nominalement, ils y mettent pour prix d'innombrables redevances, la commune, qui achetait plus ou moins cher l'honneur de s'administrer elle-même, n'allégeant en rien les charges féodales qu'elle avait à supporter.

Fig. 6o. — Bourgeois vers la fin du xiiie siècle. D'après un ms. de la Bibl. nat.

La commune composait une sorte de petit État, presque indépendant pour ses affaires particulières, mais subordonné au pouvoir absolu du roi, et plus ou moins lié par des coutumes ou des conventions envers les seigneurs locaux. Elle tenait des assemblées publiques, élisait ses magistrats, dont les attributions embrassaient à la fois l'administration, la justice civile et criminelle, la police, les finances et la milice. Ses lois étaient fixes et écrites. Protégée par des remparts (fig. 61), elle avait un hôtel de ville, un sceau, un trésor, un beffroi (fig. 62). Elle pouvait armer un certain nombre d'hommes, soit pour sa défense propre, soit pour le service du seigneur ou du suzerain dont elle relevait.

Fig. 61. — Porte Saint-Jean, avec pont-levis, à Provins. xɪvᵉ siècle.

Quoi qu'il en fût, la commune ne pouvait être constituée que par la sanction du roi, qui la plaçait sous la sauvegarde de la couronne. Tout d'abord, aveuglés par une cupide politique, les rois ne semblèrent voir dans l'affranchissement des communes qu'un excellent prétexte d'en tirer de l'argent. S'ils consentirent à les reconnaître, et même à leur venir en aide contre leurs seigneurs, ce fut au prix des plus grands sacrifices de la part de leurs bonnes

villes. Plus tard, ils affectèrent, au contraire, la plus noble générosité à l'égard des vassaux qui voulaient se constituer en communes, quand ils eurent com-
pris que les institutions communales devaient être pour
eux de puissants auxiliaires
contre les grands titulaires
féodaux. A partir de Louis XI,
lorsque la puissance des seigneurs fut bien amoindrie et
n'inspira plus d'inquiétude à
la royauté, les rois eurent à
se mettre en garde contre les
conséquences de l'émanci-
pation des bourgeois, leurs
alliés, et les dépouillèrent successivement de plusieurs prérogatives qui pouvaient faire
ombrage aux droits de la
couronne.

La bourgeoisie reçut en-
suite, il est vrai, une force considérable de sa participation
aux états généraux et aux
états provinciaux. Après avoir
victorieusement tenu tête aux

Fig. 62. — Beffroi d'Auxerre. XIVe siècle.

clergé et à la noblesse dans
les assemblées des trois états ou des trois ordres, elle devait finir
par renverser la royauté elle-même.

Louis le Gros, dans les ordonnances duquel apparaît pour la

première fois (1134) l'application du titre de *bourgeois*, est regardé

Fig. 63. — Gentilhomme italien au xvᵉ s. D'après une carte à jouer, gravée sur cuivre
vers 1460. (Bibl. nat.)

comme le fondateur des franchises communales en France; mais il a été démontré qu'un certain nombre de communes s'étaient déjà constituées avant son avènement au trône.

Au déclin du treizième siècle, d'après le témoignage de Philippe

Fig. 61. — Costume d'un vilain ou paysan, xvᵉ siècle. D'après une miniature de la *Danse Macabre*. (Bibl. nat.)

de Beaumanoir, célèbre rédacteur des *Coutumes de Beauvoisis*, il y avait trois états parmi les laïques : les gentilshommes (fig. 63), les personnes franches et les serfs. Tous les gentilshommes étaient francs, mais tous les francs n'étaient pas forcément gentilshommes

Ordinairement la *gentillesse* venait de par le père, et la *franchise* de par la mère. Selon plusieurs autres *coutumes* de France, cependant, l'enfant suivait, en règle générale, la pire condition de ses parents. Quant aux serfs, il s'en trouvait de deux sortes : les uns, tenus rigoureusement dans la dépendance absolue de leur seigneur, à ce point que celui-ci était en droit de s'approprier, s'il le jugeait bon, tout ce qu'ils avaient pendant leur vie et tout ce qu'ils laissaient après leur mort; de les emprisonner, de les maltraiter à tort ou à raison, sans avoir à en répondre à personne, si ce n'est à Dieu; les autres, également tenus en servage, mais beaucoup plus *débonnairement,* car, « à moins qu'ils ne se rendissent coupables de quelque mal, le seigneur ne pouvait leur demander, de leur vivant, rien autre chose que les cens, rentes ou autres redevances, qu'ils devaient payer à cause de leur servitude. » Mais quand ils se mariaient avec une femme franche, ou bien lorsqu'ils mouraient, tout ce qu'ils possédaient en propre, meubles et héritages, revenait à leur seigneur. Ceux-là ne pouvaient rien transmettre de leurs biens à leurs enfants, et n'avaient à disposer par testament que d'une somme qui ne fût pas supérieure à 5 sous (environ 25 francs de notre monnaie actuelle).

Dès le quatorzième siècle, il n'y a plus de servage ou de servitude que dans la *mainmorte,* dont il nous reste à parler.

Ce qui constituait essentiellement la mainmorte, c'était la privation du droit de disposer librement de sa personne et de ses biens. Celui qui n'avait pas la faculté soit d'aller où il voulait, soit de donner, de vendre, de léguer et transmettre ses meubles et ses immeubles comme bon lui semblait, était dit *homme de mainmorte.* Ce nom fut choisi, à ce qu'il semble, parce que la main, « considérée comme le symbole de la puissance et l'instrument de la donation, » était chez le serf moralement privée de mouvement, paralysée, frappée de mort. Il y avait deux sortes de main-morte : la réelle et la personnelle; l'une inhérente à la terre, l'autre à la personne; c'est-à-dire qu'une terre *mainmortable* ne chan-

Fig. 65. — Droit prélevé par un seigneur sur la cervoise, ou la bière. D'après un vitrail de la cathédrale de Tournai. xve siècle.

geait pas de *qualité,* quelle que fût la condition de la personne qui l'occupait, et qu'une personne mainmortable ne cessait pas de subir les inconvénients de sa condition, qui l'empêchait de rien posséder, en quelque terre qu'elle allât s'établir.

Les mainmortables étaient d'ordinaire soumis à la plupart des obligations féodales imposées naguère aux serfs, notamment de travailler pendant un certain temps, et sans recevoir de salaire, pour le compte et au profit de leur seigneur, ou bien encore de lui payer la *taille* quand elle était exigible, dans certains cas déterminés. Le seigneur qui affranchissait des mainmortables leur imposait presque toujours des conditions très onéreuses : cens, corvées, redevances de tous genres (fig. 65). D'ailleurs, pour qu'un mainmortable devînt libre, il ne suffisait pas qu'il fût affranchi par son seigneur direct, il devait l'être aussi par tous les seigneurs dont relevait son maître, jusqu'au suzerain ; car, si l'un des seigneurs avait accordé l'affranchissement sans le consentement de son supérieur, il aurait lui-même encouru une amende, un tel acte étant considéré comme une dépréciation du fief.

Dès la fin du quatorzième siècle, les prescriptions rigoureuses de la mainmorte commencent à tomber peu à peu en désuétude dans la plupart des provinces ; mais, si le nom allait s'effaçant, la chose continuait à subsister. Les personnes libres ou franches elles-mêmes, bourgeois ou paysans, n'en restaient pas moins assujetties envers leur seigneur à des redevances, à des obligations d'un caractère tel, qu'on serait tenté quelquefois de les considérer comme de véritables mainmortables.

D'ailleurs, le principe de mainmorte avait été si profondément enraciné par la féodalité dans les mœurs sociales, qu'il fallut, pour le faire disparaître complètement, à la fin du dix-huitième siècle, trois décrets de la Convention nationale (17 juillet et 2 octobre 1793, et 26 février 1794).

CHEVALERIE.

§ I. — ORIGINES ET INSTITUTIONS.

Le mot *Chevalerie* exprime un ensemble de mœurs, d'idées et de coutumes particulier au moyen âge, et dont l'analogue ne se retrouve pas dans les annales humaines.

C'est l'incident le plus remarquable de l'histoire d'Occident entre l'établissement du christianisme et la révolution française. On ne peut guère connaître la chevalerie que par ses effets. « C'était, » dit l'historien Cantù, « une exaltation de générosité, qui poussait à respecter, à protéger le faible, quel qu'il fût, à se montrer libéral jusqu'à la prodigalité, à vénérer la femme devenue l'objet d'un amour noble qui élevait les facultés morales en les dirigeant au bien : tout cela empreint d'une teinte particulière, d'une sorte de caractère religieux qui déterminait les actions, consacrait les exploits, en épurait le but. Dans des temps où régnait la force, ces idées devaient s'appliquer aux combats, non pour assouvir des passions égoïstes, ni pour acquérir des richesses ou des terres, mais pour l'amour de la gloire, pour la générosité, en un mot pour cet ensemble de sentiments que comprend le mot *honneur*. »

La chevalerie n'avait rien de commun avec la féodalité; elle en était tout au plus la garde d'honneur, suivant l'expression de Villemain. Le chevalier ne devait pas au seigneur le service militaire, les aides, l'hommage; c'était le vassal. Si, comme possesseur de fief, il pouvait transmettre son héritage, son titre de chevalier lui était personnel et s'éteignait avec lui. La féodalité fournit à cette institution ses châteaux et son équipement guerrier, ainsi que la cérémonie de l'investiture par l'épée et le baudrier.

Les Eddas, Tacite et le poème anglo-saxon de Beowulf contiennent les seuls documents certains relatifs aux origines de la chevalerie. Quoiqu'on la trouve toute formée dans les romans du cycle carlovingien et de la Table ronde, il ne faut pas conclure qu'elle existait du temps de Charlemagne et d'Arthur (fig. 66). A peine née, elle joue un rôle héroïque dans les croisades, qui, sans elle, n'auraient pu s'accomplir, et arrive rapidement à son apogée, pour décliner peu à peu vers la fin du treizième siècle. A cette époque, les *dames* apparaissent au premier plan, arment les chevaliers, confèrent l'ordre de chevalerie et décernent le prix de l'honneur. C'est sous l'influence des idées propres à cette période que Dante écrit son épopée, « uniquement, dit-il, pour glorifier Béatrix Portinari, » enfant de onze ans, qu'il avait aperçue, en passant, dans une église. C'est alors que les chevaliers souabes, assaillis par les barbares hongrois, qui tuaient tout avec leurs grands arcs et leurs énormes flèches, les font prier, *au nom des dames,* de mettre l'épée à la main, pour se battre « plus civilement ». On voit bientôt la chevalerie déchoir comme institution et comme doctrine. Froissart caractérise et décrit, avec une vivacité pittoresque, cette dégénérescence qui aboutira graduellement aux transformations modernes; l'idée chevaleresque s'altère, l'indépendance du guerrier, jadis esclave de son Dieu et de sa dame (fig. 67), fait place à l'esprit de cour, qui devient une servilité égoïste et mesquine.

A ces diverses époques de transformation organique, la cheva-

Fig. 66. — Le roi Artus, combattant un géant, et protégé par la Vierge. D'après une
gravure sur bois des *Chroniques de Bretagne*, 1514.

lerie se modifia sans cesse, selon le génie particulier des peuples, et bien qu'elle n'atteignît jamais à la sublimité idéale de sa tâche, elle excita néanmoins de nobles efforts. Dans la Thuringe et la Saxe, en Irlande et en Norvège, elle résiste plus longtemps que nulle part aux influènces chrétiennes. Elle se montre encore à demi païenne dans certains passages des *Niebelungen,* ancienne

Fig. 67. — La femme sous la sauvegarde de la chevalerie, scène allégorique de la fin du xvᵉ siècle. D'après un manuscrit de la Bibl. nat.

épopée allemande, recueillie au treizième siècle, où la vieille empreinte du teutonisme est encore rude et profonde. Entre le septième et le onzième siècle, cette rudesse d'origine reste encore chez les Francs, dont la générosité consiste à verser leur sang, à ne rien craindre et à n'épargner personne. Le midi de l'Europe ne connaît pas cette fureur sanguinaire : là, toutes les teintes sont aimables et gracieuses ; dès le onzième siècle, la galanterie chevaleresque s'y montre soumise à des lois précises, mère d'une poésie savante et raffinée. De la Provence ce système poétique et galant

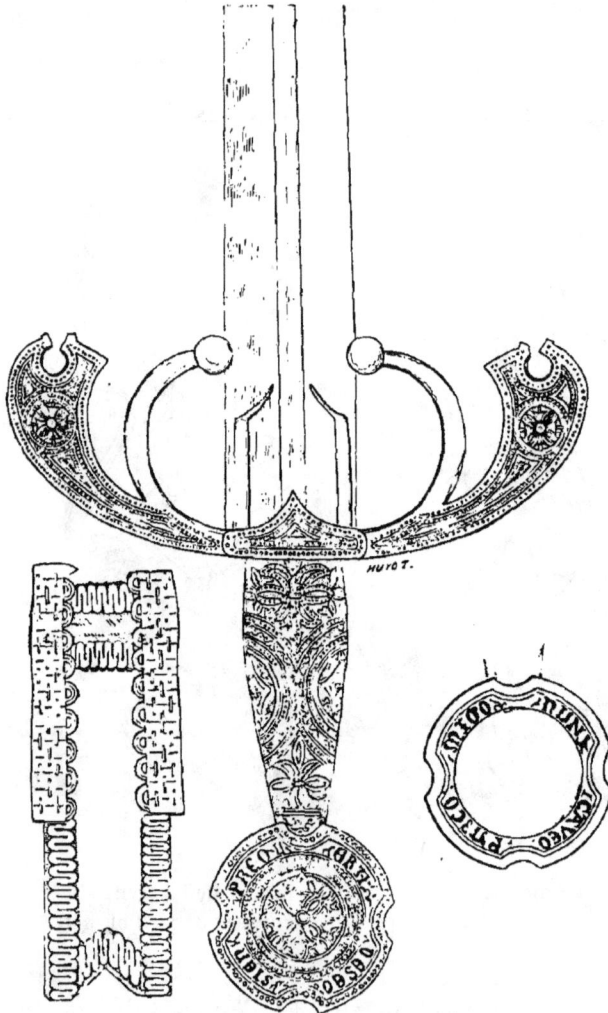

Fig. 68. — Épée d'Isabelle la Catholique, reine de Castille. Sur le pommeau on lit en inscription moitié espagnole, moitié latine : Je désire toujours l'honneur ; maintenant je veille, paix avec moi (*Deseo siempre honor ; nunc caveo, pax migo*). Tiré de l'*Armeria real de Madrid.*

passe en Italie et en Sicile, où l'on s'était si souvent moqué des cruels chevaliers teutons.

Cependant, les chevaliers allemands se laissent peu à peu gagner aux influences méridionales. Les *Minnesængers* (poètes ou bardes) assouplissent de leur mieux la langue germanique pour lui faire répéter les chants de la muse provençale ; et, dans leurs vers allemands, la légère et vive imagination des chevaliers troubadours va s'imprégner d'une douce mélancolie, souvent d'une grâce métaphysique. Féodale et aristocratique dans la Grande-Bretagne, où le fait a toujours dominé l'idéal, la chevalerie sera passionnément exaltée chez les Espagnols, dont la lutte contre les Arabes ressemble à un grand tournoi, lequel ne dure pas moins de sept siècles (fig. 68). Ni les Grecs d'Orient ni les Russes ne reçurent jamais la chevalerie, qui pourtant pénétra chez les Scandinaves et en Pologne.

La chevalerie était, en définitive, une association fraternelle ou plutôt un compromis enthousiaste entre gens de cœur et de courage, de délicatesse et de dévouement ; tel était au moins le but qu'elle se proposait et qu'elle s'efforçait d'atteindre (fig. 69).

Quelque louable qu'elle pût être dans son essence, elle ne laissait pas cependant de déplaire à beaucoup de personnes. Comme féodale, elle gênait les rois, qui ne se gênaient pas pour élever à son niveau, et parfois au-dessus d'elle, une noblesse d'épée, toute personnelle et non transmissible de père en fils. Ainsi Philippe le Bel, manquant de soldats, après que les Flamands eurent détruit sa *chevalerie,* c'est-à-dire sa noblesse, voulut la refaire immédiatement, en ordonnant que, sur deux fils de vilain, l'aîné serait armé chevalier, et que, sur trois fils de vilain, il y en aurait deux appelés à être anoblis par la chevalerie ; ainsi, l'empereur Frédéric Barberousse créait chevaliers sur le champ de bataille les paysans qui s'étaient battus avec bravoure.

Quant à l'Église, elle se préoccupa seulement de prémunir la chevalerie contre l'exagération de l'esprit belliqueux, en la péné-

Fig. 69. — La Chevalerie, composition allégorique. D'après une gravure du *Chevalier délibéré*,
ouvrage espagnol du XVIᵉ siècle.

trant autant que possible des sentiments de la charité chrétienne;

et dès lors les chevaliers furent souvent considérés comme des espèces de lévites. « Il y a, » dit l'*Ordène de chevalerie,* « grande ressemblance entre l'office de chevalier et celui de prêtre. » Voilà pourquoi le prêtre était le *héros de la foi ;* le chevalier, le *pontife du point d'honneur.* Voilà pourquoi on donna le nom d'*ordène* ou d'*ordination* à l'investiture chevaleresque. Au seizième siècle, le chevalier espagnol Ignace de Loyola, qui devint si célèbre par la fondation de l'ordre des Jésuites, se fit chevalier de la Vierge, solennisa son entrée au service de Dieu à la façon des anciens preux et accomplit la *veillée des armes* devant l'image de la mère du Christ.

L'Église, bien qu'elle s'efforce de maintenir la paix et qu'elle ait horreur du sang, n'a jamais réprouvé les guerres légitimes, et le bon roi Louis IX n'hésitait point, sur le champ de bataille, à *bouter* son épée dans le ventre de son ennemi, aussi fort et avant que faire se pouvait. On vit toujours l'Église, tout en approuvant la générosité et l'enthousiasme de cette institution (fig. 70), en restreindre les tendances romanesques et belliqueuses. Son esprit pacifique et charitable est exprimé dans la bénédiction solennelle de l'épée du chevalier, que nous traduisons du *Pontifical :*

« Seigneur très saint, » disait le pontife, « Père tout-puissant, Dieu éternel, qui seul ordonnez et disposez bien toutes choses ; qui, pour réprimer la malice des pervers et protéger la justice, avez, par une disposition salutaire, permis l'usage du glaive aux hommes sur la terre et voulu l'institution de l'ordre militaire pour la protection du peuple ; c'est vous qui avez ordonné à votre serviteur David de vaincre Goliath et à Judas Machabée de triompher des nations qui ne vous invoquaient pas ; de même aujourd'hui, à votre serviteur que voici, qui vient courber la tête sous le joug de la milice, accordez la force et l'audace pour la défense de

la foi et de la justice; accordez-lui une augmentation de foi, d'espérance et de charité; donnez-lui tout ensemble et votre crainte

Fig. 70. — Chevalier communiant. Cathédrale de Reims. xiiie siècle.

et votre amour, l'humilité, la persévérance, l'obéissance, la pa-
tience; disposez en lui si bien toutes choses qu'il ne blesse personne injustement ni avec cette épée ni avec une autre, mais qu'il
s'en serve pour défendre tout ce qui est juste et équitable. »

L'évêque donnait au récipiendaire l'épée nue, en disant : « Reçois ce glaive, au nom du Père et du Fils et du Saint-Esprit, et sers-t'en pour ta défense et pour celle de la sainte Église de Dieu, et pour la confusion des ennemis de la croix de Jésus-Christ et de la foi chrétienne, et, autant que le permet la fragilité humaine, n'en blesse personne injustement. » Le nouveau chevalier se levait alors, tirait son épée, la brandissait avec force, l'essuyait sur son bras gauche et la remettait dans le fourreau. Alors le pontife lui donnait le baiser de paix en disant : « La paix avec toi ! » Puis, avec l'épée nue à la main droite, il le frappait trois fois doucement sur les épaules en disant une seule fois : « Sois un guerrier pacifique, vaillant, fidèle. » Après quoi, les chevaliers assistants lui mettaient les éperons (fig. 71), pendant que l'évêque disait : « Toi qui surpasses en beauté les enfants des hommes, ceins-toi de ton épée sur ta cuisse, vaillant guerrier. »

La chevalerie s'emparait de l'enfance et de la jeunesse par l'éducation, de l'homme par les devoirs qu'elle lui imposait. Dès l'âge de sept ans, l'enfant noble ou même roturier, qu'on avait destiné à la chevalerie, était retiré des mains des femmes, qui ne l'avaient pas laissé parvenir à cet âge sans lui communiquer des idées de droiture et de valeur qui devaient être sa règle de conduite dans tout le cours de son existence. Il se voyait alors confié aux hommes, dont il devenait non seulement l'élève, mais le serviteur, « car, dit l'*Ordène de chevalerie,* il convient qu'il soit subject devant le seigneur ; car autrement ne connoîtroit-il point la noblesse de sa seigneurie, quand il seroit chevalier ». Or, la loi chevaleresque, qui se défiait des faiblesses et des préjugés de l'affection paternelle, exigeait que « tout chevalier mist son fils en service d'autre chevalier ». Ces jeunes aspirants trouvaient, du reste, pour les recevoir, surtout s'ils appartenaient à une famille honorable, un grand nombre de cours princières, de maisons seigneuriales, de manoirs ou de châteaux qui étaient, pour ainsi dire, les grandes écoles de la belle chevalerie. Il y avait, en outre, des *hospices* fondés et entretenus aux frais des seigneurs riches et généreux, de même que les nombreux collèges de l'Université de Paris, et ces hospices étaient gouvernés par de vieux chevaliers sans fortune

Fig. 71. — Armement d'un chevalier : on lui chausse les éperons, tandis que le prince lui attache l'épée au côté. Manuscrit du xiiie siècle, au *British Museum* de Londres.

et sans famille, qui ne rougissaient pas d'accepter, non un salaire en argent, mais une retraite viagère, une sorte d'*hébergement* véritable, pour tenir école de vertus à l'usage d'une jeunesse qui promettait d'être un jour la gloire de l'institution.

Les jeunes gens étaient désignés sous les noms de *pages, varlets* ou *damoiseaux,* et ils remplissaient auprès de leurs maîtres ou maîtresses toutes les fonctions de la plus humble, de la plus entière domesticité : ils les suivaient partout, en voyage et à la chasse; ils s'endurcissaient aux plus rudes exercices; ils leur faisaient cortège dans les cérémonies d'apparat, comme dans les visites et les

promenades; ils écrivaient leurs lettres et portaient leurs mes-
sages; ils les servaient à table, ils *tranchaient* ou découpaient
les viandes devant eux, etc. (fig. 72). La même coutume existait
au seizième siècle, et longtemps encore après. « C'est un bel usage
de notre nation, » rapporte Montaigne, « qu'aux bonnes maisons
nos enfants soient reçus pour y être nourris et élevés pages comme
en une école de noblesse, et c'est discourtoisie, dit-on, et injure
d'en refuser un gentilhomme. »

Aux yeux des nobles les plus jaloux de leur naissance et de leur
nom, cette domesticité temporaire et accidentelle n'avait, d'ailleurs,
en aucun cas rien d'humiliant, et ne faisait que rendre plus étroits
et plus intimes les liens de respect, d'obéissance et de sympathie
qui rattachaient le jeune homme à ses parents d'adoption, l'ap-
prenti chevalier à ses maîtres et instituteurs. Ceux-ci ne négligeaient pas l'éducation morale et religieuse du néophyte : les premières leçons qui lui étaient données correspondaient également à
l'amour de Dieu et au respect des dames. Souvent alors, il nouait
une de ces premières amitiés dont le souvenir, rappelé par des
gages réciproques, obligeait aux plus grands sacrifices pour le reste
de la vie.

On lui apprenait, par-dessus toute chose, à vénérer l'auguste
caractère de la chevalerie et à respecter dans les chevaliers qui
personnifiaient cette institution la dignité à laquelle il aspirait. C'est
ainsi que, poussés par l'instinct d'imitation qui est propre à l'enfance, les pages ou varlets prenaient pour motifs de leurs jeux ordinaires tout ce qu'ils voyaient faire aux chevaliers : ils s'essayaient
à *bien faire*, c'est-à-dire à manier la lance et l'épée; ils simulaient
entre eux des combats, des attaques, des duels; et déjà, l'émula-
tion les excitant, ils briguaient l'honneur d'être déclarés braves, et
méritaient par là, ou d'être attachés au service particulier de quel-

que personnage de marque, ou de passer au rang d'écuyer.

Fig. 72. — Jeunes nobles, servant à table, découpant devant des chevaliers. D'après une
miniature de la *Table ronde* du roi Artus, ms. du xvᵉ siècle.

Quand les jeunes gens *sortaient de pages* pour être faits écuyers,
ce qui n'avait pas lieu avant leur quatorzième année, l'Église

intervenait dans leur changement de condition sociale par une cérémonie religieuse, qui avait pour but de consacrer leur vocation chevaleresque, en sanctifiant l'usage des armes qu'ils auraient désormais le droit de porter. C'était devant l'autel, et des mains d'un prêtre, que le jeune novice, assisté de ses plus proches parents, recevait l'épée bénite, en promettant de ne l'employer que dans l'intérêt de la religion et de l'honneur. Parrains et marraines promettaient loyauté en son nom et lui attachaient les éperons d'argent. Le nouvel écuyer était admis dès lors à pénétrer plus avant, pour ainsi dire, dans le service de son seigneur ou de sa dame (fig. 73). Il avait accès dans les réunions privées, il tenait rang dans les assemblées et les réceptions solennelles; il était chargé de faire les *honneurs,* c'est-à-dire d'appliquer les lois de l'étiquette aux seigneurs étrangers qui visitaient la cour ou le château de son maître.

Un passage emprunté au *Livre des faits* de Boucicaut, qui fut maréchal de France sous le règne de Charles VII, peut nous donner une idée de ce qu'était l'existence laborieuse et pénible d'un jeune écuyer qui voulait devenir un digne chevalier : « Maintenant, il essayoit à *saillir* (sauter) sur un coursier, tout armé; puis, autre fois, couroit et alloit longuement à pied, pour s'accoutumer à avoir longue haleine et souffrir longuement travail; autre fois *férissoit* (frappait) d'une coignée ou d'un *mail* (maillet) *grande pièce* (longtemps) et grandement. Pour bien se *duire* (accoutumer) au harnois et endurcir ses bras et ses mains à longuement férir..., il faisoit le soubresaut, armé de toutes pièces, fors le *bacinet* (casque) et, en dansant, le faisoit, armé d'une cotte d'acier; sailloit, sans mettre le pied à l'étrier, armé de toutes pièces, sur un coursier...; en mettant la main sur l'arçon de la selle d'un grand coursier, et l'autre auprès les aureilles, sailloit de l'autre part...

Si deux *parois* (murailles) fussent à une brasse (cinq pieds environ) l'une de l'autre, même de la hauteur d'une tour, montoit à force de bras et de jambes, sans autre aide, tout au plus haut, sans cheoir au monter, ni au *devaloir* (à la descente)... Quand il étoit

Fig. 73. — Le service des dames. D'après un ms. du xive siècle.

au logis, s'essayoit, avec les autres écuyers, à jeter la lance ou autres essais de guerre, ne jà ne cessoit » (fig. 74).

D'ailleurs, la charge d'écuyer supposait, chez celui qui voulait la bien remplir, une foule de qualités physiques, d'aptitudes diverses et de connaissances particulières, desservies par un zèle de tous les instants. Il y avait, dans les cours ou dans les grandes maisons seigneuriales, plusieurs classes ou catégories d'écuyers, correspondant à différents offices, lesquels chez un seigneur moins opulent pouvaient être confiés aux mêmes mains, qui réunissaient ainsi plusieurs fonctions. En première ligne se présentait d'abord *l'écuyer du corps* ou *d'honneur* qui accompagnait à cheval le châ-

Fig. 74. — La quintaine, exercice à la lance sur une *quintaine*, mannequin de chevalier, monté sur pivot tournant. D'après une miniature des *Chroniques de Charlemagne*.

telain et la châtelaine; après lui venaient *l'écuyer de chambre* ou chambellan, *l'écuyer tranchant*, *l'écuyer d'écurie*, *l'écuyer d'échansonnerie*, *de panneterie*, etc., emplois distincts, dont les noms indiquent suffisamment les attributions.

Est-il besoin de faire remarquer que l'écuyer, en dehors des services domestiques qu'on attendait de lui dans la maison du

seigneur, avait sur-
tout à faire preuve
de vigilance et d'ha-
bileté dans les soins
à donner à l'écurie,
soins qui, comme le
dit très justement un
historien, ne pou-
vaient être que no-
bles, étant donnée
une noblesse guer-
rière qui ne com-
battait qu'à cheval.
C'étaient les premiers
écuyers qui dres-
saient les chevaux à
tous les usages de la
guerre, qui formaient
les écuyers plus jeu-
nes au service de
l'écurie. A d'autres
écuyers revenait la
charge d'entretenir en
bon état les armes et
les *harnois* de leur
maître. Ajoutons que,
chaque château étant
une sorte de forteres-
se, plus ou moins en

Fig. 75. — Chevalier allemand. D'après une gravure
d'Albert Dürer. xvᵉ siècle

état de soutenir un siège, la plupart des écuyers étaient astreints à certains services militaires, analogues à ceux des places de guerre, tels que rondes, gardes, veilles, etc.

Quand le seigneur montait à cheval, les écuyers se partageaient aussitôt l'honneur de l'assister, les uns pour lui tenir l'étrier, les autres pour porter les pièces de son armure, brassards, heaume, bouclier, gantelets, etc. Ordinairement, c'est-à-dire quand il n'allait qu'en voyage ou en promenade, le chevalier avait un cheval d'allure modeste ou commode, qu'on appelait *palefroi*; mais quand il allait en guerre, un écuyer, placé à sa droite (d'où est venu le nom de *destrier*, attribué à ce genre de monture), conduisait par la bride un cheval de bataille, ou *grand cheval* (de taille élevée), et le chevalier ne se mettait en selle qu'au moment de combattre. De là l'expression *monter sur ses grands chevaux*, qui est restée au figuré dans le langage usuel.

Dès que le chevalier avait résolu de monter sur son grand cheval, les écuyers procédaient à son armement, c'est-à-dire qu'ils assujettissaient solidement sur son corps toutes les pièces de l'armure, à l'aide de courroies fixées par des boucles de métal. On doit bien penser que ce n'était pas chose indifférente que les soins minutieux apportés à l'assemblage des diverses parties de cet habillement de fer ou d'acier, car, en plus d'une circonstance, la négligence des écuyers à cet égard causa la mort ou la défaite de leur maître.

Quand la bataille ou le combat singulier s'engageait, les écuyers, rangés derrière le seigneur, aux mains de qui ils avaient remis l'épée, restaient, pendant quelques instants seulement, spectateurs inactifs de l'action; mais, aussitôt que le choc avait eu lieu entre les combattants, leur rôle d'auxiliaires commençait. Attentifs aux moindres mouvements, aux moindres signes de leur maître, ils devaient le seconder d'une manière indirecte, quoique efficace,

Fig. 76. — Le roi d'armes présentant l'épée au duc de Bourbon, entouré de jeunes seigneurs. D'après une miniature des *Tournois du roi René*. xvᵉ siècle.

si celui-ci avait l'avantage, sans toutefois se faire eux-mêmes agresseurs pour lui assurer une victoire complète. Dans le cas où le chevalier aurait vidé les arçons, c'est-à-dire était jeté par terre, ils l'aidaient à se relever, ils lui donnaient un cheval frais, ils paraient les coups qu'on lui portait; était-il blessé et hors d'état de continuer la lutte, ils s'efforçaient de l'emporter vivant hors de l'arène, au risque de leur propre vie. C'était à ses écuyers que le chevalier vainqueur confiait la garde des prisonniers qu'il avait faits sur le champ de bataille. En résumé, les écuyers, sans pouvoir combattre personnellement, — ce que n'admettait pas le code de la chevalerie, — étaient appelés à faire preuve de tout le zèle, de toute l'adresse, de toute l'audace dont il étaient capables; ils pouvaient donc contribuer, pour une bonne part, à la victoire de leur maître.

Cependant, un long noviciat et la conscience d'une vocation guerrière ne suffisaient pas toujours pour que l'écuyer pût briguer et obtenir le rang de chevalier. Sous le titre de *poursuivant d'armes,* il devait encore, soit comme messager avoué d'un prince ou d'un seigneur, soit comme voyageur curieux de s'instruire, soit comme hardi coureur d'aventures, parcourir les pays lointains, assister aux jeux chevaleresques, aux tournois, aux carrousels, sans y prendre part, et acquérir, par la fréquentation assidue des plus vaillants hommes de guerre et des dames les plus renommées, les connaissances techniques du métier des armes, les élégances pratiques de la courtoisie.

Ces poursuivants d'armes allaient ainsi par le monde, reçus pompeusement aujourd'hui à la cour de quelque puissant seigneur, demain frappant à la porte de l'humble manoir d'un pauvre gentilhomme; ils allaient faisant profession de bien faire et de bien dire, soumis à la stricte observance des lois d'honneur et de vertu, respectueux, galants, dévoués, et ne cherchant que

l'occasion de prouver qu'ils étaient dignes de prendre place parmi
les preux, dont on racontait les exploits, dont on glorifiait les

Fig. 77. — Le comte d'Artois, parti d'Arras pour prendre part au tournoi de Boulogne, est
reçu au château du comte de Boulogne, par la comtesse et sa fille. D'après un manuscrit
du xv° siècle.

noms. Un anneau, suspendu au bras ou à la jambe, annonçait
que l'écuyer avait fait vœu d'accomplir quelque prouesse éclatante, avant de recevoir l'ordre de chevalerie. On nommait *em-*

prises ces signes distinctifs. Le hasard ne présidait pas seul à ces aventureuses pérégrinations, car les poursuivants se montraient jaloux de pénétrer dans les cours princières et seigneuriales les plus célèbres, où s'étaient conservées les pures traditions de la chevalerie; ils s'estimaient heureux d'avoir pu s'incliner devant quelque héros fameux par ses faits d'armes, d'avoir pu obtenir un regard ou un sourire de quelque dame ou damoiselle réputée pour ses perfections corporelles et morales.

Or, si les devoirs du vrai chevalier emportaient en premier lieu le respect absolu et la parfaite courtoisie envers les dames, l'éducation que recevaient celles-ci tendait à les rendre dignes de pareils hommages. Dès l'enfance, pour les initier au rôle souverain qu'elles auraient à remplir dans le monde de la chevalerie, on leur enseignait toutes les vertus, on leur inspirait tous les nobles sentiments, et on les familiarisait avec tous les privilèges de leur condition sociale. Elles entouraient de prévenances et de civilités les chevaliers, connus ou inconnus, arrivant dans les châteaux (fig. 77 et 78); elles les désarmaient de leurs propres mains, au retour des tournois et des combats; elles leur apportaient du linge blanc et parfumé, des habits de parade, des manteaux et des écharpes qu'elles avaient souvent brodées elles-mêmes; elles leur donnaient à laver, elles les servaient à table. Destinées à devenir les épouses de ces mêmes chevaliers qui hantaient les maisons où elles avaient été élevées, elles s'appliquaient à se faire remarquer d'eux par leur savoir-vivre et à les attacher par les soins et les services qu'elles leur prodiguaient; elles devaient répondre par l'admiration et la tendresse à l'audace, à la bravoure des guerriers qui ne recherchaient la gloire que pour leur en rapporter tout l'honneur, et qui ne demandaient qu'à se soumettre au doux empire de la beauté, de la grâce et de la vertu.

C'est ainsi, par exemple, que l'on put voir en Provence, du onzième au quatorzième siècle, les plus puissants seigneurs se

Fig. 78. — Départ d'un chevalier pour la guerre. (Il prend congé de sa femme qu'il laisse toute en pleurs.) D'après un ms. du xve siècle.

soumettre humblement, pour ce qui regardait les sentiments du cœur, aux arrêts rendus par les *cours d'amour*. Dans cette espèce d'aréopage féminin, qui se tenait avec grand appareil à certains jours, l'on voyait se réunir les dames les plus distinguées par la naissance, la beauté, l'intelligence et le savoir, pour délibérer gravement, en public ou à huis clos, sur les plus délicates questions de galanterie, qui dans ces temps avaient une véritable importance (fig. 79). Les cours d'amour avaient un code spécial, au texte duquel les jugements à prononcer, les opinions à formuler, durent se conformer plus ou moins rigoureusement; mais ce code n'est pas venu jusqu'à nous, et nous n'en avons que la glose dans un grand nombre de décisions que les jurisconsultes du quinzième siècle n'ont pas dédaigné de commenter. Quant à l'appel des causes, tantôt elles étaient jugées sur requêtes écrites, tantôt plaidées par les parties, comparaissant en personne.

« Cette institution, » dit Cantù, « utile dans l'origine pour faire pénétrer dans les mœurs la courtoisie et la loyauté, en punissant ceux qui s'en écartaient par la seule mais redoutable peine de l'opinion, dégénéra plus tard en un mélange absurde de pédanterie, d'irréligion et de frivolité. Avant le onzième siècle on en rencontre déjà des exemples; mais sa splendeur ne dure que de 1150 à 1200 environ. » Les dames les plus en renom, assistées de nobles chevaliers, tenaient ces tribunaux à l'imitation des cours de justice; quelques-uns étaient permanents, les autres temporaires. Parmi les femmes célèbres qui présidèrent, en divers lieux et à diverses époques, ces poétiques assises, on peut citer la belle Éléonore d'Aquitaine, reine de France, puis d'Angleterre; Sibylle d'Anjou, qui épousa Thierry, comte de Flandre; la comtesse de Die, qu'on a surnommée *la Sapho de France,* la vicomtesse Hermengarde de Narbonne, et la comtesse de Champagne.

Nous avons laissé l'écuyer occupé à parfaire, selon les usages traditionnels, son laborieux noviciat de chevalier. Lorsqu'enfin il avait satisfait aux nombreuses exigences qu'entraînait ce noviciat, l'investiture chevaleresque lui était accordée, cérémonie toute symbolique comme la plupart de celles qui composaient l'*ordène* de chevalerie, mais plus solennelle que les autres.

Ce mot *ordène* rappelait que l'*adoubement* (l'armement) du chevalier était une sorte d'ordination sacrée. Il existe un poème

Fig. 79. — Scène allégorique d'une des cours d'amour en Provence. — Moitié d'un couvercle de miroir en ivoire sculpté de la fin du XIIIᵉ siècle.

très curieux sous le titre d'*Ordène de chevalerie*. L'auteur, Hugues de Tabarie ou de Tibériade (seigneurie qu'il avait achetée au prix de son sang), entreprit de commenter une à une toutes les formules de l'adoubement. Pour rendre vraisemblables ces explications données aux récipiendaires, Hugues de Tibériade se place devant un aspirant parfaitement ignorant de tous les usages de la chevalerie : il feint que le sultan Saladin, dont il est prisonnier, le contraint à lui conférer l'ordre de chevalerie.

Hugues, en premier lieu, lui ordonne de se peigner les cheveux et la barbe et de se laver avec soin le visage.

TEXTE.	TRADUCTION.
Caviaus et barbe et li viaire	Les cheveux et la barbe et le visage
Li fist appareiller moult bel;	Il lui fit arranger fort bien;
Ch'est droit à chevalier nouvel.	C'est le droit du chevalier nouveau.
Puis le fist en un baing entrer,	Puis il le fit entrer dans un bain.
Lors li commenche à demander	Alors commença à lui demander
Le soudan, que che senifie.	Le soudan ce que cela signifiait.

« Sire, » répond Hugues, « pareil à l'enfançon qui sort des fonts, lavé du péché originel,

Sire, tout ensement devez	Sire, c'est ainsi que vous devez
Issir sans nule vilounie	Sortir sans nulle souillure
De ce baing, car chevalerie	De ce bain, car la chevalerie
Si doit baingnier en honesté,	Doit se baigner d'honnêté,
En courtoisie et en bonté,	De courtoisie et de bonté,
Et fere amer à toutes gens.	Et se faire aimer de toutes gens.

« Par le grand Dieu, » dit Saladin, « voilà un beau commencement!

— Maintenant, » reprend Hugues, « sortez du bain et couchez-vous dans ce grand lit. C'est l'emblème de celui que vous obtiendrez en paradis, ce lit de repos que Dieu octroie à ses amis, les braves chevaliers. Qui n'y sera point sera bien sot. »

Quelques instants après, il ajoute en l'habillant des pieds à la tête : « La chemise de lin, toute blanche, dont je vous revêts, et qui touche à votre peau, vous donne à entendre que vous devez garder votre chair de toute souillure, si vous voulez parvenir au ciel. Cette robe vermeille indique

Que votre sanc devez épandre	Que vous devez versez votre sang
Pour Dieu servir et honourer,	Pour servir et honorer Dieu,
Et pour défendre sainte Église;	Et pour défendre la sainte Église;
Car tout chou doit chevalier faire,	Car c'est là ce que doit faire un chevalier,
S'il veust à Dieu de noient plaire.	S'il veut plaire parfaitement à Dieu.
Ch'est entendu par le vermeil.	Tel est le sens de la couleur vermeille.

« Quant à ces chausses de soie brune, elles doivent vous rappeler par leur couleur sombre

Le mort et la terre où gisrez,	La mort, et la terre où vous reposerez,
Dont venistes et où irez,	D'où vous êtes sorti et où vous irez.
A chou doivent garder votre œil.	Voilà ce que vous devez avoir devant les yeux
Si n'enkerrez pas en orguel,	Ainsi vous ne tomberez pas dans l'orgueil,
Car orgueus ne doit pas régner	Car l'orgueil ne point dominer
En chevalier, ni demorer :	Dans un chevalier, ni habiter en lui :
A simpleche doit toujours tendre.	C'est à l'humilité qu'il doit toujours tendre.

« Cette blanche ceinture, dont j'entoure vos reins, vous engage de nouveau à tenir votre corps en pureté et à blâmer la luxure. Ces deux éperons dorés serviront à exciter votre cheval : imitez son ardeur et sa docilité; et de même qu'il vous obéit, obéissez au Seigneur. Maintenant, je vous ceins l'épée; frappez vos ennemis avec les deux tranchants ; empêchez les pauvres d'être foulés par les riches, les faibles d'être opprimés par les forts. Je vous mets sur le chef une coiffe toute blanche, pour vous signifier que votre âme doit être pareillement sans tache. »

Tous les poursuivants d'armes connaissaient parfaitement le sens de l'*ordène* de chevalerie. La veillée des armes, le jeûne rigoureux, trois nuits passées en prière dans une chapelle isolée, les habits blancs du néophyte, la bénédiction de l'épée devant l'autel, prouvaient assez et faisaient comprendre à l'initié la gravité de l'engagement qu'il contractait sous les auspices de la religion.

Enfin, un jour était fixé pour la grande cérémonie, et le néophyte, après avoir entendu la messe à genoux, portant suspendue au cou l'épée qu'il n'avait pas encore le droit de ceindre, recevait successivement, des mains de personnages notables et de nobles damoiselles (fig. 80), la cotte de mailles, le haubert, les gantelets, l'épée, les éperons d'or, signe distinctif de sa dignité nouvelle. Son *adoubement* était complété par la *colée*. Le chevalier *ordeneur* le frappait trois fois du plat de son épée sur l'épaule ou sur la nuque, en disant : « Au nom de Dieu, de saint Georges et de saint Michel (fig. 81), je te fais chevalier. Sois preux, courageux et loyal. » Il lui faisait jurer de consacrer ses armes à la défense des faibles et des opprimés, et lui donnait ensuite l'*accolade* en signe d'adoption fraternelle. On apportait à l'élu le heaume, l'écu et la lance, on lui amenait son destrier, et il pouvait dès lors commencer sa vie de gloire, de dévouement et de combats, à laquelle il avait aspiré depuis tant d'années.

Ces usages variaient forcément selon les peuples et les circonstances ; mais la réception était accompagnée de certaines cérémonies, sauf le cas où, sur le champ de bataille même, un capitaine ceignait l'épée à quelque brave, sans autre formalité que le coup sur l'épaule et le serment. C'est ainsi que François Ier fut armé chevalier dans les plaines de Marignan.

On qualifiait un chevalier des titres de *messire* et de *monseigneur ;* il prenait place à la table du roi, lui parlait librement, commandait ses armées, était chargé de ses ambassades, et avait un sceau particulier. On distinguait dans la chevalerie les *bacheliers* et les *bannerets*. Il n'était permis qu'aux derniers de porter la banderole carrée au bout de la lance, et non pas seulement un pennon terminé par une flamme, comme ceux des barons (fig. 82 à 84) ; ils ne pouvaient surmonter les combles de leurs manoirs, aspirer à devenir comtes, ducs ou marquis. Certaines armes leur étaient réservées, et chacun d'eux avait son cri de guerre.

Formés en association et liés par le double sentiment de la religion et de l'honneur, les chevaliers devaient se porter l'un à l'autre une mutuelle assistance. Bien que l'institution même ne fût qu'une vaste fraternité d'armes, ils s'unissaient souvent entre

eux par des liens plus étroits. Pour consacrer cette fraternité
particulière, tantôt ils se tiraient du sang et le mêlaient, tantôt
ils communiaient ensemble, tantôt ils se contentaient de faire un

Fig. 80. — Armement d'un chevalier. D'après le cérémonial institué par le roi Artus.
Miniature d'un manuscrit du xv⁰ siècle.

échange de leurs armes. Dans tous les cas, ils adoptaient des vêtements et des devises semblables pour courir des périls communs,
ou bien ils s'associaient pour des entreprises dans lesquelles un
seul n'eût pas suffi. La force du lien ainsi contracté était si puissante que l'amitié l'emportait quelquefois sur l'amour. Un che-

valier, malgré l'appel de sa dame, ne la secourut point, et cependant il fut renvoyé absous, parce qu'il avait dû se porter à la défense de son frère d'armes.

Si la loyauté formait la principale vertu d'un chevalier, et comme l'essence de son caractère, on peut dire que la courtoisie en était le raffinement. Elle imposait, même envers l'ennemi, une conduite pleine de prévenance et de délicatesse. Un ancien roman nous en fournit un bel exemple. Dans un combat acharné entre deux paladins, Olivier et Roland, l'épée du premier se rompit. « Sire Olivier, dit Roland, allez chercher une autre épée et une coupe de vin; car j'ai grand'soif. » Un batelier apporte de la ville trois épées et du vin. Les chevaliers boivent à la même coupe, et le combat recommence. « Sous ces bizarres fictions, selon la remarque d'un écrivain, l'on trouve un sentiment profond qui a donné aux temps modernes un caractère entièrement différent de celui de l'antiquité. » Jamais ils ne combattaient plusieurs contre un seul, ni en plus grand nombre que leurs adversaires, ni avec des armes supérieures. Succombaient-ils dans un tournoi, ils devaient exécuter les conditions de la lutte, quelque dures qu'elles fussent; étaient-ils faits prisonniers et relâchés sur parole, payer leur rançon ou se remettre aux mains du vainqueur, sous peine d'infamie. Malheur à qui violait une promesse faite à soi ou à d'autres! Le reproche de *foi mentie* est le dernier reproche que puisse encourir un chevalier.

Outre leurs devoirs généraux, « les chevaliers s'obligeaient souvent par des vœux particuliers, » rapporte Cantù, « à visiter des sanctuaires célèbres, à suspendre dans les églises ou dans les monastères soit leurs armes, soit celles de leurs ennemis vaincus, à jeûner ou à s'imposer telle autre pénitence. Ces vœux consistaient encore en exploits guerriers, comme d'arborer le premier

sa bannière sur les remparts ennemis, ou sur la tour la plus
haute de la ville assiégée, de s'élancer avant tous au plus fort de
la mêlée, de se hasarder dans des tentatives téméraires. C'étaient

Fig. 81. — Saint Michel, type du chevalier armé pour le combat. Tiré du tableau
de l'*Assomption de la Vierge*, du Pérugin. XVIe siècle.

encore des engagements bizarres, tels que de ne plus porter de
casque ou de bouclier tant qu'on n'en aurait pas enlevé un sur
l'ennemi; de ne regarder que de l'œil droit, de ne manger que du
côté gauche, tant qu'une entreprise n'aurait pas été menée à fin;

de ne plus coucher dans un lit, de ne plus goûter de viande ou de vin, de porter une grosse chaîne au col ou aux poignets. Vers 1400, Jean de Bourbon fit vœu avec seize compagnons de porter pendant deux ans, chaque dimanche, un cep de prisonnier à la jambe gauche, jusqu'à ce qu'ils rencontrassent un nombre égal de guerriers pour leur livrer combat. » Les vœux les plus solennels étaient ceux qu'on prononçait sur le paon ou sur le faisan, nobles oiseaux dont la chair était regardée comme la viande des preux.

Fig. 82. — Bannière de Raymond V, vicomte de Turennne. 1251.

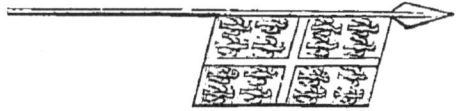

Fig. 83. — Bannière de Matthieu de Montmorency. 1250.

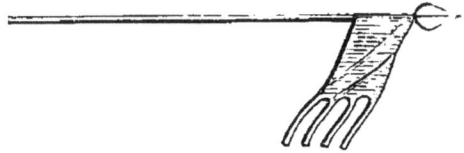

Fig. 84. — Gonfanon de Jean de Châlon. 1239.

Au milieu du bruit des armes, les chevaliers se changeaient souvent en missionnaires, prêchant l'Évangile dans les cours d'Orient ou donnant la vie spirituelle aux musulmans qui tombaient sous leurs coups. La poignée de fer de leur épée étant en forme de croix, ils l'invoquaient dans les batailles, la pressaient sur leurs lèvres mourantes, la donnaient à baiser à un compagnon, à un ennemi blessé. Les chevaliers français prisonniers avec saint Louis, voyant entrer leurs bourreaux, se mirent à se confesser entre eux. « Messire Gui d'Ibelin, connétable de Chypre, s'agenouilla auprès de moi, » dit Joinville, « et je lui dis : « Je vous absous de « tel pouvoir comme Dieu m'a donné. »

Le symbolisme chrétien, qui avait accompagné les premiers pas

Fig. 85. — Dégradation d'un chevalier. D'après une gravure sur bois du xvie siècle.

de l'adepte dans l'ordre de la chevalerie, ne cessait de le suivre et de l'entourer, en quelque sorte, dans tout le cours de sa carrière de chevalier. La religion semblait intervenir encore pour le dégrader et le punir s'il avait menti à la foi jurée et forfait à l'honneur.

Exposé en chemise sur un échafaud, il voyait alors briser ses armes pièce à pièce et leurs débris tomber à ses pieds; on détachait ses éperons pour les jeter sur un tas de fumier. On attachait son bouclier à la queue d'un cheval de labour, qui le traînait dans la poussière, et l'on coupait la queue de son destrier. Le héraut d'armes demandait par trois fois : « Qui est là? » Par trois fois on répondait en nommant le chevalier condamné à la dégradation, et par trois fois le héraut répliquait : « Non! cela n'est pas, il n'y a point ici de chevalier; je ne vois qu'un lâche qui a menti à sa foi. » Alors on lui versait de l'eau chaude sur la tête, on le tirait en bas avec une corde. Emporté sur une civière et déposé dans l'église, le coupable entendait réciter les prières des trépassés; car, ayant perdu l'honneur, il n'était plus qu'un cadavre (fig. 85). Puis il était livré au bourreau et mis à mort. Cette cérémonie eut encore lieu en 1523, au sujet d'un chevalier gascon qui avait rendu Fontarabie aux Espagnols.

Pour de moindres fautes, ou lorsqu'il avait perdu ses armes, le chevalier était exclu du droit de s'asseoir à table avec les autres paladins; s'il l'osait faire, un héraut coupait la nappe devant lui, manière de le déclarer indigne en le retranchant du reste de la compagnie.

CHEVALERIE.

§ II.

DUELS ET TOURNOIS.

Si l'Église protégea la chevalerie et l'investit même d'une dignité presque sacrée, elle refusa toujours d'étendre cette protection aux *tournois, joutes, pas d'armes,* manifestations brillantes, mais quelquefois dangereuses, de l'esprit chevaleresque, et surtout au *duel judiciaire,* institution germanique antérieure à la chevalerie chrétienne.

Quand l'Église se trouvait contrainte à se montrer indulgente envers ces traditions, que l'usage avait enracinées dans les mœurs du moyen âge, elle faisait toutes ses réserves, ou bien elle évitait de se prononcer. Sans cesse elle protestait, avec indignation, contre cette coutume barbare d'après laquelle femmes, enfants, églises, couvents, avaient au besoin un champion attitré (*campeador,* homme de camp), choisi parmi les chevaliers et prêt à soutenir par les armes la cause de leur patron; le *duel judiciaire* semble même avoir été déféré contre un animal (fig. 86), si la légende du chien de Montargis repose sur un fait véritable. L'Église, tout en sanctifiant la généreuse tutelle que la chevalerie accordait aux opprimés et aux faibles, essaya toujours de détruire la farouche doctrine du paganisme, qui confondait la force avec le droit; mais ce fut en vain que, pour s'opposer à l'usage du duel, elle se servit de toute son influence et autorité : elle dut se borner à atténuer les fâcheux effets des idées généralement reçues, sans espérer de détruire ces idées elles-mêmes.

Le *point d'honneur* n'existait pas chez les anciens. Ils se sacrifiaient à la patrie, à la communauté, et ils aimaient la gloire,

Fig. 86 — Duel judiciaire. Combat d'un chevalier contre un chien. D'après une miniature du roman de *Macaire,* ms. du xiiie siècle.

sentiment qui était collectif chez eux et non individuel; mais ils ne se détachaient jamais de l'ensemble social. C'est à l'individualité barbare et au sentiment personnel de la dignité sauvage, de l'indépendance humaine, qu'il faut rapporter le duel moderne, la lutte de deux égaux, soit qu'on le considère comme un moyen immédiat et brutal de vider les querelles privées, soit qu'on en fasse un acte de soumission à la volonté divine, qui ne pouvait manquer de consacrer le droit par la force.

Cette étrange confusion de la victoire et de l'innocence, de la force et de l'équité, avait d'abord donné lieu aux *ordalies* ou *jugements de Dieu,* épreuves par le feu, l'eau bouillante, la croix, le fer, auxquelles des femmes, des princesses même (l'impératrice Cunégonde, dit-on) furent soumises.

Fig. 67. — Le duel judiciaire. L'appelant propose son cas devant le juge de l'appelé.
D'après une miniature d'un ms. du xve siècle.

L'épreuve de la croix consistait à tenir les bras étendus durant la célébration de la messe; celui-là l'emportait sur son adversaire, qui gardait cette posture le plus longtemps possible. Charlemagne ordonna, par son testament, qu'on eût recours à cette épreuve pour terminer les différends qui naîtraient du partage de son empire entre ses fils; mais Louis le Débonnaire s'y opposa « pour

ne point profaner le signe glorifié par·la passion du Sauveur ».
L'homme, dans la vivacité et la simplicité de sa foi, en appelait
à Dieu, le souverain juge, en lui demandant de conférer la force
au bon droit.

Les ordalies, qui commencèrent à tomber en discrédit après le
règne de Charlemagne, furent remplacées par les *duels judiciaires*. Déjà la loi des Bourguignons déférait le duel à ceux qui ne
voulaient pas s'en tenir au serment. L'usage de ces sortes de combats avait été introduit en Gaule par les tribus germaniques. L'é-
tablissement de la chevalerie favorisa cette manière expéditive de
juger, qui s'accordait avec les mœurs et les idées de l'époque. On
tranchait ainsi des questions qu'il eût été difficile de dénouer, et ces
jugements sanglants étaient sans appel (fig. 87). En certains pays,
le juge qui avait prononcé une sentence légale entre deux parties
adverses se voyait soumis lui-même au jugement de Dieu, représenté par le duel judiciaire, et descendait de son tribunal pour
combattre par les armes la partie qu'il avait condamnée par les
lois. Le juge avait aussi le droit de provoquer à son tour le condamné qui ne voulait pas se soumettre à sa décision, ou même
l'accusé qui n'avait pas répondu à son appel. « Je t'ai envoyé chercher, » disait en ce dernier cas le prévôt de Bourges, « tu as dédaigné de venir; fais-moi raison de ce mépris. » Le roi Louis le
Gros abolit cet usage, et défendit le combat dans les procès quand
la chose en litige ne dépasserait pas la valeur de 5 sous.

Il faut reconnaître que, le principe de cette justice guerrière
une fois admis, un certain esprit de sagesse veillait à ce que toutes les précautions fussent prises pour qu'il en résultât le moins
d'inconvénients possible.

Le combat, en général, n'avait lieu que quand il s'agissait de
crimes emportant la peine de mort, dans le cas seulement où ces

crimes ne pouvaient être prouvés par témoins et lorsque de graves présomptions s'élevaient contre l'accusé. Les personnes âgées de moins de vingt et un ans ou de plus de soixante, les prêtres (fig. 88), les malades étaient comme les femmes (fig. 89), dispensés du combat,

Fig. 88. — Combat de Raimbaut de Moreuil et de Guyon de Losenne. L'abbé de Saint-Denis, aux genoux de l'évêque de Paris, prête serment et jure que sa cause, défendue par Raimbaut, est juste. D'après une miniature d'un manuscrit du xve siècle.

et autorisés à se faire représenter par des *champions*. S'il y avait provocation entre des parties de conditions différentes, certaines règles étaient établies, à l'avantage de celui qui demandait justice. Le chevalier qui provoquait un serf devait combattre avec les armes des serfs, c'est-à-dire l'écu, le bâton et le vêtement de cuir,

armes ordinaires du serf; si le vilain était demandeur, au contraire, le chevalier était admis à combattre en chevalier, c'est-à-
dire à cheval et complètement armé. Si le duel avait lieu entre
écuyers, ceux-ci combattaient à pied, avec l'épée et l'écu; serfs et
vilains se servaient d'un couteau et d'un bâton. Une charte de
l'an 1108 accorda aux moines de Saint-Maur-les-Fossés le privilège de faire battre leurs serfs contre toute personne libre. L'abbaye de Saint-Germain des Prés avait des lices derrière ses murailles, et ce lieu réservé, appelé *Pré aux Clercs,* fut longtemps le
rendez-vous des duellistes.

Les deux parties assignées par suite d'une demande en duel judiciaire se présentaient devant le comte ou seigneur. Après avoir
exposé de vive voix ses griefs, le plaignant jetait à terre son *gage
de bataille;* c'était d'ordinaire un gant ou gantelet, que l'adversaire devait ramasser et échanger contre le sien, en signe d'acceptation du défi. Tous deux étaient alors conduits dans la prison seigneuriale, où on les détenait jusqu'au jour fixé pour le combat, à
moins que des *gens de bien* ne répondissent d'eux et ne consen-
tissent à les garder sous leur propre responsabilité, en s'engageant
ainsi, dans le cas où l'une ou l'autre des parties ne se présenterait
pas au combat, à subir les peines encourues par le fait qui exigeait
le jugement des armes. C'était là ce qu'on nommait alors la *vive
prison.*

Au jour *assis à faire la bataille* les combattants, accompagnés
de leurs parrains ou répondants et d'un prêtre, se présentaient
dans la lice, à cheval s'ils étaient nobles, et tout armés, *les glai-
ves au poing épées et dagues ceintes.* Tous deux se mettaient à
genoux face à face et tenant leurs mains entrelacées; chacun d'eux
jurait à son tour, sur la croix et l'Évangile (fig. 90), que lui seul avait
bon droit et que son adversaire était faux et déloyal; il affirmait,

en outre, qu'il ne portait sur lui ni pierre, ni écrit, ni brevet, ni charme d'aucune espèce. Ensuite, un héraut d'armes publiait, aux quatre coins de la lice, le commandement exprès, adressé à tous les spectateurs et témoins du combat, de se tenir immobiles, de ne faire aucun geste ni mouvement ni cri qui pût encourager ou

Fig. 89. — Duel pour l'honneur des dames. Miniature d'un manuscrit du xvᵉ siècle.

troubler les combattants, le tout sous peine de la perte d'un membre ou même de la vie. Les *parrains* des deux adversaires devaient se retirer aussitôt; alors, et après avoir partagé à chacun également le champ, le vent et le soleil, après avoir visité et mesuré leurs armes, le maréchal du camp criait par trois fois : « Laissez-les aller! » Et le combat s'engageait (fig. 91).

Ordinairement le duel judiciaire n'avait lieu qu'à midi au plus tôt et ne pouvait durer que *jusqu'à ce que les étoiles apparussent au ciel*. Si le défendeur avait tenu bon jusque-là, il obtenait gain de cause. Le chevalier qui succombait, qu'il fût mort ou seulement blessé, était regardé comme condamné par le jugement de

Fig. 90. — Les deux parties, l'appelant et le défendant, faisant ensemble leurs derniers serments devant le juge. D'après une miniature d'un ms. du xvᵉ siècle.

Dieu : on traînait son corps hors du champ clos, par les pieds ; ses *aiguillettes* (cordon à ferret qui servait à lacer la cuirasse) ayant été coupées et son harnais jeté pièce à pièce parmi les lices, son cheval et ses armes appartenaient au maréchal et aux juges du camp. Quelquefois même, en Normandie, par exemple, et selon l'antique coutume scandinave, le champion vaincu était pendu ou brûlé, suivant le délit, ainsi que la partie dont il avait pris la défense.

L'Église, malgré la présence d'un prêtre dans la lice, n'accor-

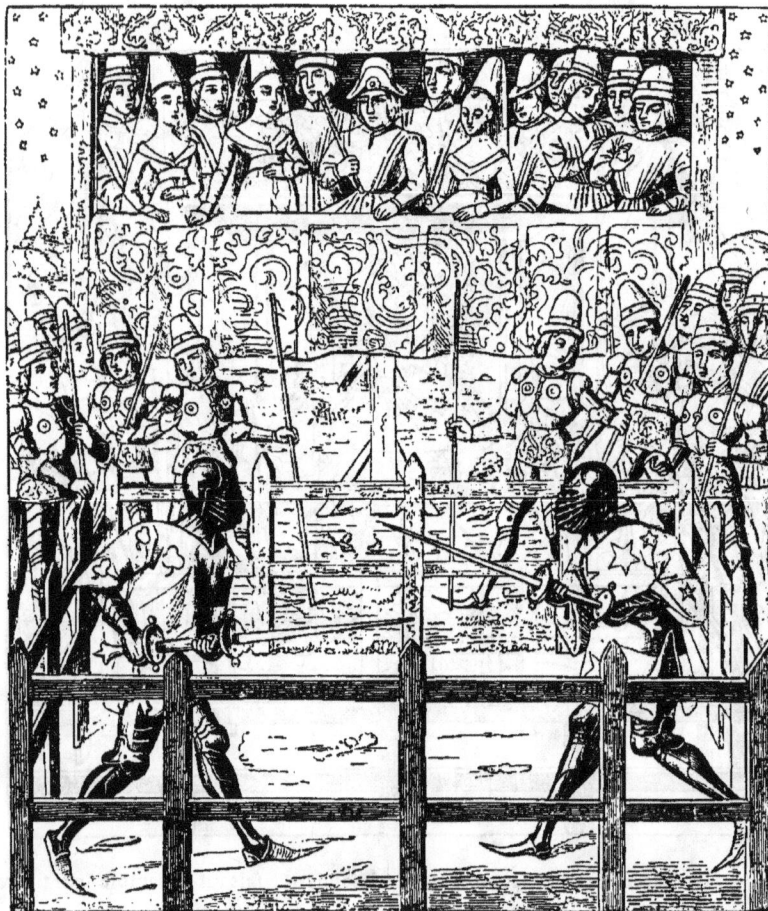

Fig. 91. — « Les deux parties appareillant pour faire leur devoir à la voix du maréchal qui a jeté le gant ». D'après une miniature d'un ms. du xve siècle.

dait pas au duel judiciaire une tolérance tacite ; elle ne fut pas seule, d'ailleurs, à condamner cette barbare coutume, en excommuniant celui qui tuait son adversaire et en privant de sépulture le corps de la victime : les pouvoirs laïques s'efforçaient aussi, mais sans y réussir à leur gré, de restreindre le nombre des causes soumises à ce genre de sanglante juridiction. Saint Louis, par une ordonnance célèbre de 1260, substitua la preuve par témoins au duel judiciaire, mais il ne put opérer cette réforme que sur les terres de son domaine, et encore bien imparfaitement, puisque longtemps après lui nous voyons le parlement de Paris ordonner le combat des deux parties pour la solution de certains procès criminels.

Enfin, lorsque le combat judiciaire fut tombé en désuétude, ce qui n'arriva guère que dans le cours du quinzième siècle, le *combat singulier* persista et se maintint dans les mœurs de la noblesse (fig. 92). Une offense personnelle, souvent légère, une querelle, une vengeance, c'en était assez pour obliger deux rivaux, deux ennemis, à en venir aux mains. L'esprit de chevalerie et celui de la féodalité encourageaient et soutenaient cette habitude batailleuse, qui confiait à la vigueur et à l'adresse corporelle le soin de défendre l'honneur et de satisfaire le ressentiment.

Quelquefois, cependant, le caractère égoïste du duel était relevé dans son principe par la cause même qui mettait en présence les combattants. Ainsi l'histoire a conservé, pour ainsi dire, les procès-verbaux héraldiques du *combat des Trente*, livré, le 27 mars 1351, dans le canton de Ploërmel, par trente Bretons, chevaliers et écuyers, sous les ordres de Robert de Beaumanoir, contre trente Anglais, et d'un combat du même genre, non moins terrible, que onze chevaliers français, Bayard entre autres, soutinrent en 1499, devant Trani, contre onze Espagnols. Dans ces deux duels, qui se terminèrent par la victoire des Français, il ne s'agissait que de l'honneur national; mais c'étaient des exceptions.

A mesure que la chevalerie expirait comme institution, il semblait que la noblesse, pour en reconquérir une ombre et un sou-

Fig. 92. — Combat singulier soumis au jugement de Dieu. D'après une miniature d'un manuscrit du xvᵉ siècle. (Bibl. nat.)

venir lointain, se livrât avec plus de frénésie aux fureurs du duel. Au seizième siècle, sous les derniers Valois, la place Royale et le Pré aux Clercs furent souvent arrosés du sang des meilleurs gentilshommes. En vain Henri IV et Richelieu rendirent-ils les édits les plus sévères contre cette mode barbare; en vain l'ordonnance dite de Blois prohiba-t-elle l'enregistrement des lettres de grâce accordées à des duellistes, « quand même elles seraient signées par le roi ».

La noblesse, dont la monarchie absorbait de plus en plus l'individualité menacée, recourait au duel comme à une protestation qui lui rendait en apparence son passé chevaleresque et aventureux; or, il arrivait fréquemment que les motifs les plus futiles, les plus ridicules et les moins avouables, servaient de prétextes à des luttes sanglantes, inspirées dans l'origine par la loyauté et la générosité. Citons un exemple peu connu de cette rage de duels. En 1558, une rencontre eut lieu à Paris entre un jeune homme nommé Châteauneuf et son tuteur La Chesnaye, vieillard âgé de quatre-vingts ans, à l'occasion d'un procès pour compte de tutelle. « Les champions, » dit Brantôme, « s'étant donné rendez-vous à l'île Louviers, Châteauneuf demanda à La Chesnaye s'il avait tenu des propos qu'on lui attribuait; celui-ci les nia sur sa foi de gentilhomme. « Je suis donc content, dit Châteauneuf. — Non pas moi, répliqua l'autre; car, puisque vous m'avez donné la peine de venir ici, je me veux battre. Que diraient de nous tant de gens assemblés d'un côté et d'autre? Il irait trop de notre honneur. Battons-nous. » Châteauneuf dégaîna malgré lui et tua son adversaire.

Retournons en plein moyen âge afin d'y retrouver les *tournois*, les *joutes* et les *pas d'armes*, que nous n'avons fait que mentionner en passant.

Dans le beau temps de la chevalerie, ces joutes courtoises, ces

Fig. 93. — « Icy après comment le roy d'armes, ayant le drap d'or sur l'espaule et les deux chiefs paints sur le parchemin et aux quatre coings les quatre escussons desdiz juges, crie le tournoy, et comment les poursuivans baillent les écussons des armes desdits juges à tous ceulx qui en veulent prendre. » Fac-similé d'une miniature des *Tournois du roi René*, manuscrit du xvᵉ siècle. (Bibl. nat.)

combats simulés, ces parades belliqueuses ne laissaient pas d'entraîner des accidents inévitables et d'avoir ainsi les plus sanglants

résultats. En outre, il arrivait fréquemment que la rivalité chan-
geait le tournoi en combat. En 1240, dans celui qui eut lieu près
de Cologne, soixante chevaliers ou écuyers périrent en combattant *à fer rabattu* avec des armes émoussées, sans pointe et sans
tranchant. Aussi loin qu'on puisse retrouver dans l'histoire une
sorte de tournoi, c'est-à-dire du temps de Charles le Chauve, il
n'était pas encore question de galanterie ni de point d'honneur ;
on n'y voyait ni magnifiques étoffes ni brillantes bannières. Les
princesses et les suzeraines ne se montraient pas en pompeux
arroi sur les échafauds des lices. Le tournoi (en vieux français
tornoiement) n'était pas autre chose qu'un passe-temps violent,
qui permettait à ces hommes de fer de se mesurer corps à corps,
en échangeant de terribles coups d'épée et de lance, ou en marte-
lant, en brisant leurs armures. Ces rudes épreuves de force mus-
culaire se modifièrent, en se régularisant, à mesure que la chevalerie adoucissait les mœurs de la noblesse.

La tradition rapporte que le tournoi proprement dit avait été
inauguré en Bretagne, en 1066, par Geoffroy, sire de Preuilly ;
mais il est plus probable qu'on ne fit alors qu'établir certaines règles et perfectionner les évolutions, à peu près telles qu'elles se
conservèrent ensuite. Du reste, suivant la remarque de Du Cange,
ces jeux militaires sont regardés par les chroniqueurs du moyen
âge comme étant d'institution toute française. Matthieu Paris les
appelle joutes de France (*conflictus gallici*). « En 1179, » dit-il,
« le roi d'Angleterre Henri II traversa la mer et passa trois ans
dans ces jeux guerriers, y dépensant des sommes énormes. Là, il
laissa de côté la majesté royale, de roi se transforma totalement en
chevalier, fit caracoler son cheval dans l'arène, remporta le prix
dans diverses passes d'armes, et s'acquit un grand renom. » Les
nations voisines empruntèrent aux Français l'usage des tournois,

et c'était Richard Cœur de Lion qui les avait introduits en Angleterre. (*Voy.* à la fin du volume le tournoi d'Ashby.)

En général, on *proclamait* le tournoi, c'est-à-dire on l'annon-

Fig. 94. — « Yci est pourtraitte l'histoire d'un herault qui embrace les quatre bannieres
des quatre juges diseurs. » Fac-similé d'une miniature des *Tournois du roi René.* xvᵉ s.

çait *à cor et à cri* (fig. 93 et 94), soit après la promotion des chevaliers, soit à l'occasion du mariage des princes et princesses, ou
bien aux entrées solennelles des rois et reines dans les villes; et
ces fêtes chevaleresques changeaient de caractère, selon l'époque

et le pays où elles avaient lieu. Le choix des armes variait aussi, suivant les lieux et les temps. En France, la lance de tournoi était faite du bois le plus droit et le plus léger (sapin, tremble, sycomore) et armée d'une pointe d'acier trempé, avec un *gonfanon* ou banderole flottante, tandis qu'en Allemagne et en Écosse on fabriquait ces sortes de lances avec le bois le plus pesant, en y adaptant un long fer massif en forme de poire.

Il ne faut pas confondre le *tournoi*, où les chevaliers combattaient par troupes, avec la *joute*, qui était un combat singulier, de près et d'homme à homme, non plus qu'avec le *pas d'armes* où de nombreux champions, à pied et à cheval, simulaient l'attaque et la défense d'une position militaire, d'un *pas* ou passage étroit et difficile dans les vallées ou les montagnes. D'ordinaire, les joutes faisaient partie intégrante des tournois et en marquaient la fin ; mais il y avait des joutes *à tous venants*, plus compliquées, qui se prolongeaient pendant plusieurs jours, sous le nom de *joutes plénières*, et qui se faisaient seules, indépendamment des tournois ; or, comme les dames étaient l'âme de ces joutes, les chevaliers n'en terminaient aucune sans faire en leur honneur une dernière *passe*, qu'ils nommaient *lance des dames ;* ils renouvelaient volontiers, d'ailleurs, cet hommage aux dames, en combattant pour elles à l'épée, à la hache et à la dague.

C'était un coup d'œil varié et plein d'intérêt que les préparatifs mêmes d'un tournoi. Les *lices,* qui avaient été rondes primitivement, comme les cirques des anciens, devinrent, par la suite, carrées, puis oblongues ; elles étaient peintes en or et en couleur, avec emblèmes et devises héraldiques ; on les ornait de riches tentures et de tapisseries *historiées.* Pendant qu'on disposait les lices, les chevaliers qui prétendaient y jouer un rôle ou qui devaient simplement y assister, faisaient suspendre leurs bannières armo-

Fig. 95. — Bannières et heaumes rangés dans un cloître; les juges en font le partage en présence des Dames et des tournoyeurs.
Miniature des *Tournois du roi René*. XVe siècle.

riées aux fenêtres des maisons qu'ils habitaient et attacher leurs
écus sur les murailles extérieures des châteaux, des monastères, des cloîtres voisins. Les seigneurs et les damoiselles venaient, avant l'ouverture du tournoi, visiter les blasons exposés en
public (fig. 95) : un *héraut* ou poursuivant d'armes leur nommait
les chevaliers auxquels ces écus et ces bannières appartenaient, et
si parmi ceux-là il s'en trouvait quelqu'un dont une dame eût sujet
de se plaindre pour une injure quelconque, elle touchait le *timbre*
ou écu de ce chevalier déloyal, pour le *recommander* aux juges
du camp, et, après enquête, le coupable était déclaré incapable
de prendre part au tournoi.

Les *armes* ou armoiries, qui étaient aussi les accessoires carac-
téristiques de l'institution chevaleresque, et que la noblesse avait
adoptées comme une des plus éclatantes manifestations, avaient
sans doute une origine contemporaine de l'origine de la chevalerie.
Ce fut, dit-on, au onzième siècle, pendant la première croisade,
que la nécessité de se reconnaître et de se distinguer entre tant de
seigneurs et de chefs différents fit inventer les *émaux* ou couleurs
et les *pièces* ou images héraldiques. Chacun alors choisit et garda
ces images et ces couleurs, qui devinrent des insignes de noblesse
et qui se reproduisaient partout, sur les tentes de guerre, sur les
bannières, sur les livrées ou vêtements, sur tous les objets appar-
tenant à une famille noble. De là le *blason,* cette langue figurée
et hiéroglyphique, dont l'interprétation officielle était confiée aux
hérauts d'armes. (*Voy.* BLASON.)

La veille du jour fixé pour les exercices du tournoi, les jeunes
écuyers s'essayaient entre eux, dans la lice, avec des armes moins
lourdes et moins dangereuses que celles des chevaliers. Ces pré-
ludes, auxquels les dames ne dédaignaient pas d'assister, s'appelaient *éprouves* (épreuves), *vêpres du tournoi, escremia* (escri-

mes); ceux d'entre les écuyers qui s'étaient le plus signalés dans

Fig. 96. — Champion de tournoi. D'après une gravure du xvᵉ siècle.

ces épreuves obtenaient quelquefois immédiatement l'ordre de chevalerie et pouvaient alors figurer en armes dans le tournoi.

Comme les jeux olympiques de la Grèce, les tournois, véritables solennités populaires, mettaient en jeu toutes les ambitions
et faisaient battre tous les cœurs. Au fond de la lice s'élevaient des
échafauds, le plus souvent fermés et couverts, pour préserver
les spectateurs de distinction, en cas d'orage ou de pluie; ces
échafauds, construits parfois en forme de tours, étaient partagés
en loges et décorés plus ou moins magnifiquement de tapis, de
tentures, de banderoles, d'écussons, de bannières. Là se plaçaient
les rois et les reines, les princes, les dames et damoiselles, enfin
les anciens chevaliers, juges naturels de ces combats auxquels
ils ne devaient plus se mêler. Les juges ou maréchaux du camp,
les conseillers ou assistants, avaient leurs places marquées, pour.
faire respecter les lois de la chevalerie et pour donner avis ou
secours à ceux qui pourraient en avoir besoin.

Les rois d'armes, hérauts d'armes ou poursuivants d'armes
qui stationnaient dans l'arène et au dehors, avaient la mission
d'observer les combattants et de préparer un rapport fidèle sur
les divers incidents du combat, sans omettre un seul des coups
donnés ou reçus. Ils prenaient la parole, de temps à autre, pour
exhorter les jeunes chevaliers, qui faisaient leur première apparition : «.Souviens-toi de qui tu es fils! ne forligne pas! »
criaient-ils à haute voix. De toutes parts circulaient des varlets
ou sergents, chargés spécialement de maintenir l'ordre, de ramasser ou remplacer les armes brisées et de relever les champions
(fig. 96) renversés. Des bandes de musiciens, placés sur des estrades séparées, se tenaient prêts à célébrer, par des fanfares,
les beaux faits d'armes, les coups heureux et brillants.

Le son des clairons et des *doulcines*, instruments beaucoup
moins bruyants que ne le sont les modernes, annonçait l'arrivée
des chevaliers, superbement armés et équipés, suivis de leurs

écuyers à cheval et s'avançant à pas lents et graves (fig. 97). Parfois même les dames et damoiselles entraient les premières dans la lice, conduisant, avec des chaînes dorées ou argentées, les chevaliers leurs esclaves, qu'elles ne mettaient en liberté qu'au mo-

Fig. 97. — Entrée d'un seigneur au tournoi. D'après une miniature des *Tournois du roi René*. xvᵉ siècle.

ment où le signal était donné pour le combat. Presque toujours aussi les dames donnaient à leur chevalier *servant* une *faveur*, un *joyau*, c'est-à-dire une écharpe, un voile, une coiffe, une mantille, un bracelet, un simple nœud de ruban même, ayant fait partie de leur ajustement, *enseigne* dont le chevalier ornait son casque, son écu ou sa cotte d'armes, et qui permettait à sa dame de le suivre des yeux et de le reconnaître dans la mêlée, surtout quand ses armes étaient brisées. Si le gage qu'elle avait donné était perdu ou enlevé, elle s'empressait de le remplacer. On raconte que sur la fin d'un tournoi qui eut lieu en France, « les dames se trouvèrent si dénuées de leurs atours, que la plus grande partie étaient en *pur chef* (tête nue), les cheveux sur les épaules et les cottes sans manches. Elles en furent d'abord toutes honteuses, mais en s'apercevant que chacune était dans le même état, elles se mirent toutes à rire de leur aventure. »

Pendant le combat, à chaque grand coup de lance ou d'épée, les hérauts d'armes poussaient un cri d'encouragement et les ménétriers sonnaient des fanfares; entre chaque joute, les seigneurs et les dames faisaient distribuer ou jeter au peuple une certaine quantité de menue monnaie, que le peuple recevait joyeusement en répétant : *Largesse!* ou *Noël!* On ne devait employer dans la lutte que des armes courtoises, c'est-à-dire des armes dont le tranchant et la pointe étaient émoussés. Deux champions, la lance en arrêt, se précipitent au galop l'un contre l'autre (fig. 98). Au choc, les bois volent en éclats; le combat continue à l'épée. Mauvais chevalier celui qui a frappé son adversaire au bras ou à la cuisse; vilain qui atteint son destrier! S'il se passe quelque chose de déloyal, les hérauts étendent leurs masses entre les combattants, en leur enjoignant de cesser. Il n'est permis de porter un coup qu'entre l'épaule et la ceinture.

Après le combat, le jugement du tournoi, établi et déterminé par les rapports des officiers d'armes ou poursuivants, était rendu solennellement par les anciens chevaliers, quelquefois par les dames (fig. 98). C'étaient elles-mêmes qui allaient chercher le vainqueur et qui le conduisaient en grande pompe au lieu où était

préparé le festin qui suivait ordinairement le tournoi. La place
d'honneur que l'heureux vainqueur occupait à ce banquet, les

Fig. 98. — Le prix du tournoi. D'après un couvercle de miroir, sculpté en ivoire.
Fin du XIIIe siècle.

vêtements précieux dont il était revêtu, le baiser qu'il avait le
droit de donner aux plus belles, les poèmes et les chants dans

lesquels on célébrait ses prouesses, complétaient cette fête chevaleresque.

Malgré les précautions prises pour empêcher les tournois de dégénérer en guerre ouverte, la lice fut souvent attristée par la mort des principaux acteurs. En 1186, Geoffroy Plantagenet, fils

Fig. 99. — Le roi Henri II blessé à mort dans un tournoi par Gabriel de Lorges, plus tard comte de Montgomery (1559). D'après une estampe du xvie siècle.

d'Henri II, roi d'Angleterre, étant à Paris, prit part à un tournoi, fut renversé de cheval et foulé aux pieds; il mourut de ses blessures. En 1268, Jean III, margrave de Brandebourg, périt de la même manière. Les dangers que présentaient les tournois. les firent interdire (sans succès du reste) par les papes dès le douzième siècle, sous peine d'excommunication. « Ils n'étaient pas moins funestes, dit M. Chéruel, par les dépenses excessives où ils entraînaient les seigneurs qui y prenaient part. Dans un tournoi célébré à Beaucaire en 1174, le comte de Toulouse donna à un chevalier qui s'était extraordinairement distingué 100,000 pièces d'or, que celui-ci distribua sur-le-champ à ses compagnons d'armes. Bertrand Raimbaux fit labourer par douze paires de bœufs un champ sur lequel on devait tenir un tournoi, et y sema 30,000 pièces d'argent. Raymond de Venans étonna l'assemblée par une fête d'une nouvelle espèce : il fit brûler trente magnifiques coursiers. » Les rois de France Louis IX, Philippe III et Philippe IV interdirent les tournois; Philippe V les prohiba également par une ordonnance générale. Ils n'en continuèrent pas moins jusqu'en 1559.

Le dernier tournoi qui eut alors lieu en France fut signalé par un accident funeste, et dont le roi Henri II fut la victime (fig. 99).

A l'occasion des mariages de la fille et de la sœur de ce prince, on dressa une lice depuis le palais des Tournelles, au travers de la rue Saint-Antoine, à Paris, jusqu'aux écuries royales; des échafauds couverts de spectateurs la bordaient de chaque côté, et pendant plusieurs jours les seigneurs et le roi lui-même, armés de toutes pièces, y combattirent. Le 30 juin 1559, Henri, qui avait remporté tous les honneurs, ordonna au capitaine de sa garde écossaise, Gabriel de Lorges, de rentrer en lice et de jouter une dernière fois contre lui. « A quoi, » dit le maréchal de Vieilleville, « par très grand malheur il obéit. Ayant tous deux valeureusement couru et rompu d'une grande dextérité et adresse leurs lances, ce mal habile Lorges ne jeta pas, selon l'ordinaire coutume, le tronçon qui demeure en la main, mais le porta toujours baissé, et en courant contre la tête du roi, duquel il donna droit dedans la visière, que le coup haussa et lui creva un œil. » Tous les secours de l'art furent inutiles, un éclat de bois ayant pénétré dans la cervelle. L'illustre Vesale fut mandé en vain de Bruxelles. Le roi languit jusqu'au 10 juillet suivant, et expira sans être revenu à lui-même.

Les usages relatifs à la célébration d'un tournoi ont beaucoup varié. Rien, par exemple, ne ressemble moins aux jeux guerriers de l'Allemagne du treizième siècle, représentés dans les *Niebelungen*, rien ne ressemble moins à ces luttes sanglantes et sauvages que les tournois provençaux et siciliens du quinzième siècle, décrits avec tant de soin et d'amour par le bon roi René, dans le splendide manuscrit qu'il s'est plu à illustrer de ses miniatures.

Ce roi poète, délicat dans ses mœurs, généreux dans sa vie, raffiné dans ses goûts, charmé du sens poétique et religieux que les jeux chevaleresques de son époque gardaient encore, essaya de perpétuer par le pinceau, le crayon, la prose et les vers, le souvenir d'une fête magnifique à laquelle il présida et qui peut passer pour le modèle incomparable de ces sortes de cours plénières. Il faut avoir sous les yeux ce curieux manuscrit, où se trouve exposée la *bataille* entre le duc de Bretagne, *appelant* ou demandant le combat, et le duc de Bourbon, *deffendant* ou l'acceptant. Si l'on veut connaître dans tous ses moindres détails l'ordonnance d'un grand tournoi, si l'on veut en apprécier la forme, la marche et les incidents, on trouve décrit ou figuré dans l'ouvrage tout ce qui servait matériellement à l'éclat et à la bonne exécution de cette fête de cour, tout ce qui en caractérisait l'esprit et la règle, depuis les dernières pièces de l'armure des chevaliers jusqu'aux plus minutieuses formules du cérémonial. Ici on voit reproduit par la peinture, avec la plus exacte vérité, les casques à grille surmontés du *timbre* en cuir bouilli, les masses, les épées, le *hourd* destiné à protéger la croupe et les jambes de derrière du destrier (fig. 100). Un texte, aussi précis qu'élégant, rappelle les règles à observer, selon l'esprit de la che-

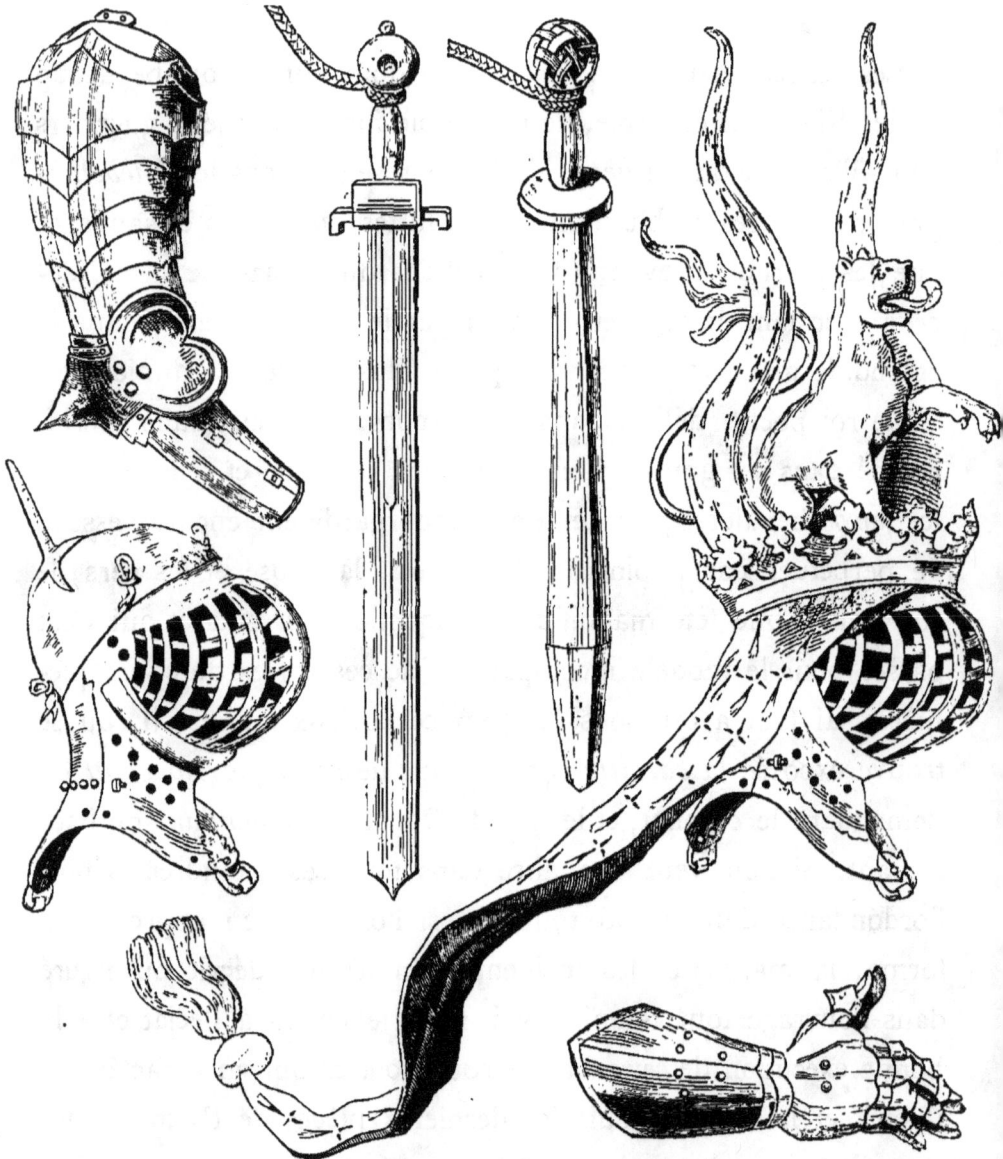

Fig. 100. — « Dessins de harnois de teste, de corps et de bras, timbres et lambrequins que on appelle en Flandres et en Brabant hacheures ou hachements, cottes d'armes, selles, hours et housseures de chevaulz, masses et épées pour tournoyer. » D'après les miniatures des *Tournois du roi René*. xvᵉ siècle.

valerie, dans les diverses phases du combat ou de la joute. Ail-

leurs sont énoncés ou retracés, en autant de tableaux d'ensemble,
les préliminaires et les accessoires du tournoi : dénonciation et
acceptation du défi, échange des gages, présentation des lettres
de seigneurs par les rois d'armes, distribution des écussons ou
insignes des parties, entrée des seigneurs, remise du prix au vainqueur par la reine du tournoi, etc.

Le livre du roi René est un document d'autant plus précieux
pour l'histoire des mœurs chevaleresques, qu'il vint juste à temps
pour les représenter encore dans toute leur splendeur; depuis
longtemps, il est vrai, la décadence avait commencé. Le commerce fait des progrès, la richesse de la bourgeoisie s'accroît;
la monarchie acquiert de la prépondérance, au détriment de la
féodalité et de la chevalerie, qui s'affaiblissent et s'amoindrissent à
la fois. François Ier fit de vains efforts pour ressusciter la chevalerie, et, plus tard, Henri IV et Louis XIV essayaient encore
d'évoquer, dans de brillants *carrousels*, le fantôme de cette noble
institution qui, née avec le moyen âge, devait finir avec lui.

Fig. 101. — Cor ou olifant. xive siècle.

CROISADES.

« Jérusalem, » dit Jacques de Vitry, évêque de Ptolémaïs au treizième siècle et l'un des plus éloquents historiens des croisades, « Jérusalem est la cité des cités, la sainte parmi les saintes, la reine des peuples, la princesse des provinces. Elle est située au centre du monde, au milieu de la terre, afin que tous les hommes puissent se diriger vers elle. » Un poète de la même époque ajoute, dans un élan de fervente inspiration : « Elle doit attirer les fidèles comme l'aimant attire le fer, comme la brebis attire l'agneau par le lait de ses mamelles, comme la mer attire les fleuves auxquels elle a donné naissance. »

Sous l'influence de telles convictions, on comprend le puissant intérêt qui, pour tous les chrétiens, s'attachait aux destinées de ce coin de terre, marqué du sceau divin et objet de tant de vénération.

Depuis que la conversion de Constantin Ier avait consacré le triomphe de la croix, et pendant que les fastueux mais débiles successeurs de ce prince laissaient décliner l'empire de Byzance, Jérusalem avait eu à subir, à plusieurs reprises, la profanation des infidèles, et, par conséquent, les chrétiens occidentaux avaient rencontré, pour visiter les lieux saints, des obstacles douloureux et insurmontables.

Au septième siècle, la conquête de la Palestine par les Arabes ou Sarrasins avait amené, sinon la première, au moins la plus longue de ces épreuves, si pénibles pour la chrétienté. Déjà les pèlerins, à leur retour de la Terre-Sainte, étaient venus redire à l'Occident consterné les vexations, les sacrilèges dont ils avaient été les témoins ou les victimes. Ils représentaient, dans leurs tristes récits, la population de la Judée chrétienne réduite à une espèce de servitude, frappée d'un lourd tribut, revêtue d'une livrée infamante, n'ayant pas le droit de parler la langue du vainqueur, bannie de ses temples transformés en mosquées, enfin obligée de cacher et de faire disparaître les emblèmes extérieurs de son culte, qu'il ne lui était plus permis de pratiquer publiquement.

C'était vers la fin du dixième siècle, à l'heure même où beaucoup d'esprits étaient frappés de stupeur et d'effroi, par suite d'une fausse interprétation d'un passage de l'Évangile, d'après lequel on fixait à l'an mille la consommation des temps et l'apparition de Jésus-Christ en Judée. « La fin du monde étant proche (*adventante vespere mundi*), » inscrivait-on dans les actes civils, les vanités de ce monde terrestre devaient être oubliées. Ceux qui étaient frappés de la crainte de cette suprême catastrophe aspiraient à partir pour la Terre-Sainte, dans l'espoir d'y assister à la venue du rédempteur, et de trouver ainsi, avec le pardon de leurs péchés, une bonne mort et le salut de leur âme. L'affluence des pèlerins, s'il faut en croire un autre historien des croisades, le moine Raoul Glaber, surpassa alors tout ce qu'on pouvait attendre de la dévotion. On vit d'abord arriver les pauvres et les gens du peuple, puis les comtes, les barons et les princes, qui ne comptaient plus pour rien les biens de la terre.

Quand la terrible échéance de l'an mille fut arrivée sans entraîner aucun bouleversement dans les lois de l'univers, la Terre-Sainte resta ouverte aux pèlerins, qui venaient rendre grâces à Jésus-

Fig. 102. — Façade de l'église du Saint-Sépulcre, à Jérusalem, fondée en 326 par l'empereur Constantin ; état actuel. D'après une photographie.

Christ. C'est à quelques années de là, en 1008, que le Néron de l'Égypte, Hakem, ordonna de détruire l'église du Saint-Sépulcre, laquelle ne fut rebâtie que sous le califat d'Al-Mostanser-Billah, en 1047 (fig. 102).

L'Orient allait, d'ailleurs, changer de maîtres. Les Turcs, peuple nomade asiatique, sorti des contrées situées au delà de l'Oxus, avaient conquis la Perse, et de là porté leurs armes triomphantes vers la Syrie et jusqu'aux rives du Nil; la Judée fut comprise dans cette rapide conquête (1076), que les plus horribles excès signalèrent. Vingt ans plus tard, les envahisseurs furent chassés (1095), Jérusalem fut reprise après un siège de quarante jours, et la Judée retomba sous le joug des califes d'Égypte. Les pèlerins n'en restèrent pas moins exposés à toutes sortes d'avanies, et les portes de la ville sainte ne s'ouvrirent que pour ceux qui pouvaient payer une pièce d'or. « Dépouillés de leurs biens, courbés sous le joug le plus dur et le plus humiliant, dit un chroniqueur contemporain, les chrétiens éprouvèrent plus de maux qu'en aucun temps. »

Il faut ajouter que l'Asie Mineure, ordinairement traversée par les pèlerins qui se rendaient à Jérusalem, était aussi au pouvoir des Turcs; que dans les principales villes, Éphèse, Nicée, Tarse, Antioche, Édesse, etc., dont les noms se rattachaient aux glorieux souvenirs des premiers siècles de l'Église, le culte grec ou catholique romain n'avait pas le droit de se produire au grand jour; que les pratiques du Coran étaient seules observées rigoureusement, et que partout la communion des fidèles éprouvait de la part des mahométans les mêmes injustices, les mêmes vexations, les mêmes rigueurs.

Déjà, au commencement du onzième siècle, le Français Gerbert, devenu pape sous le nom de Sylvestre II, un des hommes les plus remarquables de son temps, osait tenter, sous l'empire des impressions qu'il avait rapportées d'un pèlerinage à Jérusalem, de faire appel aux nations de la chrétienté contre les persécuteurs des

Fig. 103. — Robert Ier, duc de Normandie, père de Guillaume le Conquérant, atteint d'une maladie pendant son pèlerinage à Jérusalem (1035), se fait porter en litière par des nègres, ce qui lui faisait dire en plaisantant « qu'il allait au paradis, mené par des diables ». Miniature des *Chroniques de Normandie*, manuscrit du xvᵉ siècle.

chrétiens d'Orient. A sa voix, une expédition, composée de Pisans, de Génois et des sujets d'un roi d'Arles, avait pris la mer et était allée débarquer sur les côtes de Syrie ; elle y causa quelques dommages matériels aux sectateurs de l'islamisme, sans pénétrer bien

Fig. 104. — Le Prêtre Jean, prétendu chef d'une tribu chrétienne en Tartarie.
D'après Vecellio.

avant dans ce pays, mais non sans avoir quelque influence sur le sort des habitants de la Palestine.

Les persécutions, en effet, avaient cessé ou du moins s'étaient ralenties. Ce ne fut que soixante-dix ans plus tard qu'un appel à la guerre sainte retentit de nouveau dans le monde chrétien. Ce

cri de douleur et d'indignation fut jeté par le pape Grégoire VII,
illustre pontife, dont le génie à la fois bouillant et ferme, au milieu

Fig. 105. — Page du Prêtre Jean. D'après Vecellio. XVIᵉ siècle.

du trouble universel où se désorganisaient tous les pouvoirs civils
et toutes les lois sociales, avait constitué sur de solides bases l'autorité de l'Église. « Les maux des chrétiens d'Orient, écrivait-il,

m'ont ému jusqu'à me faire désirer la mort; et je préfère exposer ma vie pour délivrer les lieux saints plutôt que de commander à l'univers. Venez, fils du Christ, et vous me verrez à votre tête! »

A cette époque, de telles paroles tombant dans les cœurs ne pouvaient qu'y allumer la foi et l'espérance. Cinquante mille chrétiens firent vœu de suivre le successeur de saint Pierre, avec d'autant plus d'ardeur, que, d'après une rumeur répandue en Europe, une partie de l'Asie était déjà chrétienne et qu'un prétendu roi de la Tartarie, nommé le Prêtre Jean (fig. 104 et 105), avait soumis ses peuples à la loi de l'Évangile.

Les luttes politiques que Grégoire VII dut soutenir contre les princes d'Occident et le refus de l'empereur Henri IV, dont il avait réclamé le concours, empêchèrent ce grand pape d'entreprendre l'expédition, qui devait être le couronnement de son œuvre apostolique. Victor III, son successeur, continua à prêcher la guerre sainte contre les infidèles. Ceux-ci, ayant formé des établissements considérables sur le littoral de l'Afrique, infestaient la Méditerranée, troublaient la sûreté du commerce maritime, et semblaient n'avoir qu'un dernier effort à faire pour que le continent européen devînt tributaire du Coran. Une armée de Pisans et de Génois partit sur une nombreuse flotte, aborda en Afrique (1087), livra bataille aux Sarrasins, leur tua, dit-on, plus de 100,000 hommes, prit et ruina deux de leurs villes, et revint victorieuse, rapportant un immense butin, qui fut consacré à l'ornement des églises de leur patrie. Mais cette entreprise, malgré ses résultats, n'est mentionnée par aucun historien des croisades; il paraît évident qu'elle n'avait pas été provoquée en principe par l'intérêt exclusif de la religion, et que d'autres intérêts plus matériels y eurent part, notamment celui du commerce italien, qui, après avoir eu tout à souffrir des déprédations de la piraterie africaine,

devait vouloir à tout prix châtier la race à laquelle appartenaient
ces forbans.

Ce n'était pas à la chaire de saint Pierre que devait revenir
l'honneur de l'initiative des croisades : cette gloire était réservée
à un simple pèlerin, « qui ne tenait sa mission que de son zèle,
n'avait d'autre puissance que la force de son caractère et de son

Fig. 106. — Pierre l'Ermite devant le saint sépulcre. D'après un manuscrit du xiii° siècle.

génie. » Pierre d'Acheris, plus connu sous le nom de *Pierre l'Ermite* était ce prédestiné. Descendant d'une noble famille de Picar-
die, mais de corps disgracieux, de courte stature, il avait traversé
les conditions les plus diverses de la vie sociale. Il suivit d'abord
la carrière des armes, puis adonné à l'étude des lettres, ensuite
marié, et, par l'effet d'un précoce veuvage, admis dans les ordres
ecclésiastiques, il n'avait trouvé partout qu'amertumes et décep-

tions. Devenu enfin « ermite de nom et d'effet », pour employer les expressions dont se sert Guillaume de Tyr, il entreprit, en 1093, le voyage de Jérusalem.

L'habitude de la méditation et de la pénitence avait exalté son âme, illuminé son esprit. Un jour qu'il priait devant le saint sépulcre (fig. 106), il crut entendre une voix qui disait : « Pierre, lève-toi! Cours annoncer à mon peuple la fin de l'oppression. Que mes serviteurs viennent, et que ma terre soit délivrée! » Sous l'influence de cet ordre, le pauvre pèlerin se promet de n'avoir plus aucun repos jusqu'à ce que la mission dont il se croit investi par Jésus-Christ lui-même soit pleinement remplie. Il quitte la Palestine, emportant des lettres du patriarche Siméon au pape; il traverse la mer, et va se jeter aux pieds d'Urbain II, qui le charge d'appeler les peuples à la guerre sainte (fig. 107).

Pierre passe les Alpes, parcourt la France et la plus grande partie de l'Europe, communiquant à tous les cœurs le zèle ardent dont il est dévoré. Il voyagea, monté sur une mule, un crucifix à la main, les pieds nus, la tête découverte, le corps ceint d'une corde, couvert d'un long froc et d'un manteau de l'étoffe la plus grossière. L'austérité de ses mœurs, sa charité, la morale qu'il prêche, le font révérer comme un saint. Tantôt il se montre dans la chaire des églises, tantôt il prêche par les chemins et sur les places publiques. Son éloquence était vive et fougueuse, pleine de ces apostrophes véhémentes qui entraînent les multitudes. Il rappelait la profanation des saints lieux et le sang des chrétiens versé à flots dans les rues de Jérusalem; il invoquait tour à tour le ciel, les saints, les anges, qu'il prenait à témoin de la vérité de ses écrits; il s'adressait à la montagne de Sion, à la roche du Calvaire, au mont des Oliviers, qu'il faisait retentir de sanglots et de gémissements. Quand il ne trouvait plus d'arguments pour peindre les malheurs des fidèles en Orient, il montrait aux assistants le crucifix qu'il portait avec lui ; puis il se frappait la poitrine et se meurtrissait le sein, ou bien il versait un torrent de larmes.

Le peuple se pressait en foule sur les traces de Pierre. Le prédicateur de la guerre sacrée était partout reçu comme un envoyé

Fig. 107. — Pierre l'Ermite remet au pape Urbain II, en 1095, le message de Siméon, patriarche de Jérusalem. Miniature de l'*Histoire des Croisades,* ms. du xvᵉ s.

de Dieu : on s'estimait heureux de toucher ses vêtements; le poil arraché à la mule qu'il montait était conservé à l'instar d'une relique.

D'ailleurs l'idée de la guerre sainte était familière à tous. « La France, dit Cantù, venait d'éprouver vingt-sept années de famine; le besoin ajoutait donc encore au désir de se mouvoir. Beaucoup de gens avaient encouru pour leurs péchés de lourdes pénitences, et c'était pour eux une manière de s'en libérer qui leur souriait davantage. Les seigneurs, isolés dans leurs châteaux, où ils ne s'occupaient ni d'administrer ni de rendre la justice, saisissaient avec joie l'occasion d'échapper à cette existence vide pour se jeter dans des entreprises périlleuses. Les membres nobles du clergé ne demandaient pas mieux que de se montrer hommes d'armes en même temps que prélats. De même qu'un siècle auparavant on avait cru à la fin du monde, on croit alors à une rédemption générale; quiconque a des méfaits à expier, des injustices à réparer, se prépare au pèlerinage. » Il fallait l'organisation compacte du catholicisme et l'influence toute-puissante du souverain pontife pour discipliner le mouvement enthousiaste, mais désordonné, qui venait d'éclater.

Urbain II, encouragé du reste à la même entreprise par les sollicitations pressantes de l'empereur Alexis Comnène, convoqua un concile, à Clermont en Auvergne (novembre 1095). La cité ne fut pas assez vaste pour contenir les illustres personnages qu'on y voyait accourir; « à tel point, dit le chroniqueur Guillaume Aubert, que les villes et villages des environs se trouvèrent remplis de peuple, et plusieurs furent contraints de faire dresser leurs tentes et pavillons au milieu des champs et des prairies, encore que la saison et le pays fussent pleins d'une extrême froidure (fig. 108). »

Les premières séances du concile, qui allait proclamer la guerre contre les ennemis de la croix, furent employées à décréter solennellement la trêve de Dieu entre les chrétiens; puis on aborda la question qui dominait toutes les autres. L'apôtre de la croisade, l'ermite Pierre, parla le premier : il exposa le tableau des misères de l'Église d'Orient, avec cette voix pleine de larmes, avec cette poignante émotion qui lui gagnaient les âmes. Après lui, le pape prit la parole en langue vulgaire, et appuya son allocution enflammée des arguments de la politique et de la religion.

L'assemblée se leva tout entière avec transport, et l'on n'en-

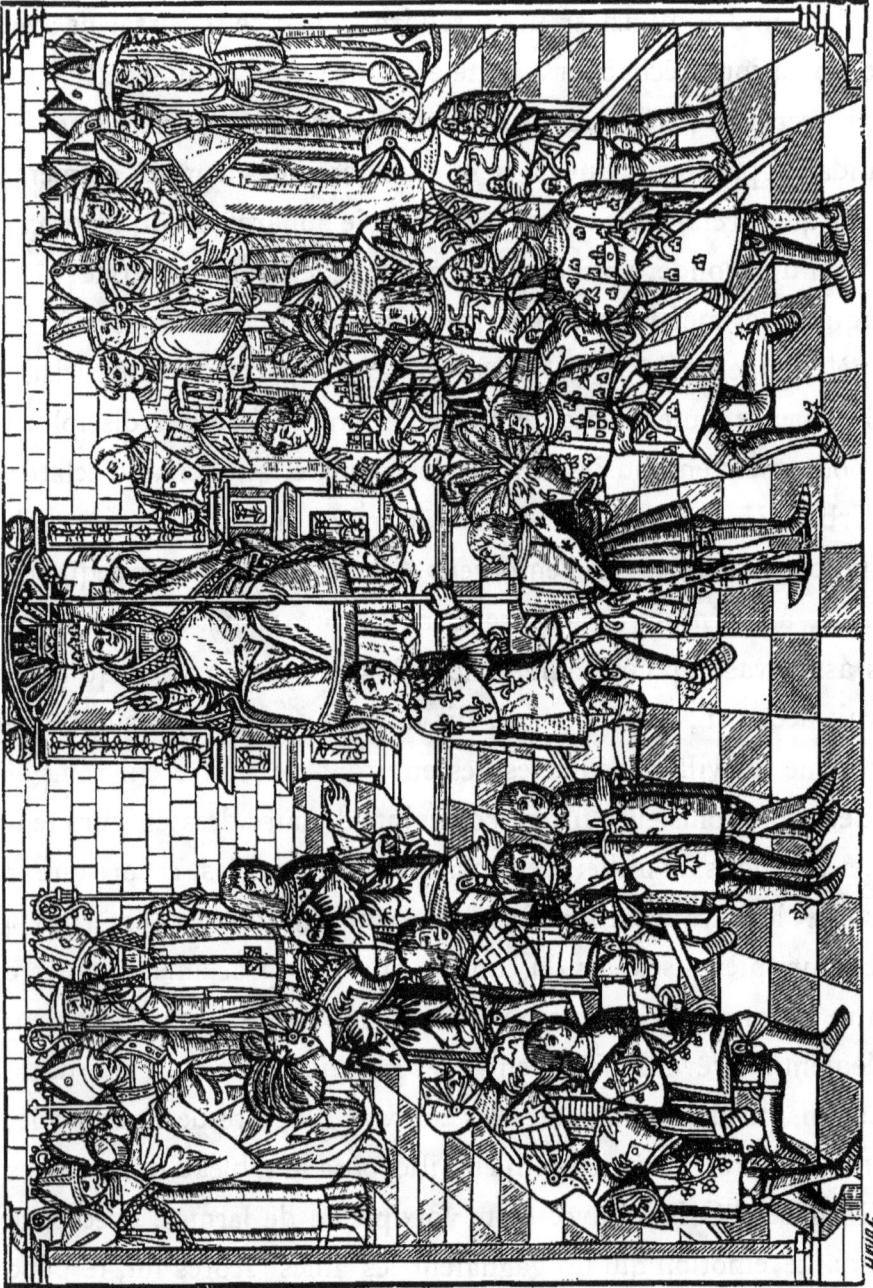

Fig. 168. — Urbain II préside le concile de Clermont et convoque les chrétiens à la croisade. D'après une grav. de 1552.

tendit qu'un même cri s'échappant à la fois de toutes les poitrines :

« Dieu le veut! Dieu le veut! (*Diex li volt!*) » Le pontife répéta, d'une voix éclatante, ces paroles qui devaient être, pendant deux siècles, la devise des croisades, et, montrant à la foule le signe de la rédemption : « Que la croix, reprit-il, brille sur vos armes et vos étendards! Portez-la sur vos épaules et sur votre poitrine; elle deviendra pour vous l'emblème de la victoire ou la palme du martyre; elle vous rappellera sans cesse que Jésus-Christ est mort pour vous et que vous devez mourir pour lui! » Alors, barons, chevaliers, prélats et clercs, artisans et laboureurs, jurèrent tous ensemble de ne plus vivre que pour venger les outrages faits à Jésus-Christ et à ses enfants; le serment fut renouvelé pour l'oubli des querelles et des inimitiés particulières; tous attachèrent sur leurs habits une croix rouge, d'où vint le nom de *croisés*, donné aux fidèles enrôlés sous la bannière du Christ, et celui de *croisade*, par lequel fut désignée la guerre sainte. Les nouveaux guerriers furent reçus, dans leurs personnes et dans leurs biens, sous la protection de l'Église; de telle sorte que celui qui leur causait dommage s'exposait à être excommunié.

La couleur de la croix varia selon les nations. Nous avons dit que les Français adoptèrent le rouge, couleur de l'oriflamme nationale; plus tard, ce fut le blanc, couleur du roi. En Italie, on porta la croix bleue; en Allemagne, orange ou noire; en Angleterre, jaune.

Le concile de Clermont avait fixé le jour du départ à la fête de l'Ascension. « L'hiver se passa en préparatifs et encouragements réciproques; puis à peine le printemps eut-il paru que, ne sachant plus maîtriser leur impatience, les croisés se mirent en marche de toutes parts. Ils s'en allaient par milliers, sans ordre, sans provisions ni direction, en cherchant Jérusalem, opposant à tous les calculs de la prévoyance humaine leur confiance en des miracles infaillibles. Le pape avait sagement cherché à modérer cette ardeur en enjoignant de laisser partir seulement ceux que le

Fig. 109. — Gautier sans Avoir est reçu par le roi de Hongrie, qui lui permet de traverser
ses États avec l'armée des croisés. Miniature de l'*Histoire des Empereurs*, ms. du xvᵉ s.

sexe et l'âge en rendaient capables; mais qui pourrait arrêter
un torrent à moitié de sa course? »

Pierre l'Ermite entraîna sur ses pas une foule innombrable, accompagné d'un pauvre mais vaillant gentilhomme français, Gautier sans Avoir (fig. 109). Mais ces masses indisciplinées, qui sur leur route se livraient au pillage pour se nourrir, furent à peu près dispersées et anéanties par les peuples que ruinait leur passage comme celui d'une nuée de sauterelles; quelques milliers d'hommes seulement atteignirent Constantinople, où l'empereur Alexis Comnène, lequel avait d'ailleurs appelé les chrétiens d'Occident à son aide contre les Turcs, leur donna des vaisseaux et les fit transporter en Bithynie. Dans le cours de la même campagne, deux autres troupes, rassemblées en Allemagne par des émules de Pierre, les prêtres Gottschalk et Volkmar, suivirent également la vallée du Danube, commirent toutes sortes d'excès, arrivèrent en bien petit nombre aux bords de la Propontide et finirent par tomber, comme les premiers, sous le fer des Turcs. Quant à Pierre, qui n'était plus respecté, il alla vivre obscurément dans un couvent de Constantinople.

L'expédition qu'on pourrait appeler régulière, et qui comptait l'élite des hommes d'armes, ne s'était mise en marche, en suivant la route du Danube et les deux rives du littoral de l'Adriatique, que trois mois plus tard. Elle se divisa en trois corps, composés pour le premier de Flamands et de Lorrains, pour le second de Normands et de Bourguignons, pour le troisième d'Aquitains et de Provençaux, et placés sous le commandement du duc Godefroi de Bouillon, du comte Hugues de Vermandois, frère du roi Philippe Ier, et de Raymond IV, comte de Toulouse. La plupart des grands vassaux avaient pris la croix, et le Normand Bohémond, prince de Tarente, se joignit à eux, ainsi que Tancrède, le modèle de la chevalerie.

La *première croisade,* on le voit, se recruta à peu près exclusivement en France; il en fut de même pour les suivantes.

Tous les chefs qui l'entreprirent étaient renommés par leurs hauts faits, et ils commandaient à des hommes aguerris, habitués à la discipline, bien équipés, pourvus de guides et de vivres. Im-

Fig. 110. — Prise de Nicée par les croisés (1097). Vitrail de l'abbaye de Saint-Denis, aujourd'hui détruit (xiiᵉ siècle).

mense était leur nombre : 100,000 cavaliers et 300,000 gens de pied; en y comptant la tourbe des femmes, des enfants, des vieillards, des moines et des valets de toute sorte, il s'élevait à plus de 600,000. L'empereur Alexis Comnène, qui les avait appelés, s'effraya à leur vue, et mit tout en œuvre pour entraver l'expé-

dition. Au bout de plusieurs mois d'attente, l'armée passa le Bos-
phore de Thrace (mars 1097), et se dirigea sur Nicée, que sa situation au milieu d'un lac, ses doubles murailles et ses centaines
de grosses tours rendaient formidable (fig. 110). Après s'être em-
parés de la place (20 juin 1097), les croisés se remirent en route;
mais la perfidie des guides grecs, la soif, la difficulté des chemins,
les attaques incessantes des hordes asiatiques commandées par
Kilidj-Arslan, leur rendirent extrêmement pénible la traversée de
la Phrygie et de la Syrie, et il ne leur fallut pas moins de deux
années avant d'arriver en vue de Jérusalem. A peine se virent-ils
maîtres de quelques villes que la discorde éclata de tous côtés pour
le partage de conquêtes qui n'étaient pas encore assurées. Bauduoin,
le frère de Godefroi, prit Édesse, et fonda ainsi la première prin-
cipauté chrétienne. La grande cité d'Antioche, livrée par trahison,
devint la proie de Bohémond, qui s'y établit en maître. Comme
il avait été convenu que toute ville appartiendrait à celui qui le
premier y planterait sa bannière, c'était à qui s'élancerait en avant
des autres et l'emporterait sur ses compétiteurs. Une terrible bataille avait eu lieu sous les murs d'Antioche : les croisés restèrent
victorieux, mais des milliers d'entre eux périrent victimes d'une
épidémie, qui vint s'ajouter à leurs souffrances.

A mesure qu'ils approchèrent de la ville sainte, l'enthousiasme
se réveilla, les inimitiés se turent; en l'apercevant des hauteurs
d'Emmaüs, le cri de *Jérusalem! Jérusalem!* s'éleva dans les rangs.
Tous se prosternèrent et demandèrent le combat qu'ils croyaient
être le dernier. Le siège commença aussitôt, bien que les croisés
fussent réduits à 20,000 hommes de pied et à 1,500 chevaux, en
face de forces triples de leur nombre. A la résistance de l'ennemi
se joignirent les horribles tortures de la soif; la flotte génoise,
qui apportait des vivres, fut en grande partie prise et brûlée;

l'argent manqua pour payer les auxiliaires, et le bois aussi. L'assaut général fut donné le 15 juillet 1099, et 70,000 personnes, tant juifs que musulmans, furent massacrées, si bien que les vainqueurs « marchaient dans le sang jusqu'à la cheville ».

Jérusalem changea dès lors de religion et d'état. Les croisés, reconnaissant la nécessité de consolider leur domination, résolurent de relever le trône de David et leur choix unanime tomba sur Godefroi de Bouillon (fig. 112 et 113), qui, dans le cours de l'expédition, s'était signalé par des vertus héroïques. Il jura de respecter l'honneur et la justice, et, en acceptant le titre modeste de *baron du Saint-Sépulcre*, refusa de ceindre une couronne d'or où Jésus en avait porté une d'épines. Les musulmans, dont l'empire se trouvait morcelé, accoururent en foule d'Asie et d'Afrique pour disputer aux chrétiens leur conquête. Gode-

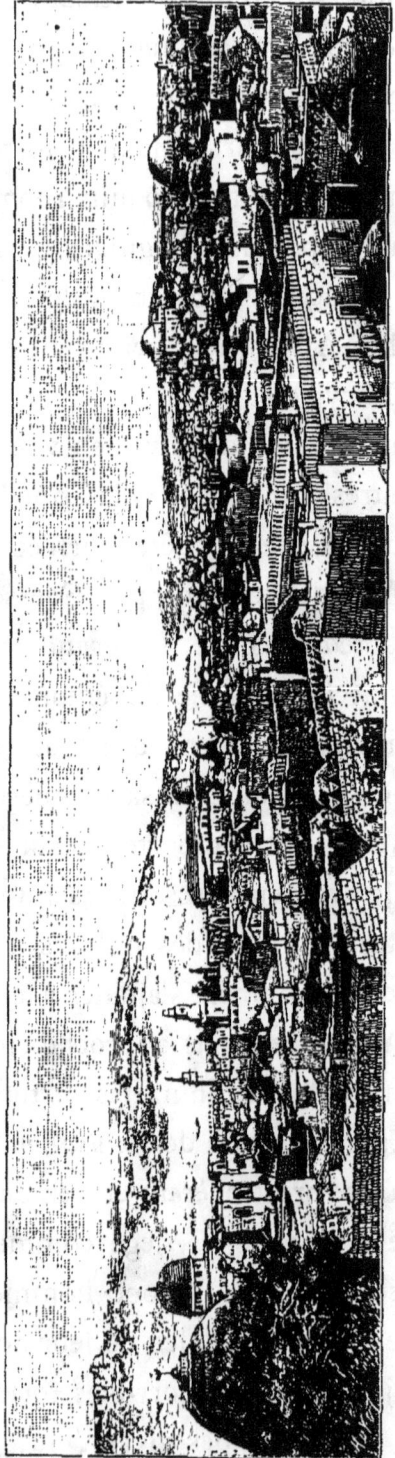

Fig. 111 — Vue de Jérusalem : état actuel.

froi eut beaucoup de peine à décider les barons à le suivre aux
champs d'Ascalon (12 août); la discipline triompha du nombre,
et le butin fut immense. Puis, chefs et soldats, presque tous retour-
nèrent en Europe, et Godefroi conserva à peine assez d'hommes,
300, dit-on, pour défendre sa capitale.

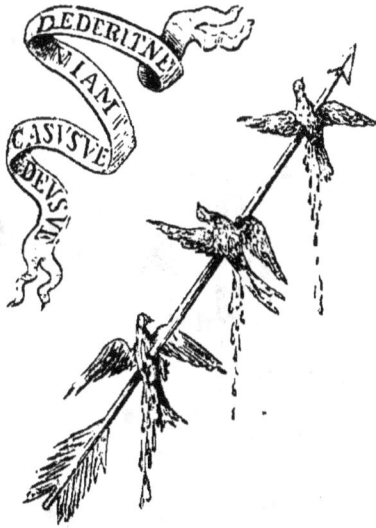

Fig. 112. — Armes de Godefroi de Bouillon. Une flèche embrochée de trois alérions (oiseaux
fabuleux). La devise est tirée de Virgile : *Dederitne viam casusve deusve?* c'est-à-dire : « Est-ce
un Dieu ou le hasard qui nous montre la route? »

Un demi-siècle se passera pendant lequel se succéderont d'a-
bord presque continuellement de nouvelles expéditions, que la
chrétienté envoie pour défendre et consolider la conquête de la
Terre-Sainte, mais qui ne réussissent qu'imparfaitement dans
cette tâche ardue, car les Sarrasins reviennent sans cesse attaquer les croisés et leur disputer la possession de la Palestine. Peu
à peu, le nombre des pèlerins diminue, l'élan de la croisade s'est
arrêté en Europe, le zèle semble s'attiédir; on oublie le chemin de
Jérusalem, quand le trône de Godefroi de Bouillon et de ses trois

successeurs chancelle sur ses bases, mal assises; et bientôt les
générations, absorbées, distraites d'ailleurs par la lutte toujours

Fig. 113. — Tombeau de Godefroi de Bouillon, tel qu'il existait dans l'église
du Saint-Sépulcre, à Jérusalem.

plus vive qui se poursuit entre les papes et les souverains, entre
les deux pouvoirs temporel et spirituel, n'auront plus qu'un
vague souvenir de la glorieuse entreprise de leurs pères.

En 1144, le bruit se répand en Occident que la ville d'Édesse, boulevard du royaume de Jérusalem, vient d'être reprise par les Sarrasins, qui l'ont inondée de sang (1144). Cette triste nouvelle est accueillie avec une douloureuse indignation; à la voix de saint Bernard, l'enthousiasme se rallume et la *seconde croisade* est résolue.

Bien que l'abbé Suger, son ministre, s'opposât à une entreprise qu'il trouvait contraire aux intérêts du royaume, Louis VII, tourmenté par le remords d'avoir fait périr au milieu des flammes les habitants de Vitry réfugiés dans leur église, prit la croix et convoqua un parlement à Vézelay en Bourgogne (fig. 114). Il y parut entouré de toute la pompe royale (31 mars 1146). « Comme il n'y avait point assez de place dans le château », dit un témoin oculaire, Eudes de Deuil, dans sa chronique latine, « on avait construit au dehors, dans la plaine que domine la montagne de Vézelay, une estrade où monta Bernard, et, en même temps que lui, le roi, paré de la croix que lui avait envoyée le souverain pontife. »

Le grand orateur fit part à l'assemblée des nouvelles funestes arrivées de Palestine, ajoutant que « le Dieu du ciel avait commencé à perdre une portion de sa terre » et qu'il fallait courir à sa défense. Tel fut l'effet de sa parole, que tous les assistants demandèrent à partir. Les croix que l'abbé avait fait préparer à l'avance ne suffisant pas, il coupa ses propres vêtements pour en tailler d'autres. Louis la reçut le premier, agenouillé aux pieds du moine, puis vint le tour d'Éléonore d'Aquitaine, sa femme, des principaux seigneurs et d'une multitude de chevaliers. En peu de temps, « les villes et les bourgs étaient changés en déserts, a-t-il écrit lui-même, et l'on ne trouvait partout que des veuves et des orphelins dont les maris et les pères étaient vivants ». Bernard

Fig. 114. — Église abbatiale de la Madeleine, à Vézelay, où saint Bernard prêcha, en 1146,
la seconde croisade. XIIe siècle. État actuel.

n'obéissait pas cependant à l'impulsion d'un zèle aveugle comme avait fait Pierre l'Ermite ; car il ne permit à aucun de ses religieux de passer la mer. Il écrivit au pape pour qu'il refusât son autorisation en des circonstances semblables, par l'excellente raison, disait-il, « que les armées de la croix avaient besoin de soldats et non de moines ».

De France Bernard passa en Allemagne, où le prestige de sa parole inspirée se révéla dans toute sa puissance, puisqu'on vit des populations qui ne pouvaient comprendre la langue vulgaire dont il se servait se laisser entraîner par le charme de son accent, et, se frappant la poitrine, répéter : « Dieu nous fasse grâce ! Les saints nous soient en aide ! » L'empereur Conrad, que le saint abbé voulait amener à faire cause commune avec le roi de France dans la nouvelle croisade, opposa d'abord une certaine résistance ; mais, dans une assemblée tenue à Spire, le 25 décembre 1146, l'éloquence admirable de Bernard fit sur lui une telle impression, qu'il prononça incontinent le vœu de prendre la croix. Son exemple entraîna un grand nombre de seigneurs d'Allemagne et d'Italie, au nombre desquels il suffira de citer son propre neveu, le jeune Frédéric de Souabe, qui devait plus tard devenir fameux sous le nom de Frédéric Barberousse.

Quelques mois plus tard, les deux armées française et teutonique, qui réunissaient chacune plus de 100,000 combattants, sans compter la foule des *bourdonniers* (pèlerins porteurs de bourdon), marchant à la suite des gens d'armes, se dirigeaient simultanément, bien armées et bien équipées, vers l'Orient. L'élite de la chevalerie des deux pays était là tout entière. « La féodalité, qui s'était organisée fortement, fournit le moyen de régler et de contenir cette multitude, de telle sorte qu'elle traversa l'Allemagne et la France, sans causer d'autres dommages que ceux qui sont insé-

parables de toute ar-
mée. Les chiens et les
faucons, avec lesquels
les premiers croisés s'é-
taient mis en marche,
furent prohibés cette
fois, ainsi que le luxe
vain ou embarrassant
qu'on voyait d'habitude
dans les habitations sei-
gneuriales; on se mu-
nit de vivres et du ma-
tériel nécessaire pour
jeter des ponts, aplanir
les chemins, abattre les
bois. Une caisse com-
mune fut formée des
offrandes de ceux qui
ne pouvaient prendre
les armes. » On fit des
emprunts aux juifs, et
on leva des contribu-
tions sur le clergé.

Mais tant de zèle et
d'héroïsme ne devaient
aboutir qu'à des dé-
sastres inouïs. Le dé-
sordre des soldats, l'im-
prévoyance et la désu-

Fig. 115. — Vue de Damas.

nion des chefs, la mauvaise foi de l'empereur grec Manuel,

préparaient la plus funeste issue à cette entreprise, qui vit se
fondre en partie ces armées formidables, avant qu'elles fussent
parvenues en Terre-Sainte. Après plus d'une année de combats
glorieux et de sanglants revers, les deux monarques se retrouvè-
rent à Jérusalem, qu'ils avaient voulu visiter sous l'habit de pèlerin, faute d'avoir pu y paraître en conquérants. De concert avec
le roi Baudoin III, ils mirent le siège devant Damas (fig. 115);
mais de perfides conseils, leur rivalité toujours renaissante et peut-
être la trahison des chevaliers établis en Syrie firent échouer l'expédition, et force leur fut de retourner en Occident, laissant le royaume de Jérusalem dans une situation bien plus précaire qu'à leur arrivée (1149). « Et partout, rapporte un chroniqueur, on n'entendait
que plaintes et reproches contre l'abbé de Clairvaux, dont les
promesses de victoire étaient si mal réalisées; qui, disait-on,
avait poussé à la perdition tant d'hommes de valeur et voué au
deuil tant de nobles familles. » Bernard publia son apologie, dans
laquelle il établit que le mauvais succès avait eu pour cause l'inexpérience des chefs, la nature du pays, et surtout la conduite dé-
sordonnée des soldats.

Quarante ans plus tard, après la terrible bataille de Tibériade
(4 juillet 1187), où tant de généreux sang fut répandu autour de
Gui de Lusignan, dernier roi de Jérusalem, le sultan Saladin,
l'un des hommes les plus marquants de l'histoire musulmane,
s'empara de la cité sainte, qui depuis cette sanglante défaite des
chrétiens ne devait plus retomber qu'une seule fois, et pour bien
peu de temps, en leur pouvoir. Une *troisième croisade* fut déci-
dée (1189). Guillaume, évêque de Tyr, qui devait en être l'historien, fut chargé de la prêcher. Pour subvenir aux frais de l'expédition, les princes croisés ordonnèrent que ceux de leurs sujets
qui ne partiraient pas payeraient le dixième de leurs revenus; c'est

ce qu'on appela la *dime saladine*, et bien qu'on ne dût l'acquitter

Fig. 116. — Richard Cœur de Lion, roi d'Angleterre (1189-1199).

que pour une seule année, le fisc continua de la percevoir pendant longtemps.

Frédéric Barberousse, alors empereur d'Allemagne, qui avait

eu part à la seconde croisade, prit les devants avec une ving-
taine de mille hommes aguerris (1188). Dès qu'il eut mis le pied
en Asie, il se trouva assailli par les Turcs, perdit beaucoup de
monde, et fut obligé, pour recouvrer quelque tranquillité, de
s'emparer d'Iconium, dont le sultan l'avait bercé de fallacieuses
paroles. Par malheur, en traversant la Cilicie, il se noya au passage du Cydnus; ses soldats affamés se débandèrent et regagnèrent leur pays.

Les véritables chefs de cette croisade, Philippe-Auguste et Richard Cœur de Lion, jeunes tous deux, s'embarquèrent trois ans
plus tard, le premier à Gênes, le second à Marseille, pour se réunir à Messine. Ce sont les deux seuls rois de France et d'Angleterre qui aient jamais combattu sous les mêmes drapeaux; mais
la jalousie nationale nuisit continuellement aux intérêts de la
sainte guerre qu'ils avaient entreprise, et les deux factions qu'ils
protégèrent en Palestine devinrent plus hostiles l'une à l'autre
qu'à l'ennemi commun. Philippe était brave, mais plus homme
d'État que chevalier. Richard, au contraire, offrait le type des
mœurs et des passions de son temps : prodigue, hautain, obstiné,
avide de combats et mauvais capitaine, il faisait étalage d'une activité turbulente, à laquelle manquait la persévérance. On sait
que sa bouillante et farouche valeur lui mérita le surnom de *Cœur
de Lion* (fig. 116). En Sicile, il prit Messine d'assaut pour une offense légère, et s'empara également de l'île de Chypre, qui appartenait aux Grecs.

Quand les rois alliés arrivèrent devant Saint-Jean d'Acre (1191),
cette place était assiégée depuis deux ans par les chrétiens de Syrie. On livra pour sa possession à Saladin, qui tenait la campagne,
neuf batailles rangées et plus de cent combats. La ville prise, Philippe, qui voyait son autorité sans cesse compromise par les ex-

cès de Richard, abandonna la **Terre-Sainte**, en y laissant 10,000

Fig. 117. — Seconde prise de Constantinople par les croisés en 1204. D'après une peinture
du Tintoret. XVIe siècle.

fantassins et 500 chevaliers, avec l'argent nécessaire à leur entre-
tien. Le roi d'Angleterre conduisit les croisés à la conquête d'une

partie du littoral, et ajouta Jaffa et Césarée au royaume de Lusignan.

Après une courte guerre mêlée de succès et de revers, et surtout d'inutiles prouesses, il conclut avec Saladin une trêve de trois ans trois mois et trois jours, et n'osant pas visiter le Saint-Sépulcre qu'il n'avait pu délivrer, revint en Europe (1192), rapportant « moult de gloire », dit un chroniqueur, mais en réalité sans avoir obtenu aucun avantage réel et durable contre les infidèles, qui conservèrent Jérusalem.

La *quatrième croisade* (1199-1204), autorisée par le pape Innocent III, fut prêchée en France par le célèbre Foulques de Neuilly. Elle est remarquable en ce sens que, dirigée en principe contre les oppresseurs du nom chrétien, elle se trouva détournée de son but par les événements eux-mêmes, et que, la question des lieux saints étant abandonnée, elle aboutit, après la prise de Constantinople (fig. 117), au renversement de l'ancienne dynastie des successeurs de Constantin, laquelle fut remplacée alors par une dynastie française, qui fonda l'empire latin de Byzance. A l'exemple de Beaudouin, comte de Flandre, les principaux seigneurs de l'armée croisée se partagèrent les dépouilles de l'empire grec et ne songèrent plus à la Terre-Sainte.

En 1217, André, roi de Hongrie, prend la croix avec une foule de princes et de seigneurs d'Allemagne. L'expédition fait voile vers l'Égypte, et assiège Damiette, qui n'ouvre ses portes qu'après avoir vu périr 80,000 de ses habitants. De là elle se porte sur le Caire, mais, décimée par la peste, elle est forcée de battre en retraite et de revenir en Europe (1221). C'est là ce qu'on nomme la *cinquième croisade*.

En 1228, Frédéric II, roi de Naples et de Sicile, élu empereur d'Allemagne, conçoit le projet, par politique plus que par zèle pieux, de reconquérir la cité sainte, au nom de la chrétienté. Il s'embarque, accompagné seulement de quelques centaines d'hommes de guerre, et va s'aboucher avec le soudan d'Égypte, qui signe, on ne sait sous quelle influence, un traité par lequel Sidon, Nazareth, Bethléem et Jérusalem sont rendus aux chrétiens, à la

Fig. 118. — Portrait de Louis IX, peint en 1316 ou en 1317 sur le registre LVII de la chancellerie royale. (Archives nat.)

condition expresse que les musulmans conserveront le quartier du Temple et auront une mosquée dans la ville du Christ. Cette paix n'est pas plus approuvée et observée par les chrétiens que par les Sarrasins, et Frédéric lui-même ne tarde pas à la considérer comme une sorte de compromis sans valeur, quoiqu'il fût entré à Jérusalem et qu'il s'y fût couronné de ses propres mains (1229). Cette singulière expédition est qualifiée de *sixième croisade.*

Mais voici l'instant où va renaître et briller de tout son éclat cette foi vive et sincère qui avait inspiré les apôtres des premières croisades, et c'est encore en France que doit s'allumer un nouveau foyer de dévouement chrétien. La nation française avait alors pour chef un de ces hommes de grand et simple génie, comme on en voit trop rarement pour l'honneur de l'humanité et pour le bonheur des peuples : nous voulons parler de Louis IX (fig. 118), le petit-fils de Philippe-Auguste.

Tout en donnant des soins assidus et intelligents à la direction, et l'on pourrait dire aussi à la régénération de son royaume, tout en consacrant les forces de son autorité morale à l'apaisement des discordes politiques qui agitaient l'Europe, le saint roi ne pouvait oublier que ses « frères d'Orient » gémissaient dans la servitude et l'oppression. Aussi son rêve, pour des temps meilleurs, où son œuvre de roi lui semblerait suffisamment faite, où la paix serait établie dans ses États et dans ceux de ses voisins, son rêve était-il de délivrer Jérusalem et de chasser les musulmans de la Terre-Sainte. S'il différait de tenter cette noble entreprise, ce n'était que pour mieux saisir l'occasion de l'exécuter d'une manière plus efficace.

« Or advint, » dit le sire de Joinville dans ses *Mémoires,* « que le roi *cheut* (tomba) en une si grande maladie, et tellement fut au bas, qu'une des dames qui le gardoient, *cuidant* (croyant) qu'il fût *oultre* (mort), lui voulut couvrir le visage d'un linceul, et de l'autre part du lit y eut une autre dame qui ne le voulut souffrir. Or, Notre-Seigneur *ouvra* (opéra) en lui et lui redonna la parole; et demanda le bon roi qu'on apportât la *croix;* ce qui fut fait. Et quand la bonne dame, sa mère, sut qu'il eut recouvré la parole, elle en eut une si grande joie que plus ne se pouvoit, mais quand elle le vit *croisé,* elle fut aussi transie que si elle l'eust vu mort (1244). »

Quel que put être le chagrin de Blanche de Castille (fig. 119) qui,

Fig. 119. — Blanche de Castille.   Fig. 120. — Marguerite de Provence.
(D'après les *Monuments de la monarchie française,* de Montfaucon.)

nonobstant son dévouement à la sainte cause, craignait que l'absence du roi ne devînt funeste à la France, Louis, une fois son vœu prononcé, ne songea plus qu'à l'accomplir fidèlement. D'ailleurs, pour s'encourager lui-même en son pieux dessein, il avait la joie de voir que son seul exemple avait plus de pouvoir que les exhortations des prédicateurs, car de tous côtés se manifestait l'impatience du départ pour la croisade. L'empereur manifesta la même intention; mais, malgré la médiation du roi, le pape Innocent IV repoussa son concours.

Le roi, aussi sage que prudent malgré son ardeur et son impatience, instruit d'ailleurs par les fautes de ses devanciers, ne voulut donner le signal qu'après avoir pris toutes les mesures et fait tous les préparatifs nécessaires. Trois années s'écoulèrent, pendant lesquelles il continua ses armements et fit rassembler des approvisionnements de tous genres, que l'on transportait à Chypre, lieu choisi pour le rendez-vous général des croisés; il s'occupait en même temps, dans l'intérêt du royaume et de la couronne, de parer à toutes les éventualités qui pourraient se produire en son absence. Enfin, confiant la régence à sa mère, il s'embarqua dans le port d'Aigues-Mortes (15 août 1248), avec sa femme Marguerite de Provence (fig. 120), ses frères et ses principaux serviteurs (fig. 121). Il se rendit dans l'île de Chypre, où beaucoup de grands seigneurs allèrent successivement le rejoindre avec leurs hommes d'armes et vassaux. Il employa tout l'hiver à organiser l'expédition, qui devait d'abord se porter sur l'Égypte. De tous les chefs mahométans qui se disputaient alors la possession de la Palestine, le sultan du Caire, déjà maître de la Syrie, était regardé comme le plus puissant, et c'était l'opinion des hommes de guerre les plus compétents, que la conquête de la Terre-Sainte devait commencer sur les rives du Nil.

Tout semblait faire augurer un heureux résultat. Une flotte considérable, une armée nombreuse, relativement bien disciplinée, l'unité de commandement sur la flotte et dans l'armée, une réserve abondante de vivres, d'armes et de munitions de guerre, et par-dessus tout, un véritable esprit de dévouement, qui tirait sa force

des excitations et de l'exemple même du roi : tels étaient les éléments de succès que la *septième croisade* avait à sa disposition
pour ramener la victoire sous les bannières des seigneurs chrétiens.

Au printemps de 1249, dix-huit cents navires, partis de Chypre, où ils avaient été équipés, prirent la mer et portèrent devant

Fig. 121. — Départ de saint Louis pour la croisade, miniature du xive siècle.

Damiette l'armée des défenseurs de la croix. Pendant le débarquement, la nef du roi s'étant approchée de la côte, Louis s'é-
lança tout armé, pour arriver à terre un des premiers. Un certain nombre de chevaliers et hommes d'armes le suivirent, au
milieu d'une grêle de traits, et dispersèrent les Sarrasins, dont
le rivage était couvert et qui furent rejetés en désordre dans la
ville (fig. 122). Cette attaque avait été si vigoureuse et si impré-
vue que les infidèles, frappés d'épouvante, et ne se croyant pas

en sûreté derrière des murailles qui trente ans auparavant avaient soutenu un siège de dix-huit mois, abandonnèrent Damiette, sans essayer de s'y défendre.

La possession de cette place forte, située sur les bords de la mer, à l'embouchure du Nil, aurait eu pour les croisés une importance inappréciable, mais la conquête en avait été si prompte et si facile qu'ils furent entraînés dans l'ivresse du succès, à manquer aux règles élémentaires de la prudence et de la discipline. Ils n'entrèrent dans la ville que pour la mettre au pillage, et cela en dépit des ordres et des prières du roi, dont le caractère humain et généreux répugnait à cette barbarie soldatesque, mais qui ne fut pas écouté quand il voulut user de son autorité pour empêcher ces déplorables excès (fig. 123). Au lieu de s'avancer aussitôt dans l'intérieur du pays pour profiter du désarroi de l'ennemi, l'armée chrétienne resta immobile, pendant cinq mois, soit en prévision des inondations périodiques du fleuve, soit dans l'attente des renforts qui devaient lui venir d'Europe. Ce long délai fut fatal à l'expédition, en favorisant la paresse, les désordres, l'indiscipline, les rivalités haineuses. Quand le roi donna enfin l'ordre de marcher en avant, il n'avait plus sous ses ordres que des troupes amollies, énervées, sans obéissance et sans tenue, et les Sarrasins, qui avaient eu tout le temps de se remettre de leur panique, trouvaient encore dans l'affaiblissement de leurs adversaires un motif de reconfort et de confiance.

Dès ce moment, en effet, tout alla de mal en pis pour les Français. Après quelques rencontres où ils eurent du désavantage, après plusieurs combats qui ne servirent qu'à répandre beaucoup de sang, surtout à la bataille de Mansourah, où Robert d'Artois, frère du roi, perdit la vie avec l'élite de la noblesse, ils se trouvèrent bloqués dans leur camp, et bientôt la disette amena une épi-

Fig. 122. — Débarquement des croisés à Damiette. D'après une gravure du *Grand voyage de Hiérusalem*, imprimé en 1522.

démie pestilentielle, qui chaque jour faisait de larges vides dans leurs rangs.

A diverses reprises, cependant, la valeur française reprenant ses droits, ces soldats, mourant de faim, exténués par les fatigues et les maladies, tentèrent de magnifiques efforts, battirent les Sarrasins, mais en éprouvant eux-mêmes des pertes toujours plus

Fig. 123. — Les femmes et les enfants des Sarrasins épargnés par ordre de saint Louis.
D'après un manuscrit du xive siècle.

sensibles; et enfin ils se virent forcés d'opérer leur retraite sur Damiette, où la reine était restée avec une petite armée de réserve.

Après trois ou quatre journées de marche, pendant lesquelles cette armée de malades et de blessés fut sans cesse harcelée par l'ennemi, le roi, qui était gravement malade lui-même, et qui cependant restait et combattait à l'arrière-garde pour sauver les débris de son *ost,* dont le salut, disait-il, lui importait plus que la vie, se vit obligé de s'arrêter dans un village, que les Sarrasins attaquèrent de toutes parts, mais autour duquel les plus braves et les plus valides de ses chevaliers se faisaient héroïquement tuer, pour que leur *bon sire* ne tombât pas aux mains des infidèles.

Louis gisait moribond, incapable d'aucun acte d'autorité, quand

Fig. 124. — Saint Louis et ses deux frères, Alphonse, comte de Poitiers, et Charles, comte d'Anjou, faits prisonniers par les Sarrasins. D'après une gravure du *Grand voyage de Hiérusalem*, imprimé en 1522.

un traître cria tout à coup dans la bataille : « Seigneurs chevaliers, rendez-vous tous! Le roi vous le mande par moi : ne le faites point tuer! » Le combat cessa aussitôt, et les chevaliers jetèrent leurs armes, en demandant la vie sauve. Les Sarrasins massacrèrent sans pitié, non seulement les malades, par crainte de la contagion, mais encore tout ce qui, parmi les chrétiens, n'appartenait

pas à la chevalerie. Le roi fut fait prisonnier avec ses deux frères
(fig. 124), ses principaux barons et les officiers de sa maison (6 avril
1250).

L'histoire a gardé de cette captivité du pieux monarque les plus
touchants souvenirs. Jamais Louis IX n'avait été aussi grand,
aussi héroïque que durant ces trente jours d'épreuves, de souffrances, de dangers, où, esclave des infidèles, accablé d'outrages
et de mauvais traitements, chargé de chaînes, menacé de mort, il
représentait encore, par son attitude calme et digne, par sa douceur de caractère et par sa sérénité d'âme, les vertus de la foi chrétienne et les devoirs d'un prince français. Cette grandeur dans
l'infortune faisait l'admiration des Sarrasins, dont le principal chef,
le sultan de Damas, entra en négociations avec son auguste prisonnier, qui se résignait à mourir plutôt que de se soumettre à
certaines exigences du vainqueur. Un million de besants d'or (va-
lant 8 millions de notre monnaie) pour la rançon des *Francs,* la
restitution de Damiette pour la rançon du roi, et une trêve de dix
ans entre les chrétiens et les musulmans d'Égypte et de Syrie :
telles furent les conditions du traité que Louis fut forcé d'accepter
(fig. 125). Quant à son exécution, les émirs du sultan se contentèrent, rapporte Joinville, de la simple parole « de ce prince
franc, le plus fier chrétien, disaient-ils, qu'on eût jamais vu en
Orient », et à qui, s'il faut en croire le même chroniqueur, quelques-uns d'entre eux auraient eu l'intention de proposer le trône
d'Égypte, tant il avait su leur inspirer de respect et de consi-
dération.

Louis recouvra sa liberté; mais il ne voulut pas retourner en
France avant d'avoir tout tenté pour porter remède, autant que la
chose dépendait de lui, aux malheurs de la Palestine, et pour délivrer au moins les prisonniers que les infidèles retenaient encore.

Avec 700 chevaliers qui lui restaient, il se rendit en Terre-Sainte, et là, « moins combattant que traitant » avec les puissances musulmanes, qui pouvaient être favorables ou hostiles aux colonies chrétiennes, il accomplit des merveilles de sagesse et de charité, qui eurent pour résultat de rétablir jusqu'à un certain point en Orient le prestige des défenseurs de la croix. Il consacra ainsi quatre années à cette œuvre réparatrice et ne consentit enfin à

Fig. 125. — Les envoyés du soudan viennent proposer des conditions de rachat aux croisés prisonniers. Miniature du *Credo de Joinville*, manuscrit de la fin du XIIIᵉ siècle.

revenir dans ses États qu'en apprenant la mort « de sa dame et mère très chérie ». Il rentra donc à Paris, après une absence de six ans (1254), l'âme profondément contristée, « parce que la chrétienté, » dit le chroniqueur anglais Matthieu Paris, « avait été par lui couverte de confusion ».

En 1268, la Palestine était tombée au dernier degré de misère et de désolation : les quelques villes qui restaient aux chrétiens d'Orient avaient été saccagées par les Mameloucks, qui enfin prirent Antioche, où ils égorgèrent 17,000 habitants et en vendi-

rent 100,000 comme esclaves. Cette nouvelle, qui, deux siècles
plus tôt, eût soulevé une indignation générale dans la chrétienté, arriva en Occident sans y causer une vive émotion, au
milieu des troubles politiques qui agitaient la plupart des États.
Mais, depuis son retour en France, Louis avait gardé la croix,
sinon sur ses habits, au moins dans son âme, et conservait toujours l'espérance de réaliser le rêve de sa jeunesse. « Le cri des
malheureux chrétiens d'Orient, » dit un chroniqueur, « lui ôtait
le repos ; et il y avait en lui comme un remords et un appétit de
martyre. »

Il convoqua donc un parlement solennel, où il annonça à sa
noblesse assemblée le dessein d'entreprendre une nouvelle croisade. Il y eut tout d'abord grande surprise et profonde afflic-
tion chez beaucoup de seigneurs, qui, comme le sire de Joinville,
pensaient que « ceux qui avaient conseillé l'entreprise avaient fait
un très grand mal et péché mortellement ». Quelques bons serviteurs du roi refusèrent même ouvertement de se croiser avec
lui, non par crainte, mais par sagesse, et peut-être aussi pour
essayer de lui faire abandonner son funeste projet ; la majorité des
barons et des seigneurs féodaux ne pouvait aller à l'encontre des
volontés de son souverain, et l'exemple du roi eut encore plus
d'empire que ses ordres. Ses trois fils, les comtes de Toulouse, de
Champagne, de Flandre, prirent la croix, ainsi que son frère,
qui venait d'être récemment élevé au trône de Sicile, et d'autres
princes de la maison royale.

Les apprêts de la croisade exigèrent trois années, pendant lesquelles Louis, dans l'espoir d'amener tous les États chrétiens à
porter la totalité de leurs forces contre les infidèles, travailla de
son mieux, quoique inutilement, à terminer les querelles politiques qui divisaient les rois et les peuples. Il s'embarqua (1270),

avec ses fils et les principaux seigneurs, pour la Sardaigne, qui devait être le rendez-vous des croisés. Là, il fut décidé qu'on irait d'abord attaquer Tunis (fig. 126). Un chroniqueur français dit, à ce sujet, qu'on avait donné à entendre au roi « que la terre de Tunis *souloit* (avait coutume) venir grande aide au sultan du Caire,

Fig. 126. — Vue de Tunis.

laquelle chose étoit grand nuisement à la Terre-Sainte ; et croyoient les barons, si cette mauvaise racine, la cité de Tunis, étoit extirpée, que grand profit en reviendroit à la chrétienté ». D'autres chroniqueurs, au contraire, entre autres Matthieu Paris, donnent une cause plus plausible à cette expédition de Tunis : le roi avait ouï dire que le prince maure qui régnait sur cette côte d'Afrique était disposé à se faire chrétien et ensuite à s'allier avec les Occidentaux pour la conquête de l'Égypte.

En tous cas, la flotte des croisés partit pour Tunis, emportant une armée déjà fort éprouvée par les maladies, et dont l'ardeur commençait à se refroidir singulièrement. Les Maures laissèrent, presque sans combat, les chrétiens débarquer et prendre possession de Carthage (fig. 127), qui n'était plus qu'un village. Une partie

Fig. 127. — Saint Louis débarque à Carthage. D'après une gravure sur bois des *Passaiges d'oultremer*, 1518.

des croisés se logea dans les ruines de l'antique cité carthaginoise, les autres bivouaquèrent sous le ciel torride de l'Afrique, menacés, cernés, harcelés par les infidèles, dont la cavalerie légère tourbillonnait sans cesse en masses profondes autour d'eux. Bientôt la peste se déclara dans l'armée, qui attendait l'arrivée du roi de Sicile et de ses troupes pour poursuivre les opérations de cette pénible campagne; Louis IX, valétudinaire, courbé sous le poids d'une vieillesse anticipée et frappé au cœur par la mort d'un de ses jeunes fils, fut atteint de la contagion.

Dès qu'on apprit dans le camp ce malheur suprême, il n'y eut partout que découragement et désespoir, car tout le monde savait que le roi était l'âme de l'expédition. De son lit de douleur, où le retenaient les plus cruelles souffrances, il donnait encore des or-

Fig. 128. — Mort de saint Louis. D'après un manuscrit du xivᵉ siècle.

dres à son armée avec cette sérénité et cette douceur qui lui étaient particulières ; mais chaque heure augmentait sa faiblesse, chaque instant le rapprochait du terme fatal. Quand il sentit venir la mort, il dicta tranquillement à son fils aîné Philippe ses dernières instructions, qu'on a qualifiées, à juste titre, de *célestes*, il s'agenouilla ensuite devant son lit pour recevoir la communion ; puis, étendu sur une couche de cendre en signe de pénitence et d'humilité, les yeux au ciel, il rendit son âme à Dieu (fig. 128), en murmurant ces paroles du Psalmiste : « Seigneur, j'entrerai dans votre temple et je glorifierai votre nom. » (25 août 1270.)

Fig. 129. — Saint Jean de Capistran, religieux franciscain, défenseur de Belgrade contre les Turcs. D'après un tableau de Vivarini. xve siècle.

Le prince Édouard, à qui son père Henri III, roi d'Angleterre,

avait permis de s'associer à la croisade, n'arriva sur la côte de Carthage qu'après la mort du roi. A la tête d'un millier d'hommes,
il se rendit par mer en Palestine où les templiers se joignirent à

Fig. 130. — Don Juan d'Autriche tenant la hache d'abordage en souvenir de la bataille
de Lépante. D'après un tableau attribué à Coello. XVIe siècle.

lui. Après avoir pris et saccagé Nazareth, le prince anglais retourna en Europe. Ainsi finit la *huitième croisade,* et celle que l'on
regarde comme la dernière des expéditions d'outre-mer.

L'affaiblissement de la foi rendait les nations moins dociles à la
voix de l'Église. Depuis la mort du saint roi de France, l'appel à la

croisade se fit encore entendre du haut de la chaire pontificale et du sein des conciles, sans trouver d'écho dans les cours des princes et parmi les populations.

Cependant, deux fois l'enthousiasme fut réveillé par des voix aussi persuasives que celles de Pierre l'Ermite et du moine de Clairvaux.

Au milieu du quinzième siècle, quand Mahomet II, maître de Constantinople, marchait plein de confiance à la conquête de l'Occident, Jean Corvin, vaïvode de Transylvanie, plus connu sous le nom d'Huniade, se mit à la tête des croisés réunis par la voix éloquente de Jean de Capistran (fig. 129); entraînés et soutenus par cet homme de Dieu, qui, le crucifix à la main, parcourait les rangs au plus chaud de la mêlée, les croisés furent tous dignes de leur chef. Après un combat gigantesque, les Turcs sont mis en fuite; Belgrade reste aux chrétiens, et Mahomet II, blessé, est entraîné par les siens (1456).

Dans la dernière partie du seizième siècle, la voix du pape Pie V fut entendue du roi d'Espagne, qui conclut, avec les Génois et les Vénitiens, une croisade pour défendre l'Europe chrétienne contre les Turcs. Don Juan d'Autriche (fig. 130), nommé généralissime des troupes, remporta le 7 octobre 1571 cette victoire prodigieuse de Lépante, où les Turcs perdirent 30,000 hommes et 224 vaisseaux; leur puissance navale était brisée (fig. 131).

Dès la fin du treizième siècle, la Terre-Sainte était retombée sous le joug des infidèles; il ne restait plus trace de ces principautés d'outre-mer, un moment florissantes, que les seigneurs croisés avaient fondées dans l'Archipel, en Grèce et dans l'Asie Mineure; il ne resta pas même le nom de ce royaume éphémère de Jérusalem, pour la création duquel les peuples d'Europe avaient prodigué, pendant près de deux siècles, tant de sang, tant de richesse, tant d'efforts et d'héroïsme. En 1432, le voyageur Bertrand de la Broquière ne trouva à Jérusalem que deux moines français qui étaient exposés aux plus barbares traitements; il y avait quelques marchands chrétiens que, chaque soir, les musulmans enfermaient dans leurs bazars, et dont, le matin, ils leur ouvraient les portes à l'heure qui leur convenait.

Les croisades devaient, néanmoins, opérer une rénovation complète chez les peuples occidentaux : la suppression du servage,

Fig. 131. — Bataille de Lépante (1571). D'après une gravure italienne du temps.

la fondation des villes libres, l'aliénation et la division des terres féodales, le développement des communes, furent la conséquence presque immédiate de ce grand déplacement d'hommes qui allaient combattre et mourir en Palestine. On vit alors les seigneurs faire trêve à leurs guerres privées, la chevalerie prendre une forme régulière et solennelle, les duels judiciaires diminuer et disparaître, les ordres religieux se multiplier, les institutions charitables se répandre de toutes parts. Le droit, l'histoire naturelle, la philosophie, les mathématiques venaient en droite ligne des Grecs et des Arabes ; une littérature toute nouvelle, étincelante de poésie, avait jailli tout à coup de l'imagination des troubadours, des trouvères et des *minnesœngers*, les arts, ceux du luxe surtout, l'architecture l'imagerie peinte ou sculptée, la broderie, etc., se déployaient avec toutes leurs merveilles; l'industrie et le commerce augmentaient au centuple la richesse publique, qui avait paru d'abord s'engloutir dans des expéditions ruineuses; enfin, l'art de la guerre lui-même se perfectionnait comme l'art de la navigation.

Michaud, qui a écrit la plus sincère et la plus complète histoire des croisades, est arrivé à une conclusion à peu près identique. « Sans croire, dit-il, que les guerres saintes aient fait tout le bien et tout le mal qu'on leur attribue, il faut convenir qu'elles ont été une source de pleurs pour les générations qui les ont vues et qui y ont pris part. Mais, comme les maux et les orages de la vie humaine, qui rendent l'homme meilleur et servent souvent au progrès de sa raison, elles ont hâté l'expérience des peuples, et l'on peut dire qu'après avoir ébranlé la société, elles l'ont affermie dans ses fondements. »

Fig. 132. — Nef du xiiie siècle. D'après le ms. de Guillaume de Tyr.

ORDRES MILITAIRES.

« L'association de l'Église et de la chevalerie, de la guerre avec la religion, » dit un de nos grands historiens modernes, « se consomma dans une institution inconnue à tous les peuples antérieurs et qui se rattache encore plus intimement aux croisades : nous voulons parler des ordres militaires religieux.

« Nulle part la chevalerie ne se montre plus digne d'admiration que dans son institution militaire religieuse ; là, elle accepte le sacrifice de toutes les affections, le renoncement à la gloire du guerrier comme au repos du moine, et charge du double fardeau de ces deux existences le même individu, en le vouant tour à tour aux périls du champ de bataille et au soulagement de la souffrance. Les autres chevaliers allaient en quête d'aventures pour leur dame et l'honneur, ceux-ci pour secourir l'indigence et le malheur. Le grand maître des Hospitaliers se faisait une gloire du titre de *gardien des pauvres du Christ ;* celui de l'ordre de Saint-Lazare devait toujours être un lépreux (fig. 133). Les chevaliers appelaient les pauvres *nos maîtres :* effets admirables de la religion, qui, dans des siècles où toute la puissance dérivait du glaive, savait humilier la valeur et lui faire oublier cet orgueil qu'on en croit inséparable. »

Dès 1020, des marchands d'Amalfi avaient obtenu du calife d'Égypte l'autorisation de bâtir à Jérusalem un hôpital, qu'ils pla-

cèrent sous l'invocation de saint Jean-Baptiste et où étaient reçus
et hébergés les pauvres pèlerins qui venaient visiter la Terre-
Sainte. Godefroi de Bouillon et ses successeurs encouragèrent
cette charitable institution et firent à la maison de Saint-Jean des
donations considérables. Pierre Gérard, originaire de Martigues
en Provence, proposa aux frères qui desservaient cet hôpital de

Fig. 133 — Une léproserie. Miniature du *Miroir historial*, ms. du xvᵉ siècle.

renoncer au siècle, de revêtir un habit régulier (un vêtement noir
avec une croix blanche) et de former un ordre monastique, non
cloîtré, dont tous les membres prendraient le titre d'*Hospitaliers*.
Le pape Pascal II, en nommant en 1113 Gérard administrateur
de l'hôpital, confirma le nouvel institut, prit les membres sous sa
protection et leur accorda divers privilèges (fig. 134).

Les règles de l'ordre de Saint-Jean de Jérusalem ne prescri-
vaient pas seulement aux religieux qui en faisaient partie les trois

vœux de chasteté, de pauvreté et d'obéissance; ces religieux devaient, en outre, joindre l'exercice des armes à la pratique des devoirs de l'hospitalité, afin de défendre la Terre-Sainte contre les entreprises des infidèles. L'occasion s'offrit bientôt à eux de sortir d'un rôle purement charitable et de devenir hommes de guerre (fig. 135).

Fig. 134. — Chevalier de l'ordre de Saint-Jean de Jérusalem, *dit Hospitalier*.
D'après une gravure d'un ouvrage du xvie siècle.

Chassés de Jérusalem par le sultan Saladin qui en avait repris possession (19 octobre 1191), les Hospitaliers furent les derniers à quitter la Terre-Sainte et transportèrent leur hôpital à Margat, après avoir racheté aux Sarrasins plus de milles croisés captifs; ils y restèrent jusqu'à la fin du siège d'Acre par les chrétiens, siège mémorable, auquel ils avaient pris une part active et glorieuse, et ils allèrent alors s'établir dans la ville reconquise, en adoptant le nom de *chevaliers de Saint-Jean d'Acre*. Expulsés encore une fois de leur nouvelle résidence par les infidèles (1291), ils demandèrent au roi de Chypre la permission de se fixer en ses États et de reconstituer la maison centrale de leur ordre dans la ville de Limisso, où ils se rendirent par groupes isolés, à mesure que quelques-uns d'entre eux parvenaient à se soustraire aux poursuites des navires musulmans; c'était un spectacle vraiment touchant de les voir, au sortir de leurs vaisseaux, épuisés par les fatigues de la guerre, couverts de blessures, ne pouvant se consoler d'avoir survécu à la perte de la Palestine.

Le grand maître Jean de Villiers convoqua en Chypre un chapitre général, pour délibérer sur le parti qu'il convenait d'adopter à la suite des derniers désastres de la croisade et pour prévenir l'extinction complète de l'ordre, qui avait été décimé dans la guerre contre les infidèles. Les Hospitaliers de toutes les nations répondirent à l'appel de leur chef. Jamais assemblée n'avait été si nombreuse depuis la fondation de l'ordre; les chevaliers présents, entraînés par la parole éloquente du grand maître, jurèrent de verser leur sang pour recouvrer la possession du Saint-Sépulcre.

En dépit des sages mesures conseillées par Jean de Villiers, les Hospitaliers n'étaient plus en sûreté à Limisso. Ils avaient à se garder de deux ennemis également redoutables : les Sarrasins, qui menaçaient sans cesse leur établissement naval et militaire; et le roi de Chypre, qui venait de leur imposer une capitulation onéreuse. Aussi Villaret, le nouveau grand maître, proposa-t-il à ses frères d'armes de se retirer dans l'île de Rhodes, de s'y retrancher, et d'y attendre en toute sécurité le moment propice de rentrer en Palestine. Malheureusement, les forces de l'ordre n'étaient pas suffisantes pour tenter une si audacieuse entreprise, et le grand maître invita les chrétiens d'Occident à entreprendre une nouvelle croisade, en tenant secret le dessein de son expédition. Les croisés accoururent en grand nombre au port de Brindes, en Italie, où le rendez-vous général devait avoir lieu; le grand maître se contenta

Fig. 135. — Krak des chevaliers de l'Hôpital en Syrie, forteresse prise par les Francs sur les Kurdes vers l'année 1125. Restitution de l'édifice d'après les ruines.

de choisir les plus nobles et les mieux armés, avec lesquels il mit à la voile pour l'île de Rhodes. Il réussit à y débarquer sans obstacle sa petite armée, ses vivres, ses machines de guerre, et il commença le siège de la capitale, qui était bien fortifiée et bien pourvue de défenseurs. Ce siège dura quatre ans, au bout desquels la ville fut prise d'assaut; les autres forteresses du pays subirent le même sort, et l'île se soumit tout entière à la domination des Hospitaliers (1310). Ils devaient, pendant plus de deux siècles, avoir à la défendre contre les infidèles.

Sous le magistère de Jacques de Milly, grand prieur d'Auvergne, les *chevaliers de Rhodes* (ils avaient pris et conservé ce nom, en mémoire d'une victoire si glorieuse pour l'ordre de Saint-Jean) repoussèrent une première fois les Turcs Ottomans (1455).

Cependant, tout danger n'était pas conjuré. Une rupture semblait imminente avec le sultan d'Égypte, adversaire non moins formidable que Mahomet II, sultan de Constantinople, et les chevaliers étaient encore obligés de tenir tête aux Vénitiens, qui, ayant opéré une descente dans l'île, y avaient commis plus de cruautés et de ravages que les Sarrasins et les Turcs. Le grand maître Raimond Zacosta, successeur de Jacques de Milly, profita d'un moment de trêve pour élever un nouveau fort, destiné à défendre la ville et le port de Rhodes (fig. 136). Cette forteresse inexpugnable, construite sur des rochers avancés dans la mer, reçut le nom de Saint-Nicolas, à cause d'une chapelle consacrée à ce saint, laquelle se trouvait enfermée dans son enceinte.

Comme les corsaires turcs faisaient des descentes continuelles dans les îles de la religion, nonobstant la cessation des hostilités, le grand maître envoya sur les côtes de Turquie les galères de l'ordre, qui usèrent du droit de représailles. Mahomet II (fig. 137) en conçut un tel ressentiment, qu'il jura de chasser de leur île les chevaliers de Rhodes : il confia la conduite de l'expédition à Misach Paléologue, renégat grec de la maison impériale, lequel, parvenu au poste de grand vizir, engageait depuis longtemps le Grand Seigneur à s'emparer de Rhodes.

Une flotte de 160 vaisseaux de guerre et une armée de 100,000 hommes arrivèrent devant Rhodes, le 23 mai 1480. La

Fig. 136. — Plan de l'île de Rhodes, réduction d'un plan topographique des *Saintes pérégrinations de Hiérusalem*. xvᵉ siècle.

flotte essayait, par des décharges incessantes d'artillerie, de favoriser le débarquement des troupes, tandis que les chevaliers, sous
le couvert des canons de la ville et des forts, s'avançaient dans
la mer l'épée à la main, ayant de l'eau jusqu'à la ceinture, et allaient au-devant des barques chargées d'assaillants. Les infidèles
parvinrent enfin à prendre terre et se retranchèrent sur le mont
Saint-Étienne. Après que les chevaliers (fig. 138) eurent été vaine-

Fig. 137. — Mahomet II, médaille attribuée à Matteo de Pasti. xvᵉ siècle.

ment sommés de se rendre, un ingénieur allemand, qui avait accompagné Paléologue et qui présidait aux opérations du siège, lui
conseilla de concentrer d'abord ses efforts sur la tour Saint-Nicolas,
dont la prise le rendrait certainement maître de la place. Plus de
trois cents coups de canon abattirent le pan de la muraille qui faisait
face à la ville, et les Turcs s'élancèrent à l'assaut. Pierre d'Aubusson, grand prieur d'Auvergne, récemment élu grand maître, debout
sur la brèche, donna aux chevaliers l'exemple du courage : « C'est ici,
leur dit-il, le poste d'honneur qui appartient à votre grand maître. »

Exaspéré d'une résistance si énergique, le vizir résolut de se dé-
faire de Pierre d'Aubusson par le fer et par le poison; mais un renégat, qui s'était chargé de cette odieuse commission, fut découvert
et mis en pièces par le peuple, au moment même où on le conduisait au supplice.

Misach Paléologue proposa d'ouvrir une conférence, où l'on

Fig. 138. — Chevalier de Rhodes (ordre de Saint-Jean de Jérusalem). D'après une gravure
d'un ouvrage du XVIᵉ siècle.

traiterait de la capitulation. Le grand maître y consentit, afin d'a-
voir le temps d'élever de nouveaux retranchements pour remplacer
ceux que le siège avait détruits, et l'entrevue eut lieu sur le bord
du fossé, entre un des principaux officiers de l'armée turque et le
châtelain de Rhodes.

L'envoyé du vizir représenta qu'en l'extrémité à laquelle la ville
se trouvait réduite, avec ses murailles rasées, ses tours abattues,

ses fossés comblés, il suffirait, pour s'en rendre maître, d'un assaut de deux heures; en conséquence, il exhorta les chevaliers à préve-nir, par une composition honorable, le massacre général des habi-

Fig. 139. — Zizin, retenu prisonnier à Rhodes, puis transféré à Rome, est remis à Charles VIII, roi de France (1495). D'après la *Description du siège de la ville de Rhodes*, 1496.

tants. D'Aubusson, caché à peu de distance, avait entendu le dis-cours de l'officier turc; par son ordre, le châtelain de Rhodes répondit au vizir que ses espions l'avaient mal renseigné; que derrière les fossés il y avait des retranchements, dont la prise lui coûterait bien du monde; que la ville était défendue par des chré-tiens animés tous de la même ardeur, résignés à sacrifier leur vie au triomphe de la religion, et que l'ordre n'engagerait aucune négociation amiable si le traité devait porter atteinte à son honneur et aux intérêts de la foi.

Le vizir, irrité de cette noble réponse, jura de passer au fil de l'épée tous les chevaliers; il fit même aiguiser un grand nombre de

Fig. 140. — Caserne des chevaliers de Rhodes. État des ruines en 1838.
D'après les *Monuments de Rhodes*.

pieux pour empaler les habitants, et tandis que le feu de son artillerie redoublait d'intensité, il donna le signal de l'assaut. Les Turcs, qui avaient planté leurs drapeaux sur les remparts, en furent chassés par les assiégés, à la tête desquels combattait le grand maître : cinq fois blessé, couvert de sang, Pierre d'Aubusson refuse de quitter le théâtre du combat, qu'il soutient par son exemple. Ce sublime héroïsme électrise les chevaliers, qui fondent sur les

Turcs avec l'énergie du désespoir et les mettent en déroute complète. Mais ce n'était point une victoire définitive, qui pût assurer aux chevaliers de Rhodes la tranquille possession de l'île et les tenir désormais à l'abri de l'agression des Turcs. Depuis la mort de Mahomet II, ils eurent, pendant quelques années, entre les mains un précieux otage qui n'était autre que Zizim, frère du sultan Bajazet et son redoutable compétiteur à l'empire Ottoman (fig. 139).

En 1522, le sultan Soliman II, dit *le Magnifique*, qui avait trouvé dans les archives de son père un compte rendu exact de l'île de Rhodes, résolut d'y porter la guerre, sous prétexte de punir les chevaliers des pertes qu'ils faisaient éprouver chaque jour à la marine turque, et de paralyser leurs efforts en faveur de la Terre-Sainte. Secrètement instruit de l'insuffisance des forces matérielles de l'île, par la perfidie d'André Amaral, chancelier de l'ordre et grand prieur de Castille, qui ne pouvait pardonner aux chevaliers de lui avoir préféré pour grand maître Philippe de Villiers de l'Ile-Adam, le sultan entreprit ce siège fatal, où la ruse et la trahison furent ses plus puissants auxiliaires.

En vain il rassemble une flotte de 400 voiles, une armée de 140,000 hommes et 60,000 pionniers; en vain il foudroie les remparts du feu de ses batteries, creuse des tranchées et des mines sans relâche, harcèle les assiégés par des attaques incessantes. L'insuccès de ses armes eût certainement lassé sa persévérance, et il se serait décidé à lever le siège si le traître Amaral ne lui avait pas fait savoir le mauvais état de la place et de la garnison. Les Turcs donnèrent enfin, le 30 novembre, un assaut qu'on supposait devoir être le dernier. Ils pénétrèrent jusque dans les retranchements, et le combat n'en fut que plus terrible. Avertis du danger par le tocsin, le grand maître, les chevaliers et les habitants accourent de tous côtés, et se précipitent sur les ennemis, qui se croyaient déjà vainqueurs et qui sont contraints de battre en retraite.

Chagrin et découragé à la suite d'un tel échec, Soliman II prit le parti d'offrir aux chevaliers de Rhodes une capitulation. Il lança

Fig. 141. — Prieuré de France à Rhodes, xvᵉ siècle. État des ruines en 1828.

dans la ville plusieurs lettres qui exhortaient les habitants à se soumettre et les menaçaient de la dernière rigueur s'ils continuaient une résistance inutile. Villiers de l'Ile-Adam répondit d'abord que les chevaliers de Saint-Jean ne traitaient que l'épée à la main avec les infidèles; mais il dut céder aux instances impératives des principaux habitants, qui se montraient déterminés à prendre, malgré lui, les mesures urgentes pour sauver la vie et l'honneur de leurs femmes et enfants. Le sultan ayant fait arborer une enseigne de paix, le grand maître en planta une, de son côté, sur le rempart et demanda trois jours de trêve afin de régler la capitulation. Mais Soliman, craignant que des secours n'arrivassent aux assiégés, rejeta ces propositions et ordonna que l'assaut fût donné encore une fois. Les chevaliers, réduits à une poignée d'hommes, n'ayant d'autre abri que la barbacane du bastion d'Espagne, obligèrent encore l'ennemi à se retirer. Le lendemain, une attaque plus vive de la part des Turcs rejeta dans la ville les défenseurs du bastion, écrasés par le nombre, et les habitants, épouvantés, vinrent conjurer le grand maître de reprendre les négociations.

Achmet, ministre de Soliman, qui savait avec quelle impatience son maître souhaitait la fin de la guerre, obtint enfin la reddition de Rhodes à des conditions si honorables et si avantageuses, qu'elles témoignaient hautement de l'estime que les vaincus inspiraient aux vainqueurs.

Les chevaliers quittèrent l'île, emmenant 4,000 personnes, sous la conduite de Villiers de l'Ile-Adam (décembre 1522). Après avoir erré à Candie, en Sicile et en Italie, ils se fixèrent enfin dans l'île de Malte, que leur céda Charles-Quint, et qui devint la dernière résidence de l'ordre (1530).

Quelques années plus tard, l'empereur réunit des forces imposantes pour détruire la piraterie des Algériens, et fit appel à l'ordre qu'il venait d'installer à Malte. « Une centaine de chevaliers, » dit M. Gaffarel dans son livre sur *l'Algérie,* « et parmi eux Savignac de Balaguer, le porte-drapeau de l'ordre, et Durand de Villegagnon, le futur historien de l'expédition, faisaient partie de l'expédition. Le débarquement s'effectua sans résistance (23 octobre

(1541), et les Impériaux s'emparèrent de toutes les positions qui dominaient la ville. Alger semblait condamnée (fig. 142).

« La tempête la sauva. Des pluies torrentielles tombèrent tout à coup sur l'armée chrétienne, qui n'avait pas encore reçu son matériel de campement, et des vents impétueux empêchèrent la flotte d'approcher du rivage. Les Algériens profitèrent de la lassitude et

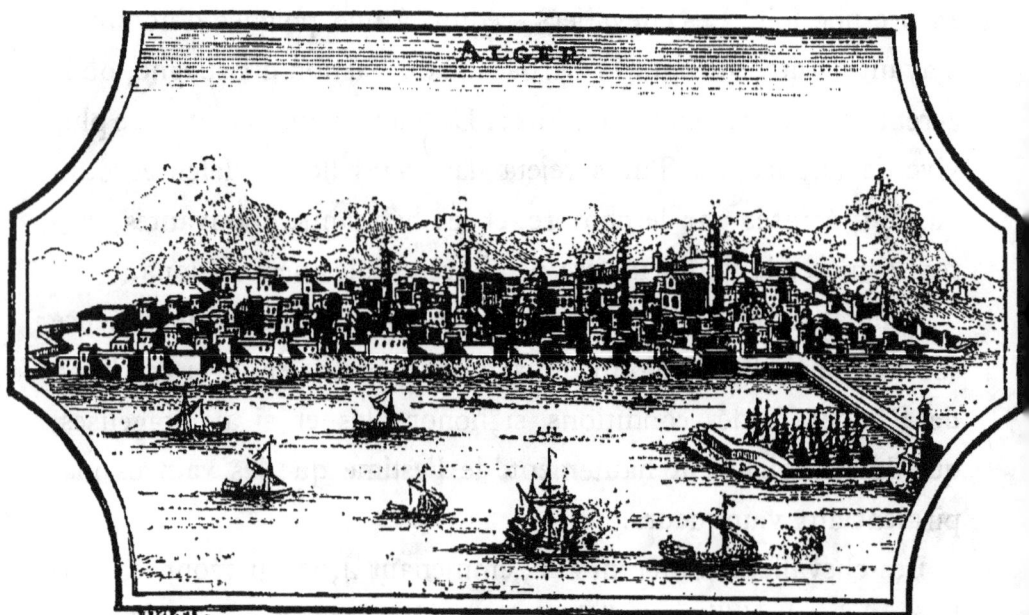

Fig. 142. — Vue d'Alger. D'après une gravure du xviie siècle. (Bibl. nat.)

du découragement des chrétiens pour tenter une sortie générale. Tout plia sous leur choc impétueux, ils surprirent et égorgèrent les postes avancés et arrivèrent jusqu'au camp.

« Au milieu de la panique générale, les chevaliers de Malte firent face à l'ennemi, se groupèrent autour de leur étendard porté par le brave Savignac de Balaguer, ne tardèrent pas à disperser les assaillants, et prenant à leur tour l'offensive, marchèrent sur la porte de Bab-Azoun. Leur charge fut tellement vigoureuse que l'aga Hassan, effrayé de leur audace, fit fermer la porte, abandonnant les fuyards au feu des chevaliers, qui en firent un grand massacre. S'ils avaient été soutenus, la ville aurait pu être prise ; mais le plus grand désordre régnait dans l'armée chrétienne, et l'empereur ne se doutait seulement pas qu'une poignée de braves était aux portes d'Alger.

« Abandonnés de tous, écrasés par les projectiles qui tombaient sur eux du haut des murs, les chevaliers de Malte se décidèrent à reculer jusqu'au défilé de Cantarat-el-Afran pour y soutenir une nouvelle attaque des Algériens. C'est à ce moment que Savignac de Balaguer, furieux de voir qu'il fallait retourner en arrière, planta sa dague dans la porte Bab-Azoun, en criant aux assiégés : « Nous « reviendrons la chercher (fig. 143)! »

« Dans les nouvelles positions occupées par les chevaliers, s'engagea un terrible combat, dont les indigènes conservèrent longtemps le souvenir. Villegagnon s'y distingua par sa froide valeur. Réunis en un seul groupe qui barrait comme une muraille l'entrée du défilé, et résolus à mourir pour sauver l'armée, les chevaliers firent subir à l'ennemi des pertes effroyables. On raconte que Villegagnon arracha de son cheval un Algérien qui venait de le frapper de sa lance, et, quoique blessé, trouva la force de le clouer à terre avec sa dague. Les ennemis, étonnés de cette résistance, se réfugièrent sur les hauteurs voisines et décimèrent sans péril ces héroïques défenseurs de la bannière chrétienne. Près de la moitié d'entre eux, trente-huit sur quatre-vingt-seize, et parmi eux Villegagnon, gisaient à terre, morts ou hors de combat, lorsqu'enfin Charles-Quint chargea en personne pour les dégager. Ils avaient peut-être sauvé l'armée : ils avaient certainement sauvé l'honneur du drapeau (25 octobre 1541). »

Vingt-quatre ans plus tard, à la fin du règne de Soliman II, les

Fig. 143. — Savignac de Balaguer devant la porte Bab-Azoun. D'après Raffet. XIXᵉ siècle.

Turcs ottomans, à leur tour, dirigèrent une violente attaque contre l'ordre de Malte, sous prétexte de tirer vengeance de la prise d'un galion des sultanes, chargé de marchandises d'une grande valeur. Mustapha, pacha de Bude, vaillant capitaine, général de l'armée ottomane, débarqua dans l'île le 18 mai 1565. Après quelques escarmouches, les Turcs attaquèrent avec violence le fort Saint-Elme et s'en emparèrent, malgré l'héroïque défense dès *chevaliers de Malte* (tel était le nouveau nom des membres de l'ordre de Saint-Jean), défense qui dura vingt-quatre jours et coûta la vie à des milliers d'hommes, entre autres au fameux corsaire Dragut, vice-soudan de Tripoli. Le fort de Saint-Michel et le bourg, battus en brèche par les canons de siège, furent réduits en poudre; Malte, qui avait perdu 2,000 de ses défenseurs, ne résistait plus que grâce au courage invincible du grand maître Jean de la Valette et d'un petit nombre de chevaliers, tous résolus à mourir jusqu'au dernier. Heureusement don Garcias de Tolède, vice-roi de Sicile, vint leur porter secours avec 60 galères.

Pendant les quatre mois que le siège avait duré, l'armée turque tira 78,000 coups de canon, perdit 15,000 soldats et 8,000 matelots; de leur côté, les chevaliers eurent à pleurer la mort de plus de 3,000 combattants. Le grand maître décréta que chaque année, la veille de Notre-Dame de septembre, on réciterait des prières publiques dans toutes les églises de l'ordre, afin de remercier Dieu du secours inespéré qui avait délivré les assiégés, et que le jour précédent on célébrerait un service commémoratif en l'honneur de ceux qui étaient tombés pour la défense de la foi.

Depuis lors, la ville et l'île, où resta le siège de l'ordre jusqu'en 1798, ne furent plus inquiétés par les Turcs, et le grand maître fit bâtir la ville neuve, appelée de son nom *cité Valette*.

Les membres de l'ordre de Malte étaient partagés en trois classes :

les *chevaliers*, les *chapelains* et les *frères servants*. La première classe comprenait ceux que leur grande naissance et le rang qu'ils avaient occupé précédemment dans les armées destinaient au ser-

vice militaire. On rangeait dans la seconde les prêtres et les chapelains, qui devaient remplir les fonctions ordinaires de l'état ecclésiastique et servir d'aumôniers pendant la guerre. En dernier lieu venaient les frères servants, qui n'étaient ni nobles ni ecclésiastiques ; il suffisait pour être admis dans cette troisième classe de prouver seulement qu'on était né de parents honorables, qui n'avaient jamais exercé de travaux manuels. On distingua dans la suite les frères servants par une cotte d'armes d'une autre couleur que celle des chevaliers. Quant aux aspirants, ils étaient appelés *douats* ou *demi-croix*.

L'ordre antique de Saint-Jean de Jérusalem n'existait plus que de nom dans les statuts de l'ordre de Malte, quoique les chevaliers de ce nouvel établissement fussent reconnus, à leur réception, comme « serviteurs des

Fig. 144. — Tombe de Béatrix Cornel, prieure des dames hospitalières de Saint-Jean de Jérusalem, au couvent de Sigena en Aragon. XVᵉ siècle.

pauvres et des malades ». Il y eut encore longtemps, en Espagne, des dames hospitalières de Saint-Jean de Jérusalem, qui se consacraient au service des hôpitaux et des œuvres de charité (fig. 144). La noblesse accourait des différentes contrées de l'Europe pour faire partie de l'ordre de Malte, qui fut divisé en huit *langues* ou nations, chacune sous la direction d'un chef suprême, nommé grand prieur, savoir : Provence, Auvergne, France, Italie, Aragon, Allemagne, Castille et Angleterre. Cette dernière fut supprimée en 1537, lors de sa séparation de l'église catholique. Le chef de chacune des langues portait le titre de *pilier* ou *bailli conventuel*. Chaque langue était divisée en une multitude de commanderies, équivalant à des bénéfices ecclésiastiques, mais ne dépendant que de son grand prieur.

L'habit régulier de l'ordre consistait, pour toutes les langues, en une robe noire avec un manteau à pointe de même couleur; le chevalier était obligé de porter, du côté gauche, une croix de toile blanche à huit pointes, en signe des béatitudes auxquelles il devait toujours aspirer : 1° avoir le contentement spirituel; 2° vivre sans malice; 3° pleurer ses péchés; 4° s'humilier aux injures; 5° aimer la justice; 6° être miséricordieux; 7° être sincère et net de de cœur; 8° endurer persécution. Plus tard, par suite du relâchement qui s'était introduit dans la règle, les chevaliers ont porté une croix d'or, émaillée de blanc, suspendue sur la poitrine à un ruban noir. Ils suivaient la règle de saint Augustin et étaient astreints au célibat.

Le candidat qui voulait faire profession sous l'habit régulier de Saint-Jean de Jérusalem se présentait devant le grand autel, un cierge à la main et couvert d'une longue robe sans ceinture, pour indiquer qu'il était libre; le chevalier assesseur lui remettait alors une épée dorée, en disant : « Au nom du Père, du Fils et du Saint-Esprit, » pour lui enseigner que son devoir lui commandait de dévouer sa vie à la défense de la religion. On lui passait ensuite une ceinture autour des reins, pour marquer qu'il était désormais lié aux vœux de l'ordre. Le profès brandissait l'épée

au-dessus de sa tête, en signe de défi porté aux infidèles, et la remettait dans le fourreau, après l'avoir passée sous son bras
comme pour la nettoyer, donnant par là à entendre qu'il se con-
serverait pur de toute souillure. Le chevalier chargé de le recevoir
lui posait la main sur l'épaule, l'exhortait à servir les pauvres de

Fig. 145. — Chevalier de l'ordre de Malte. D'après une grav. d'un ouvrage du XVIᵉ s.

Jésus-Christ, à accomplir les œuvres de miséricorde et à se consacrer au service de la foi (fig. 145).

Le récipiendaire ayant adhéré à ces exhortations, on lui mettait
des éperons dorés, pour marquer qu'il devait voler partout où
l'honneur l'appellerait et fouler aux pieds les richesses du monde:
Ensuite, on lui présentait un cierge allumé, qu'il tenait à la main
pendant qu'on célébrait la messe et qu'on prononçait un sermon;
où l'orateur passait en revue les règles et devoirs imposés à chaque

chevalier. Après quoi, on lui demandait s'il avait des dettes, s'il était marié ou fiancé, ou s'il n'était pas attaché à un ordre religieux, enfin s'il souhaitait sincèrement d'appartenir à l'ordre de Saint-Jean. Après avoir répondu à ces questions d'une manière satisfaisante, il était reçu et mené au grand autel. Là, il prononçait ses vœux sur le missel, et on le déclarait aussitôt investi des privilèges accordés à l'ordre par la cour de Rome. On lui rappelait qu'il devait réciter chaque jour cinquante *Pater* et cinquante *Ave,* l'office de la Vierge, celui des morts et plusieurs *Pater,* pour le repos de l'âme des chevaliers trépassés.

Pendant qu'on le revêtait du costume des chevaliers, on l'instruisait encore de ses devoirs : en passant les manches on lui remettait en mémoire l'obéissance qu'il devait à ses chefs ; en plaçant la croix blanche du côté du cœur, on lui disait qu'il devait toujours être prêt à donner son sang pour Jésus-Christ, qui par sa mort a racheté les hommes. Tout était symbole dans les insignes extérieurs de l'ordre de Malte : le manteau noir à pointe orné du capuce pointu, qui ne se portait que les jours solennels, figurait l'habit de poil de chameau dont était vêtu saint Jean-Baptiste, le patron de l'ordre ; les cordons qui attachaient ce manteau autour du cou, et qui tombaient sur les épaules, étaient destinés à rappeler la Passion du Seigneur. Le manteau de poil de chameau n'était en usage que dans les cérémonies ; car les membres de l'ordre portaient à la guerre une cotte d'armes rouge, avec la croix blanche à huit pointes.

En 1118, peu après l'établissement des Hospitaliers, Hugues de Payens et Geoffroy de Saint-Omer, ayant entrepris le voyage d'outre-mer avec neuf gentilshommes, tous d'origine française, avaient obtenu du patriarche Guarimond et de Baudouin II, roi de Jérusalem, l'autorisation de former une association, dont le but était d'agir, de concert avec les Hospitaliers, contre les infidèles, de protéger les pèlerins et de garder le temple de Salomon. Bau-

Fig. 146. — Grand maître de l'ordre du Temple.

douin leur donna une maison dans l'enclos du temple, ce qui leur fit attribuer le nom de *Templiers* ou *Chevaliers du Temple* (fig. 146). Ils menèrent d'abord une vie simple et régulière, se contentant de l'humble titre de *pauvres soldats du Christ*. Leur charité et leur dévouement leur acquirent la bienveillance des princes chrétiens d'Orient, qui leur firent de nombreuses donations.

Le concile de Troyes (1128) leur accorda la confirmation authentique de l'ordre, et en 1135 une règle spéciale fut écrite pour eux sous la direction de saint Bernard.

Les Templiers devaient entendre la messe trois fois par semaine et communier trois fois l'an; ils portaient l'habit blanc, symbole de la pureté, et le pape Eugène III y ajouta une croix rouge, pour rappeler le vœu qu'ils faisaient d'être toujours prêts à répandre leur sang pour la défense de la religion chrétienne. La règle leur imposait l'exil perpétuel et la guerre sainte jusqu'à la mort. Ils devaient toujours accepter le combat, fût-ce d'un contre trois, ne jamais demander quartier et ne jamais donner de rançon. Chacun d'eux pouvait avoir trois chevaux et un écuyer; au besoin, ils enrôlaient des soldats pour un temps déterminé. Ils vivaient en commun agréablement, mais avec frugalité, sans rien posséder en propre, pas même leur volonté. Les chapelains avaient deux services, les autres un seul, et deux mangeaient dans la même assiette, mais chacun avec son cruchon de vin à part. Une paillasse, un mince matelas, une couverture avec un drap de toile bise, tel était leur coucher; ils portaient une chemise de laine ou de toile, suivant la saison. Leur étendard, appelé *Baucéant*, était mi-parti de noir et de blanc avec ces mots : « *Non nobis, Domine, non nobis sed nomini tuo da gloriam*. Ne donne pas à nous, Seigneur, ne donne pas à nous la gloire, mais à ton nom. »

L'ordre du Temple se composait de *milites* ou chevaliers destinés à commander; de frères servants, désignés sous le nom d'*armigeri*, hommes d'armes, et de *clientes* ou clients, serviteurs chargés de vaquer aux soins domestiques. Les vœux des Templiers étaient à peu près semblables à ceux de Saint-Jean de Jérusalem : ils

juraient de vivre dans la chasteté, la pauvreté et l'obéissance.
Quelques-uns obtinrent la permission de se marier, mais sous la

Fig. 147. — Commanderie de l'ordre du Temple en Angleterre. xiiie siècle.

condition de donner à l'ordre une portion de leurs biens après
leur mort et de ne plus porter l'habit blanc. La marque distinc-

tive des Templiers était, suivant les uns, une croix patriarcale rouge, potencée; selon d'autres, une croix à huit pointes, également rouge, et brodée d'or.

« Ces ordres, création singulière des croisades, dit Cantù, avaient pour tâche commune d'accueillir et de protéger les pèlerins. Bientôt leurs monastères devinrent des forteresses (fig. 147), et, au lieu de la cloche sonnant matines, la trompette les appelait à monter en selle pour courir sus au mécréant. On les voyait prévenir les invasions des musulmans, faire de temps à autre des incursions sur leurs terres, les combattre à son de trompe et bannières déployées, aller au-devant des caravanes qui arrivaient d'Europe pour leur servir d'escorte. Aussi leur renom était-il grand partout. Villes et châteaux expédiaient de l'argent et des vivres à ces pieux guerriers; chacun en mourant se faisait un devoir de leur léguer quelque chose. Les premières familles envoyaient leurs plus jeunes fils se former, dans ces ordres célèbres, à la vaillance et à la courtoisie. Les individus qui avaient des fautes à expier, des remords à apaiser, offraient leurs bras ou leurs richesses à ces chevaliers, qui parfois furent héritiers de princes ou de monarques. »

En 1188, les Templiers tinrent à Jérusalem leur premier chapitre général, où se réunirent 300 gentilshommes et autant de frères servants, dont la plupart étaient Français. Ils élurent un grand maître, Gérard de Rederfort, et cette élection les détacha de la juridiction du patriarche de Jérusalem. Le grand maître transporta le siège de l'ordre à Saint-Jean d'Acre, et il eut plus d'une fois l'occasion, à la tête de ses redoutables chevaliers, de signaler sa valeur contre le sultan Saladin, qui voulut reprendre cette ville peu de temps après, et qui fut obligé d'abandonner son entreprise.

Les biens des Templiers s'augmentèrent en peu de temps d'une façon si prodigieuse, par suite d'aumônes, de donations et de

Fig. 148. — Emblèmes guerriers, trouvés en 1863, à Florence, sur l'emplacement de l'ancienne église des Templiers, dédiée à saint Paul.

legs testamentaires, que quelques historiens les ont estimés à 112 millions de revenu ; d'autres se contentent de dire que l'ordre possédait des richesses immenses dans la chrétienté, avec 9,000 maisons, tandis que les Hospitaliers en avaient le double. En 1120, ils avaient déjà des établissements dans les Pays-Bas; en 1131, le roi de Navarre et d'Aragon, Alphonse Ier, avait institué l'ordre héritier de la moitié de ses États; mais les chevaliers eurent bien de la peine à occuper quelques villes d'Aragon. Ils se trouvaient alors maîtres de dix-sept places fortes dans le royaume de Valence. Il furent plus tard dépositaires, dans leur maison de Londres, de la majeure partie des richesses de la couronne d'Angleterre, et le roi Philippe-Auguste, au moment de partir pour la Terre-Sainte, leur confia aussi ses trésors et ses archives.

Les Templiers étaient de véritables hommes de guerre, et l'histoire des croisades est remplie de leurs faits d'armes. Il est peu de chevaliers qui aient acquis autant de gloire dans toutes les expéditions d'outre-mer; quoique inférieurs en nombre dans leurs combats contre les infidèles, qui les redoutaient plus que les croisés, ils remportaient presque toujours l'avantage : la défense de Gaza, la bataille de Tibériade, la prise de Damiette, la croisade d'Égypte sont des témoins éclatants de leur vaillance. Mais la discipline se relâcha vite parmi eux, et Bernard, trente ans après avoir écrit leur règle, les gourmandait sur leur luxe excessif.

Au treizième siècle, l'ordre avait atteint l'apogée de sa fortune et de sa renommée; il ne pouvait plus que déchoir. Regorgeant de richesses, comblés de privilèges qui les rendaient presque souverains, car ils ne pouvaient avoir d'autres juges que le pape ou eux-mêmes, les Templiers finirent par se corrompre dans le luxe et l'oisiveté; ils oublièrent le but de leur fondation et n'obéirent plus qu'à l'amour du gain et à la soif du plaisir. Leur cupidité, leur orgueil n'eurent bientôt plus de bornes. Ils prétendirent s'élever au-dessus des têtes couronnées; ils usurpèrent et pillèrent indifféremment les terres des infidèles et des chrétiens.

Jaloux des Hospitaliers, ils molestent un gentilhomme vassal de
l'ordre de Saint-Jean et le chassent d'un château que celui-ci possédait auprès de leur résidence de Margat. De là éclate entre les
deux ordres une vive querelle, qui s'envenime et se change en une
sorte de lutte permanente. Le pape se voti dans la nécessité d'écrire

Fig. 149. — Le Vieux de la Montagne donnant des ordres à ses sectaires. D'après une miniature des *Voyages de Marc-Pol*, ms. du xve siècle.

aux deux grands maîtres, afin de les exhorter à rétablir l'union et
la paix, à oublier leurs rancunes, si dangereuses pour la chrétienté, si funestes pour les intérêts de la Terre-Sainte. Un accord
apparent fait cesser les hostilités ouvertes ; mais les Templiers n'a-
vaient pas renoncé à leur haine et ne négligeaient aucune occasion
de la faire sentir aux chevaliers de Saint-Jean. Au reste, ils ne se
souciaient guère alors de soutenir la sainte cause que leur ordre

avait mission de défendre. Ils signent un traité d'alliance avec le Vieux de la Montagne (fig. 149), chef de la secte des Assassins ou Ismaéliens, les plus implacables ennemis de la croix, et le laissent, moyennant un tribut, se fortifier dans le Liban; ils guerroient contre le roi de Chypre et le prince d'Antioche, ravagent la Thrace et la Grèce, où les seigneurs chrétiens avaient fondé des principautés, des marquisats et des baronnies, prennent d'assaut la ville d'Athènes et massacrent Robert de Brienne, qui en était duc.

En effet, la conscience de leur force, de leurs richesses et de leur pouvoir avait inspiré aux Templiers une indomptable audace. On leur reprochait surtout leur orgueil, qui était proverbial. Leur foi et leurs mœurs étaient suspectes, et, dès 1273 le pape Grégoire X avait pensé à fondre leur ordre dans celui des Hospitaliers.

Ils résidaient alors à Paris, ou plutôt en dehors de ses murs, au milieu d'un vaste domaine qu'on appela la *Ville neuve du Temple,* puis *le Temple* et l'*enclos du Temple* (fig. 150). On ne connaît qu'une partie des édifices que renfermait dans l'origine cet enclos, dont plus de la moitié devait être cultivée. La seule porte par laquelle on y pénétrait était pratiquée dans un massif de fortification, formé de remparts épais et fort élevés, de créneaux, de parapets et de grosses tours rondes et saillantes. Dans le souterrain du donjon était enfoui le trésor de l'ordre, qui n'avait jamais servi, du reste, à alléger les charges de l'État ou à soulager les souffrances de la chrétienté.

Au commencement du quatorzième siècle, Philippe le Bel, qui brûlait du désir de s'approprier les immenses richesses de l'ordre, pressa vivement Clément V de procéder contre lui, en l'accusant de désordres affreux. Le pape jugea d'abord les faits re-

prochés aux Templiers tout à fait invraisemblables; mais le grand
maître ayant insisté pour que l'on examinât l'affaire régulièrement,
le pontife demanda au roi un mémoire sur ce qu'il en savait. Celui-ci, feignant de prendre cette invitation pour un ordre de procéder
lui-même, fit arrêter, le même jour (13 octobre 1307), tous les

Fig. 150. — Enclos du Temple, en 1610, époque à laquelle il fut démoli.
D'après une estampe du temps. (Bibl. nat.)

Templiers dans ses États; le grand maître Jacques de Molay fut
au nombre des prisonniers.

S'il fallait en croire l'instruction secrète, les cent quarante chevaliers arrêtés à Paris avouèrent, sauf trois, que, dans une ini-
tiation privée, les nouveaux chevaliers devaient renier Jésus et
cracher sur la croix; que, de plus, des pratiques immorales étaient
en usage parmi eux. « Mais on doit remarquer, » dit M. Rapetti
dans une savante étude du procès des Templiers, « que, dans cette

singulière procédure, on promettait à ceux qui se reconnaissaient coupables l'impunité, la libération de leurs vœux, des pensions civiles, tandis qu'on infligeait à ceux qui se prétendaient innocents la torture d'abord, puis la perspective de subir le châtiment des hérétiques relaps ou obstinés, la peine de mort par le feu. » Le pape réclama avec fermeté contre le procédé de Philippe et fit défense aux évêques ainsi qu'à toutes autres commissions inquisitoriales de pousser plus loin contre le Temple, dont le saint-siège avait seul droit de connaître. Afin de vaincre les résistances du pape, le roi obtint de la faculté de théologie de Paris l'approbation des poursuites entamées, adressa des lettres fort pressantes à tous les princes de l'Europe pour les engager à suivre son exemple, et convoqua à Tours les états généraux, qui lui accordèrent leur concours contre l'ordre. Cédant enfin aux obsessions du roi, Clément V donna, le 12 août 1308, pouvoir aux évêques d'instruire partout la cause des Templiers.

L'enquête fut ordonnée en Angleterre, en Italie, en Espagne, en Allemagne. Il n'y eut point partout uniformité dans les réponses aux interrogatoires ; les aveux furent cependant en très grand nombre, sauf en Espagne : les Templiers aragonais, ayant pris les armes, se mirent en défense dans leurs forteresses et furent vaincus par le roi Jacques II et mis aux fers comme rebelles ; ceux de Castille, arrêtés et cités devant un tribunal ecclésiastique, furent déclarés innocents.

A Paris, les commissaires du pape firent paraître devant eux Jacques de Molay, le grand maître du Temple, et l'interrogèrent à trois reprises différentes. Il protesta vivement de la sincérité de sa foi et de l'innocence de l'ordre en général, et persista à ne vouloir se défendre qu'en présence du pape, son seul et véritable juge. Les dispositions bienveillantes des commissaires réveillèrent le

courage des Templiers : il s'en présenta près de 5oo qui rétractè-
rent leurs aveux. Le roi, sentant que l'ordre allait lui échapper,
imagina un terrible expédient : 54 chevaliers, choisis parmi les
rétractants, furent déférés à un concile provincial tenu à Paris,

Fig. 151. — Concile de Vienne (1311). D'après une fresque de la Bibl. vaticane. xviᵉ s.

condamnés le jour même de leur comparution et brûlés le lendemain, 12 mai 1310, à la porte Saint-Antoine; ils moururent comme
des martyrs en chantant des hymnes à la Vierge. Ce coup hardi
ne fut que le début d'une série d'exécutions, qui se répétèrent dans
toutes les parties de la France.

Le Temple n'existait plus de fait; il restait à prononcer sur
cette société le jugement définitif de l'Église. Ce fut là le princi-

pal objet assigné au concile général qui s'assembla à Vienne, en Dauphiné, le 13 octobre 1311 (fig. 151). Dès la première session, une députation de chevaliers demanda, au nom de 1,500 de leurs frères errants dans les montagnes, à défendre l'ordre; la majorité des Pères fut d'avis de les entendre, mais la session fut brusquement levée par le pape. Puis, en dehors du concile, il se tint un consistoire secret de cardinaux, où Clément V abolit l'ordre, le 22 mars 1312, par une bulle signifiée, le 2 mai, au concile. « Cette bulle, » fait observer l'historien que nous avons déjà cité, « présente ce caractère bien remarquable : c'est que Clément V y reconnaît qu'il ne peut porter sur le Temple un jugement définitif et de droit; il se borne à le supprimer *per viam provisionis et ordinationis apostolicæ* (par voie de provision et de règlement apostolique), ce qui n'offre pas un sens très clair. On glissa plus tard dans cette bulle les mots : *sacro approbante concilio* (avec l'approbation du concile). »

Par une clause particulière, les biens du Temple furent mis à la disposition de l'Église. En Espagne et en Portugal, ces biens furent appliqués à soutenir les défenseurs des chrétiens contre les entreprises incessantes des Maures; mais la majeure partie des biens, surtout pour la France, furent transférés aux Hospitaliers de Saint-Jean de Jérusalem, qui, en se portant au secours de la Terre-Sainte, continuaient l'œuvre pour laquelle les Templiers avaient reçu tant et de si riches domaines.

Le pape s'était spécialement réservé le jugement de la cause du grand maître Jacques de Molay, du visiteur de France et des précepteurs de Guyenne et de Normandie. Des cardinaux légats, plusieurs évêques français et des docteurs de l'Université de Paris formèrent le tribunal qui devait prononcer au nom du souverain pontife. Après avoir constaté que ces quatre éminents chevaliers avaient réitéré leurs aveux devant une nouvelle commission, le tribunal, convaincu de leur culpabilité, fit dresser un échafaud devant le parvis de

Fig. 152. — Les grands maîtres de l'ordre de Montesa, fondé en 1317, agenouillés aux pieds de Notre-Dame, leur protectrice. D'après un tableau du xve siècle.

Notre-Dame, et, le lundi 18 mars 1314, les chevaliers furent publiquement condamnés à une prison perpétuelle. Mais alors le grand maître et l'un de ses chevaliers, Gui d'Auvergne, s'écrièrent qu'ils étaient innocents. Les cardinaux, surpris de cette rétractation, remirent les prisonniers entre les mains du prévôt de Paris, avec ordre de les représenter le lendemain, afin que le tribunal pût délibérer sur ce nouvel incident. Philippe le Bel, apprenant ce qui se passait, réunit précipitamment son conseil, et le soir même il fit livrer au feu le grand maître et le second chevalier qui avaient rétracté leurs

Fig. 153. — Chevalier de l'ordre de Calatrava. D'après une gravure d'un ouvrage du xvi° s.

aveux : ils subirent cet affreux supplice en protestant de leur innocence. Les deux autres chevaliers, ayant persisté à se reconnaître coupables, furent retenus en prison, mais plus tard on les mit en liberté.

Il y eut encore, pendant le moyen âge ou à l'époque de la Renaissance, plusieurs autres ordres de chevalerie, ayant plus ou moins le caractère religieux et militaire; les principaux sont : en

Espagne, l'ordre de Calatrava et celui de Montesa (fig. 152), ce dernier fondé en 1316; en Portugal, celui du Christ; celui des chevaliers Teutoniques, en Allemagne; l'ordre de la Toison d'or, dans les Pays-Bas, en Espagne et en Autriche; celui des Saints-Maurice et Lazare en Savoie, et des chevaliers de Saint-Étienne, en

Fig. 154. — Reddition de la ville de Montefrio, près Grenade, en 1486. Les alcades et les chefs maures remettent les clefs de cette ville au roi Ferdinand le Catholique et à la reine Isabelle. D'après un bas-relief de la cathédrale de Grenade. xvᵉ siècle.

Toscane; enfin, en France, les ordres de Saint-Michel et du Saint-Esprit, qui furent seulement honorifiques, quoique le premier ordre du Saint-Esprit, fondé en 1352, ait eu pour objet de rétablir une institution chevaleresque et militaire en vue d'une nouvelle croisade.

Les chevaliers de Calatrava (fig. 153), à qui leur fondateur

Raymond de Fitero, abbé cistercien, imposa la règle de son monastère (1158), se signalèrent par de brillants exploits, surtout contre les Maures d'Espagne et d'Afrique (fig. 154); les princes qu'ils avaient servis dans ces guerres, qu'on qualifiait de *saintes* comme les croisades en Orient, leur accordèrent des biens et des privilèges considérables. Les chevaliers, qui faisaient les trois vœux de pauvreté, d'obéissance et de chasteté, portaient une croix rouge fleurdelisée sur un manteau blanc, comme les Templiers. Depuis le règne de Ferdinand et d'Isabelle, les rois d'Espagne ont toujours été les grands maîtres de cet ordre, qui avait acquis et qui conserva longtemps beaucoup d'importance, quoiqu'il ne fût plus qu'une marque distinctive de noblesse. L'ordre d'Alcantara (1156), qui avait eu la même origine que celui de Calatrava, eut aussi les mêmes destinées et la même décadence.

Au moyen âge, l'Espagne fut le seul pays qui possédât un ordre militaire de dames. Placencia ayant été défendue héroïquement contre les Anglais par les femmes de la ville, en 1390, le roi de Castille Jean Ier créa en leur honneur l'ordre des dames de l'Écharpe (fig. 155), lequel fut réuni plus tard à l'ordre de la Bande, institué vers 1330 pour combattre les Maures.

Les chevaliers Teutoniques, dont l'ordre avait été institué en 1128, à Jérusalem, par les croisés allemands sous le nom de *frères de Sainte-Marie,* suivaient la règle de saint Augustin; ils avaient, en outre, des statuts particuliers, à peu près semblables à ceux des chevaliers de Saint-Jean et du Temple, dont ils obtinrent les immunités. Leur premier grand maître, Henri Waldpott de Vassenheim, établit sa résidence près de Saint-Jean d'Acre. Ce fut le pape Clément III qui approuva leur institution et l'appela *ordre Teutonique.*

L'ordre était divisé, comme celui de Saint-Jean, en chevaliers, chapelains et servants. Les membres portaient sur un manteau blanc, du côté gauche, une croix noire un peu pattée et ornée d'argent. Pour être admis, il fallait avoir atteint l'âge de quinze ans, être fort et robuste, afin de résister aux fatigues de la guerre. Les chevaliers devaient éviter les entretiens des femmes, et il ne leur était même pas permis de donner un baiser filial à leur propre mère, en la saluant. Ils n'avaient en propre aucun bien; ils laissaient toujours ouvertes leurs cellules, pour que l'on pût voir à toute heure ce qu'ils y faisaient. Leurs armes n'étaient ni dorées ni argentées, et pendant longtemps ils vécurent dans une grande humilité. Le plus célèbre de leurs grands maîtres, Hermann de Salza (1210), reçut du pape Honorius III et de l'empereur Frédéric II, qu'il avait réconcilié avec le saint-siège, de grands biens et de grands honneurs.

Fig. 155. — Sancha de Roxas, portant l'Écharpe, insigne de l'ordre militaire de ce nom. D'après une gravure du xve s.

Les chevaliers Teutoniques conquirent la Prusse, la Livonie, la Courlande, et dès 1284 ils étaient maîtres de tout le pays compris entre la Vistule et le Niémen. En 1309 ils abandonnèrent Venise, où le grand maître avait établi sa résidence ordinaire, vingt ans auparavant, et choisirent Mariembourg pour capitale. L'ordre était alors au plus haut point de prospérité, et sa domination en Allemagne eut pour la Prusse les plus heureux résultats. Mais le luxe altéra bientôt la foi religieuse des chevaliers; des luttes intestines, provoquées par l'élection des grands maîtres, avaient introduit dans l'organisation de l'ordre Teutonique de nouveaux éléments de décadence.

Entraîné dans des guerres sans fin contre la Lithuanie et la Pologne, l'ordre, auquel la désastreuse bataille de Tannenberg (1410) enleva sa bannière, ses trésors et ses principaux défenseurs, dut son salut à Henri de Plauen. Après la mort de ce dernier, les chevaliers, qui par le traité de Thorn avaient recouvré leurs possessions territoriales, les perdirent successivement, en peu d'années (1422-1436). Pendant treize ans, le roi de Pologne Casimir IV, appelé en Prusse par la population, que le despotisme des chevaliers avait soulevée, ravagea le pays qu'il s'était chargé de défendre. L'ordre, chassé de Mariembourg et de Kœnigsberg, ne posséda plus que quelques places, sous la dépendance de la Pologne. Comme la Prusse était un fief de l'Église, le grand maître des chevaliers Teutoniques faisait serment de le lui conserver. Albert de Brandebourg, dernier grand maître, pour se débarrasser de la gêne de ses serments et de ses vœux, se fit luthérien et partagea le domaine de ses religieux avec son oncle, le vieux Sigismond, roi de Pologne, qui lui reconnut, à ce prix, le titre de duc héréditaire de Prusse (1525). Telle fut l'origine de la noblesse et de la souveraineté en Prusse. Après avoir acquis si facilement un titre et un domaine, Albert épousa la fille du roi de Danemark. L'ordre Teutonique s'éteignit dès lors naturellement (fig. 156).

Les trois ordres dont nous venons de parler, Hospitaliers, Templiers et Teutoniques, servirent de modèles à ceux qui se formèrent en Europe jusqu'au nombre de trente, sans que tous fussent astreints au célibat. Aux Hospitaliers étaient réunis d'abord les chevaliers *de Saint-Lazare;* mais quand les premiers firent vœu de chasteté, les autres s'en séparèrent, en prenant pour signe distinctif la croix verte. Louis VII en emmena quelques-uns avec lui en France, leur confia le soin des malades, nombreux alors, atteints de la lèpre, et leur donna le château de Boigny, près d'Orléans. Sous Henri IV cet ordre fut réuni à celui de *Notre-Dame du mont*

Fig. 156. — Chevalier de l'ordre Teutonique. D'après une gravure d'un ouvrage du XVIe s.

Carmel (fig. 157 et 158), qui remontait à une haute antiquité, et vers le même temps il se fondit en Italie, avec celui *de Saint-Maurice,* institué en 1434 par Amédée VIII, comte de Savoie. L'ordre laïque *de Saint-Antoine,* approuvé en 1218, et consacré également au service des malades, jouit longtemps d'une certaine renommée.

Quant aux chevaliers *de Saint-Étienne,* institués en 1561 par Côme de Médicis, devenu grand-duc de Toscane, ils ont joué un rôle actif, surtout dans les combats de mer qui avaient pour théâtre la Méditerranée; on les retrouve souvent donnant la chasse aux galères ottomanes, ou bien opérant des descentes sur les côtes des États barbaresques. Ils prétendaient, un siècle plus tard, avoir délivré, depuis leur création, plus de 5,600 chrétiens captifs et de 15,000 esclaves. Cet ordre avait, dans ses usages et cérémonies, des rapports frappants avec celui de Malte; il était aussi divisé en chevaliers militaires et chevaliers ecclésiastiques.

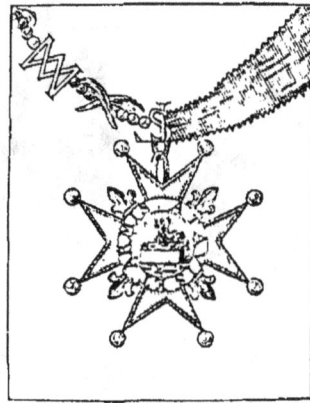

Fig. 157 et 158. — Grand'croix et collier de l'ordre royal et militaire de Saint-Lazare de Jérusalem et hospitalier de Notre-Dame du Mont-Carmel.

« Dans le principe, » fait remarquer M. Chéruel, « la chevalerie était complètement indépendante : un chevalier ne relevait que de Dieu et de son épée. Mais quand la féodalité commença à faire place à la puissance monarchique, les rois cherchèrent à s'attacher les chevaliers en instituant des ordres dont ils étaient les grands maîtres. » Ce fut, dit-on, saint Louis qui fonda le premier ordre de chevalerie royale, en 1233, sous le nom d'ordre du Genêt ; cent de ses membres furent attachés à la garde du roi. L'ordre de l'É-toile (allusion à l'étoile des mages) date du règne de Jean (1351); il ne tarda pas à s'avilir, parce qu'il fut prodigué.

Parmi les ordres institués dans les quatorzième et quinzième siècles par les grands feudataires de France, nous rappellerons les

Fig. 159. — Chapitre de la Toison d'or, tenu sous Charles le Téméraire. Ms. du xvᵉ s.

suivants : *l'Écu d'or* (1363) et *le Chardon* (1370), dus à Louis II, duc de Bourbon ; *l'Hermine* (1381), à Jean IV, duc de Bretagne ;

le Porc-épic (1394), à Louis, duc d'Orléans; et *la Toison d'or*, le plus célèbre de tous.

L'ordre de *la Toison d'or* ne fut institué qu'en 1429, par Philippe le Bon, duc de Bourgogne, pour engager les seigneurs de sa cour à faire, avec lui, la guerre aux Turcs, et pour attacher surtout, par des liens plus étroits, ses sujets au service de l'État. La croisade qui avait été le prétexte de la fondation n'eut pas lieu, mais l'ordre subsista et subsiste encore, à titre de distinction héraldique.

Cet ordre, placé sous l'invocation de saint André, était à l'origine composé de 24 chevaliers, d'une haute noblesse, exempts de tout reproche; le duc de Bourgogne éleva ce nombre à 31; Charles-Quint le porta ensuite à 51. L'élection des chevaliers se faisait dans les chapitres de l'ordre (fig. 159), à la pluralité des voix. Le signe distinctif est un collier d'or, émaillé de la devise du duc, qui était de doubles *fusils* (briquets d'acier) et de pierres à feu entrelacées, avec ces mots : *Ante ferit quam micat* (il frappe avant que la lumière brille). A l'extrémité du collier est suspendue la figure d'un mouton ou d'une toison d'or. Depuis le mariage de Philippe le Beau, fils de l'empereur Maximilien et de Marie de Bourgogne, avec Jeanne d'Aragon (1496), le roi d'Espagne et l'empereur d'Autriche sont, dans leurs États, chefs souverains de l'ordre de la Toison d'or.

Louis XI avait établi l'ordre de *Saint-Michel* en 1469, pour satisfaire à un vœu de son père, qui eut une dévotion particulière à ce saint protecteur de la France (fig. 160). Déjà l'image de l'archange était brodée en or sur la bannière du roi. Louis créa ce nouvel ordre de chevalerie militaire, en l'honneur du « premier chevalier, disent les statuts, qui pour la querelle de Dieu batailla contre l'ancien ennemi de l'humain lignage et le fit trébucher du

Fig. 160. — Réception d un chevalier de l'ordre de Saint-Michel, créé par Louis XI, au château d'Amboise. D'après une miniature des *Statuts de l'Ordre*, datés de Plessis-les-Tours. Ms. du XVIe siècle.

Ciel ». L'ordre se composait, dans le principe, de 36 gentils-hommes de noms et d'armes *sans reproche;* en 1665, Louis XIV porta ce nombre à 100. Le collier consistait en coquilles d'or entrelacées, auxquelles était suspendue une image du saint. Les chevaliers, outre ce collier, portaient dans les cérémonies un manteau blanc avec un chaperon de velours cramoisi.

Fig 161. — Chevaliers de l'ordre du Saint-Esprit au droit désir, secourant les pauvres. D'après un ms. du xive siècle.

Henri III, en 1578, créa l'ordre du *Saint-Esprit* en l'honneur de Dieu, et particulièrement du Saint-Esprit, sous l'inspiration duquel il avait accompli, disait-il, « ses meilleures et plus heureuses actions ». Depuis son avènement au trône, il préméditait cette fondation, que lui avait conseillée, dès son enfance, la lecture des statuts du premier ordre du *Saint-Esprit au droit Désir,* institué en 1352, par un parent de ses ancêtres, Louis de Tarente, second mari de Jeanne de Naples (fig. 161). Ces statuts se trouvaient recueillis dans un précieux manuscrit, dont les miniatures représentaient toutes les cérémonies de l'ordre; manuscrit que la seigneurie de

Comme le Roy donne l'accollade et fait les Chevaliers de St Michel le jour qui precede la Ceremonie de l'ordre du St Esprit.

Fig. 162. — Louis XIII recevant un chevalier de ses ordres. D'après A. Bosse.

Venise avait offert en présent à Henri III, lors de son retour de Pologne. Ce prince emprunta peu de chose néanmoins aux anciens statuts, qui avaient été rédigés en vue des services militaires que les chevaliers, au nombre de 300, eussent pu rendre à l'œuvre des croisades en Palestine. La nouvelle création devait être destinée à réunir autour du roi, qui était le chef suprême, un corps de 100 chevaliers, choisis parmi les plus illustres personnages de la cour, de l'Église et de la noblesse.

Les chevaliers du Saint-Esprit étaient en même temps admis dans l'ordre de Saint-Michel (fig. 162), et prenaient pour cette raison le titre de *chevaliers des ordres du roi*.

Les insignes d'apparat étaient un collier composé de fleurs de lis d'or, couronnées de flammes émaillées, aux chiffres du roi et de sa femme, Louise de Lorraine, avec une croix ornée d'une colombe d'argent, emblème du Saint-Esprit. Ordinairement la croix était suspendue à un ruban de moire bleue, appelée le *cordon bleu,* nom qui fut donné, par extension, à ceux qui recevaient cette faveur. Les chevaliers paraissaient, dans les assemblées de l'ordre, vêtus de riches manteaux à collet rond, en velours bleu fleurdelisé d'or (fig. 163). Ces assemblées, qui eurent lieu d'abord dans l'église des Augustins, à Paris, où se faisait la réception solennelle des nouveaux membres de l'ordre, furent transportées au Louvre, où elles étaient célébrées avec une pompe extraordinaire.

Le dernier ordre de chevalerie institué dans l'ancienne France fut celui de *Saint-Louis* (1693), en faveur des officiers qui s'étaient distingués dans les armées de terre et de mer. « La vertu, le mérite et les services rendus, disait le fondateur, seront les seuls titres pour y entrer. » Il fut composé de 8 grands-croix, de 24 commandeurs et d'un nombre illimité de chevaliers. Les insignes consistaient en une croix d'or attachée à un ruban couleur de feu. Les dignitaires devaient être choisis dans le rang inférieur, de manière à constituer une véritable hiérarchie. Une dotation de 300,000 livres fut affectée à l'ordre, sur laquelle un tiers seulement était destiné à payer la pension des simples chevaliers,

Fig. 163. — Cortège des chevaliers du Saint-Esprit, sous Louis XIII, à Fontainebleau. D'après une gravure d'Abr. Bosse. XVIIᵉ siècle.

fixée entre 2,000 et 800 livres. Aucun officier ne pouvait en faire partie qu'à la condition de professer la religion catholique (fig. 164).

Comme il y avait dans l'armée un grand nombre de protestants, Louis XV institua pour eux, en 1759, l'ordre du *Mérite militaire*.

L'Assemblée nationale abolit les ordres de chevalerie par la constitution de 1791, et ne conserva que l'ordre de saint Louis, qui fut supprimé par la Convention, l'année suivante.

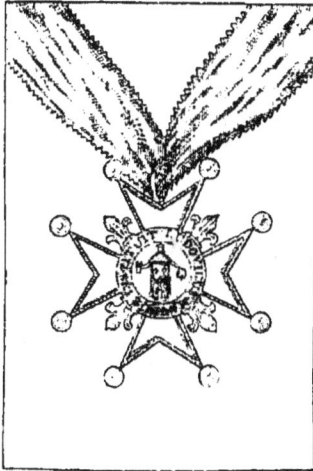

Fig. 164. — Croix de l'ordre de Saint-Louis, fondé par Louis XIV, en 1693.

BLASON.

C'était sur l'écu, principale pièce de l'armure, que le chevalier portait sa devise et les insignes qui rappelaient quelqu'un de ses exploits, dans un langage figuré qui forma le blason.

De temps immémorial, tous les peuples, même les sauvages, ont eu recours à des signes de reconnaissance, soit pour qualifier leur race, leur tribu, leur famille, soit pour se distinguer dans leur personne. Le tatouage des Indiens de l'Amérique n'est autre chose qu'une sorte de blason. Chez les Hébreux, chaque tribu avait un drapeau particulier, de laine, de lin ou de soie. Les Grecs, suivant Homère, usaient d'insignes semblables au siège de Troie ; d'après Pausanias, un aigle était ciselé sur le bouclier d'Aristomène, et Virgile fait mention de boucliers peints, que Tacite a signalés chez les Germains, et César chez les Gaulois.

Mais les armoiries employées comme signe de noblesse avec des règles déterminées ne s'introduisirent guère en Europe avant le onzième siècle, et ce fut surtout à l'occasion des croisades.

Lorsque la féodalité se constitua entre les seigneurs et leurs vassaux, elle adopta l'usage de distinguer, par des décorations variées, en couleurs éclatantes la plupart, les écus et les enseignes militaires, afin d'offrir des points de ralliement aux troupes pendant la mêlée du combat. Ces peintures décoratives, premiers éléments du blason, furent d'abord désignées sous le nom de *connoissances* ou *entre-sains;* elles étaient alors d'autant plus nécessaires, que les *vantailles* ou les œillères de l'armet (casque fermé) cachaient entièrement le visage de ceux qui le portaient à la guerre.

On retrouve çà et là quelques traces des *connoissances* chez les chroniqueurs du moyen âge; mais, à l'époque où nous les voyons figurer pour la première fois dans l'histoire, ces signes divers, encore peu compliqués, ne servaient pas à former les combinaisons spéciales qui devinrent plus tard l'apanage exclusif de telle ou telle famille et qui fixèrent les principes de la science héraldique. Ils étaient, en quelque sorte, dans le domaine public, et chacun pouvait se les approprier à son gré. Jean de Garlande, qui écrivait une curieuse description de Paris, vers 1280, rapporte que « les marchands de boucliers, qui fournissaient leur marchandise à toutes les villes de France, vendaient aux chevaliers des écus couverts de toile, de cuir et de chrysocale, où étaient peints des lions et des fleurs de lis ».

Si le blason existait déjà, comme un des attributs éclatants de la noblesse, on peut affirmer qu'il ne reposait pas sur des bases fixes et générales; la science héraldique était dans l'enfance, et n'avait pas même précisé la manière de composer les armoiries, en employant les *émaux,* c'est-à-dire les *métaux* et les couleurs, les *pannes* ou fourrures, pour faire le fond ou le champ de l'écu, sans les confondre ni les superposer. Les métaux, l'*or* et l'*argent,* ne furent peut-être que des couleurs, le jaune et le blanc. Les couleurs proprement dites, le bleu, le rouge, le vert, le noir et le violet, n'avaient pas pris dès lors les noms d'*azur,* de *gueules,* de *sinople,* de *sable* et de *poupre,* qu'elles reçurent à divers titres, quand le blason devint un art ou une science (fig. 165 à 176).

Les images ou figures énigmatiques, qu'on plaçait sur le champ coloré ou métallique de l'écusson, n'offraient pas beaucoup de variété, et chacun se croyait libre de les changer à sa guise, sous le rapport de la couleur et de la forme. En tout cas, le principe absolu qui consiste à ne jamais mettre couleur sur couleur ou métal sur métal dans un écu d'armoiries n'était point encore établi dans cette science nouvelle, livrée sans règle et sans contrôle au bon plaisir des hommes d'armes et des seigneurs féodaux.

Vers cette époque, néanmoins, quelques blasons, qui n'avaient été d'abord que de simples *connoissances*, commencent à devenir héréditaires. Tels, par exemple, la croix *vidée, cléchée* et *pannetée*, que Raymond de Saint-Gilles apposait, avec son sceau, sur un acte de 1088, et qui resta dans les armoiries des comtes de Toulouse; les deux *bars* adossés, qui se montrent sur le sceau de Thierry II, comte de Montbéliard et de Bar-le-Duc, et qui passèrent à ses successeurs; enfin, les *lionceaux*, que la famille de Plantagenet avait dans ses armes, en 1127, et qui, sous le nom de *léopards*, se maintiennent dans le blason royal de la Grande-Bretagne.

C'est dans le cours du douzième siècle que les armoiries se multiplient, et sans doute à la suite de la première croisade : le choix même des *émaux* de ces armoiries indique suffisamment l'influence des expéditions entreprises pour la délivrance du tombeau du Christ. Le bleu d'*azur* ou *lapis-lazuli* venait d'être importé d'Orient, et son nom actuel d'*outremer* est encore une réminiscence de ces lointains voyages en Palestine. Le rouge devait sa qualification de *gueules* à des parements de fourrures, dont les chevaliers croisés se garnissaient alors le cou et les poignets et qui étaient teints en rouge avec du pourpre (*murium rubricatas pelliculas quas* gulas *vocant*, dit saint Bernard, l'apôtre de la seconde croisade). L'émail de *sinople* reçut aussi son nom d'une matière tinctoriale que les croisés rapportèrent de Sinople, ville de l'Asie Mineure.

Plusieurs *pièces* de l'écu rappellent aussi le temps où la chevalerie guerroyait « aux pays mécréants » : les *merlettes,* oiseaux

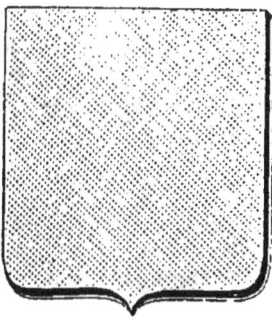

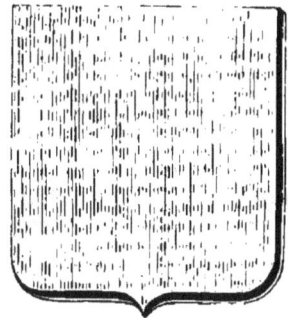

Or.   Argent.   Gueules.

Azur.   Sable.   Sinople.

Fig. 165 à 170. — Métaux et couleurs, interprétés par la gravure au moyen de traits et de signes de convention.

voyageurs que l'hiver faisait émigrer tous les ans vers les climats chauds, reportent naturellement la pensée vers Jérusalem ; les *coquilles* appartiennent en propre aux pèlerins; les *besants d'or* (monnaie sarrasine ou arabe) sont le prix d'une forte rançon payée aux infidèles; les *croix,* enfin, qui apparaissent dans les plus an-

ciennes armoiries, avec toutes les diversités de formes possibles,
annoncent une participation à la guerre sainte.

Au treizième siècle, les *connoissances* étaient devenues d'un usage
universel. Dès cette époque, non seulement les nobles de race,

Pourpre.

Orange.

Hermine.

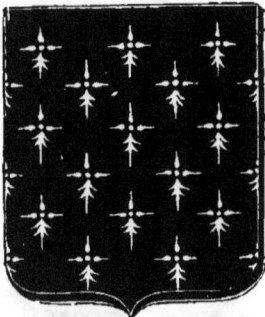

Contre-hermine.

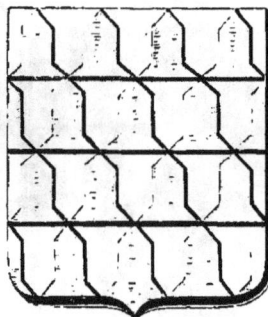

Vair.

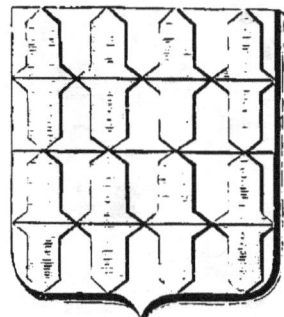

Contre-vair.

Fig. 171 à 176. — Couleurs et fourrures, interprétées par la gravure au moyen de traits
et de signes de convention.

mais les villes, les communes, les abbayes voulurent aussi avoir
des armes. Les *connoissances* reçurent alors le nom de *blason*,
mot dont l'étymologie a donné lieu à bien des discussions parmi
les érudits, discussions savantes mais oiseuses, qu'il eût été peut-
être facile de terminer si l'on avait remarqué que dans les anciens

monuments de notre langue le vocable, d'origine celtique, *blaʒe* (briller, flamboyer) est souvent employé comme synonyme d'*écu* ou bouclier. Ainsi, l'auteur du roman de *Guillaume au cort neʒ*, composé en vers au douzième siècle, décrivant une bataille, dit que les assaillants froissaient les casques et mettaient les *blasons* en pièces; dans le roman de *Garin le Loherain,* non moins ancien, le héros est ébranlé par un coup terrible que porte sur son *blason* le chevalier Ivait; ailleurs, le roi Amadus, voulant frapper un Gascon, atteint la *boucle* ou point central du *blason* de son adversaire, etc.

Blason signifie donc simplement le bouclier, l'écu, sur lequel les armoiries furent orginairement placées. La science du blason, née de la nécessité de se reconnaître entre tant de signes et d'emblèmes différents, n'a été que la conséquence de l'étude des dispositions qu'affectaient les *émaux* et les *pièces* qui figuraient sur les armoiries : on l'appela aussi *art héraldique,* parce qu'il constituait le savoir spécial des *hérauts* d'armes, dont les fonctions acquirent et conservèrent longtemps une importance considérable dans l'organisation féodale du moyen âge.

Nous avons défini plus haut le rôle des hérauts d'armes (voy. CHEVALERIE), mais il faut ajouter ici un détail qui ne manque pas d'importance : ces officiers domestiques n'obtenaient leur diplôme de commission qu'après un apprentissage de sept ou huit années au service de leur seigneur propre, d'abord en qualité de *chevaucheur,* puis de *poursuivant d'armes;* ils avaient hiérarchiquement au-dessus d'eux les *rois d'armes* (fig. 177), institués par le souverain pour dresser état des seigneurs et gentilshommes de chaque province avec les armoiries de chacun, et pour en composer un nobiliaire général, qui était remis entre les mains du premier roi d'armes de France. Au dix-huitième siècle, il y avait en France trente offices de hérauts ou *hérauderies*; chacun d'eux était désigné sous le nom de sa province, et leur chef, le roi d'armes de France, sous celui de *Montjoie.*

Fig. 177. — « Façon et manière comment le roy d'armes montre aux quatre juges diseurs les seigneurs appelant et défendant, et leur présente les lettres desdits seigneurs, ayant le drap d'or sur l'épaule et le parchemin peint des dits chefs. » Miniature des *Tournois du roi René,* manuscrit du xve siècle.

Appelés, comme personnages publics, à figurer, avec leur brillant costume, dans certaines cérémonies, où leurs fonctions, par suite des usages de redevance établis à leur égard, leur valaient

plus d'une fructueuse aubaine, les hérauts d'armes étaient ordinairement des hommes d'étude et d'érudition, occupés sans cesse à
vérifier les titres de noblesse, les généalogies, à déchiffrer les blasons, à établir, en un mot, les vrais principes de la science héraldique. Ce furent eux qui soumirent à des règles fixes et invariables cette multitude de décorations distinctives, au choix desquelles l'ignorance et le caprice avaient plus ou moins présidé dans
l'origine.

Ils déterminèrent d'abord la forme de l'*écu,* c'est-à-dire le
champ des armoiries. Celui des barons français, qui avait d'abord
été triangulaire et légèrement incliné, fut définitivement remplacé
par un écu quadrilatéral, arrondi aux deux angles inférieurs et finissant en pointe, au centre de sa base. L'écu germanique était
remarquable par sa base arrondie et par une échancrure latérale,
qui avait servi en principe à supporter la lance, lorsque l'homme
d'armes, monté sur son destrier, tenait cette lance en arrêt, en se
couvrant la poitrine avec son bouclier.

Laissant aux traités héraldiques spéciaux le soin de décrire en
détail les différentes *partitions* de l'écu, c'est-à-dire les traits qui
le divisent en parties ou sections horizontales, diagonales et perpendiculaires, nous devons expliquer sommairement au lecteur
les figures, aujourd'hui énigmatiques pour la plupart de nos
contemporains et naguère si connues de tous, qui constituent le
blason.

Aux *couleurs* et *métaux,* déjà mentionnés plus haut, et qui
semblent avoir été choisis uniquement pour s'harmoniser avec le
costume bigarré de la chevalerie du moyen âge, il faut ajouter les
pannes ou *fourrures,* à savoir l'*hermine* et le *vair,* ces fourrures
précieuses usitées en France dès le neuvième siècle parmi les classes nobles. On lit, en effet, dans la *Vie de saint Géraud,* écrite à

cette époque, que les grands de la cour carlovingienne garnissaient leurs habits de fourrure d'hermine ou rat d'Arménie, et qu'ils découpaient en losanges, pour former le *vair* (fourrure variée), des morceaux de peaux d'hermine et de belette. Quant à l'émail nommé *sable*, qui représente, en langage héraldique, la couleur noire, ce n'était pas autre chose que la fourrure de la martre zibeline, désignée sous cette qualification par plusieurs poètes des douzième et treizième siècles.

Parmi les pièces d'armoiries, on trouve beaucoup d'autres figures qui sont empruntées aux habillements aristocratiques de ce temps-

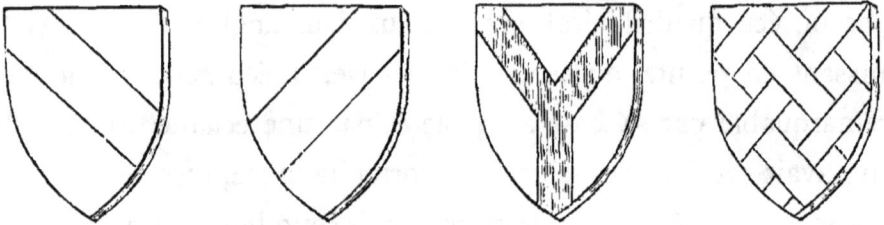

Fig. 178 à 181. — Bande, barre, pairle et frettes.

là : les *lambels*, franges d'or des ceintures; les *orles*, bordures des tuniques; les *bandes* ou *barres* (fig. 178 et 179), qui représentaient des écharpes; les *lambrequins*, panaches d'étoffe, qu'on attachait à l'extrémité des casques; les *houseaux* ou bottes molles à forte semelle, que les hommes portaient seulement pour sortir à pied, les jours de pluie; le *pairle* (fig. 180), qui, ayant la forme de l'Y, rappelait le pallium des évêques et constituait, selon les héraldistes du seizième siècle, l'emblème des trois grandes *dévotions* du chevalier : « Son Dieu, sa Dame et son Roi. »

Aux hiéroglyphes tirés du costume de la noblesse, il faut joindre d'autres symboles plus héroïques : les *pals*, marque de juridiction; les *frettes* ou *frettiaux* (fig. 181), barrières dont le champ clos était

environné; les *herses,* les *tours,* les *chaînes,* les *flèches,* les *bé-
liers,* emblèmes qui s'expliquent d'eux-mêmes par l'image qu'ils
représentent; les *clefs,* souvenir d'une capitulation de château ou
de ville, etc.

Le feu, l'eau, les nuées, les astres mêmes (fig. 182 à 186), entrèrent aussi dans les *meubles* de l'écu. La famille de Chalus porte
d'azur, à trois croissants d'argent; la famille de Cernon, *d'azur,
à six comètes d'or,* trois en chef, trois en pointe, au croissant de
même en *abisme,* c'est-à-dire au milieu de l'écu.

L'image entière de l'homme est moins fréquente dans le blason
que les parties du corps séparées, têtes, mains, yeux, jambes, etc.,
représentées quelquefois, de même que les animaux, les plantes et
les objets divers, avec leur couleur naturelle, dite de *carnation*
dans la langue héraldique.

Les animaux, les quadrupèdes surtout, qui, d'ailleurs, impli-
quent ordinairement des idées allégoriques, sont très communs
dans le blason, quoique la représentation en soit toujours soumise à un type qui s'éloigne de la nature : le lion (générosité), l'é-
léphant (courtoisie), l'écureuil (prévoyance, à cause du soin qu'il
met à boucher les ouvertures de son nid), l'agneau (douceur). Par
exemple, Montalembert porte : *D'or, à trois têtes de loup arrachées, de sable;* Portal : *D'azur, au bœuf d'or, accompagné en
chef de six fleurs de lis, de même;* Le Coigneux : *D'azur, au porc-
épic passant, de sable.*

Les oiseaux en général expriment des changements de résidence,
de nationalité, de condition, sans préjudice de la signification
particulière applicable à chacun d'eux (fig. 187) : la domination est représentée par l'aigle, la vigilance par le coq, le héron
ou la grue, l'amour conjugal par la colombe, l'éloquence par le
perroquet; le cygne caractérise la vieillesse longue et laborieuse;

Fig. 182. — Les Piccolomini, famille originaire de Rome, établie à Sienne, vers le VIIIe siècle. Un croissant, avec la devise *Sine macula*, Sans tache.

Fig. 183. — Jean II, roi de France (1350-1364). Une étoile rayonnante. La devise : *Monstrant regibus astra viam*, fait allusion à l'étoile qui conduisit les rois mages à Bethléem.

Fig. 184. — Richard Cœur de Lion, roi d'Angleterre (1189-1199). Une étoile, celle de Bethléem probablement, issant d'entre les cornes du croissant.

Fig. 185. — Martin Ier, roi d'Aragon (1395-1410). La Foi triomphante, debout sur le globe terrestre, avec la devise : *Non in tenebris*, Elle n'est pas dans les ténèbres.

Fig. 186. — Emmanuel, roi de Portugal (1495-1521). Le globe terrestre, entouré par l'Océan que sillonnent les vaisseaux portugais, avec cette légende : *Primus circumdedisti me*.

le pélican (fig. 188), qui, selon les auteurs anciens, se déchirait le sein pour nourrir ses enfants, symbolise le dévouement, car le

blason le représente de profil, sur son aire ou nid, les ailes éten-
dues, se perçant la poitrine, et couvant ses petits qui sont toujours
au nombre de trois. En langage héraldique, les gouttes de sang que
le pélican tire de son sein se nomment *piété*, lorsqu'elles sont d'un
autre *émail* que l'oiseau. Ainsi la maison Lecamus porte : *De gueules* (écu à fond rouge), *au pélican d'argent, avec sa piété de
gueules dans son aire au chef cousu d'azur, chargé d'une fleur de
lis d'or.* L'antique famille de Vienne, qui avait produit deux ami-
raux et un maréchal de France, porte : *De gueules à l'aigle d'or;*
celle de Savoie, en Dauphiné : *D'azur à trois colombes d'argent;*
Montmorency : *D'or, à la croix de gueules, cantonnée de seize
alérions d'azur.*

Ces *alérions*, qui, en général, figurent des aigles sans bec et
sans pattes, et qui indiquent une victoire remportée sur l'étranger, ont dans les armes de Lorraine une signification particulière. On raconte que, pendant une fête que donnait le roi Pepin,
une querelle s'étant engagée entre Francs et Lorrains, le duc Begon, qui remplissait les fonctions de sénéchal, se mit à la tête des
gens de cuisine, les arma de cuillers, de crochets, de landiers, et
se servit lui-même d'une broche garnie de pluviers, pour faire un
horrible carnage parmi les Francs. C'est en souvenir de cet exploit,
que les pluviers, devenus *alérions* pour rappeler qu'ils étaient à
la broche, prirent place dans les armes de la nation lorraine, qui
s'enorgueillissait de compter le duc Begon parmi ses anciens
souverains.

Les poissons représentent d'ordinaire les voyages sur mer et les
victoires navales. Un des poissons le plus employés dans le blason
est le dauphin (fig. 189), qui par le fait d'une célébrité héraldique
a même donné son nom au Dauphiné, un des plus grands fiefs de
la couronne de France.

Les crustacés, les serpents, les insectes font aussi partie des figures du blason; mais, pour la plupart, on serait souvent bien empêché de dire quelle en fut la signification première dans les armes où ils furent admis , par suite de circonstances qui n'ont pas laissé de tradition ni de souvenir. Toutefois, *l'Indice Armorial* de Geliot, publié en 1650, nous assure que le grillon représente

Fig. 187. — Guillaume, prince d'Orange(1572-1584). Un alcyon plaçant son nid sur la mer, et au-dessus le monogramme du Christ : *Sævis tranquillus in undis*, Calme sur les flots agités.

Fig. 188. — Alphonse X , roi de Castille (1252-1284). Un pélican qui s'ouvre le flanc pour nourrir ses petits, avec cette devise : *Pro lege et grege,* Pour la loi et le peuple.

toutes les vertus domestiques, parce que « cet insecte ne se met qu'au foyer des gens biens ».

D'après le même auteur, qui donne volontiers carrière à son imagination, comme tous les anciens hérauts d'armes, les plantes, fleurs et fruits offriraient un symbolisme fort déterminé : le *chêne,* par exemple, exprimerait la puissance : l'*olivier,* la paix; la *vigne,* l'allégresse ; le *pommier,* l'amour; le *cyprès,* la tristesse; la *grenade,* par une pensée assez ingénieuse, représenterait « l'alliance des nations et des hommes réunis sous une même religion ». Les *trèfles, ancolies, tierces-feuilles, quatre-feuilles* ou *quinte-*

feuilles figureraient l'espérance, parce que leur apparition prin-
tanière fait présager les récoltes de l'été et de l'automne; la *rose*
caractériserait naturellement la grâce et la beauté.

Quant à la *fleur de lis* (qu'on pourrait appeler, du moins au
point de vue français, la reine des fleurs héraldiques), elle offre
un sens complexe, qui justifie le choix qu'en firent nos rois pour
diaprer le champ d'azur de leur bannière.

Fig. 189. — Le pape Paul III (1534-1549). Un caméléon qui porte un dauphin.
La devise était : *Mature,* Avec réflexion.

Divers savants ont soutenu que ces prétendues fleurs de lis n'appartenaient pas réellement au règne végétal. « Il est probable,
dit M. Chéruel, qu'elles rappellent quelque ancienne arme offensive, qui présentait au milieu un fer droit et pointu; on avait adapté
aux deux côtés des pièces de fer en demi-croissant, et le tout était
lié par une clavette, qui formait ce qu'on appelle le *pied* de la
fleur de lis. Dans un sceau de Lothaire (972), cet empereur est
représenté tenant en sa droite un long bâton, au haut duquel on
voit un fer de lance avec deux crochets : c'est déjà la fleur de lis

héraldique grossièrement dessinée. Un sceau de Hugues Capet le montre avec une couronne dont les fleurons ressemblent à des fleurs de lis. » La couronne que porte Henri Ier, sur un sceau de 1058, est décorée de la même manière. Sur un sceau de Louis VI (1113) la fleur est plus nettement indiquée. Ce fut Louis VII, son fils, qui, en partant pour la croisade, sema les fleurs de lis sur son

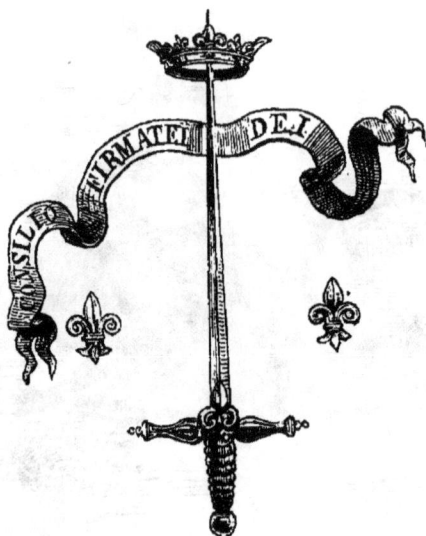

Fig. 190. — Famille de Jeanne d'Arc, dite du Lys. Une épée d'argent en pal, supportant à la pointe une couronne d'or, est accostée de deux fleurs de lis, avec la légende : *Consilio firmatei Dei*, Sous les auspices de Dieu, qui la soutient ou qui l'appuie. Ce blason fut composé en 1429, par Charles VII lui-même.

étendard. Depuis saint Louis les rois commencèrent à en placer dans leurs armes ; Philippe III en réduisit le nombre à trois, et après Charles V cet usage devint constant.

On trouve l'explication de cet emblème dans les *Annales* de Guillaume de Nangis. « Li roys de France, » dit le chroniqueur du treizième siècle, « accoustumèrent en leurs armes à porter la fleur de lys peintes par trois feuilles, comme ils *deissent* (s'ils disaient) à tout le monde : « Foy, sapience et chevalerie sont,

« par la provision et la grâce de Dieu, plus abondamment en notre
« royaume qu'en *nus* (nuls) autres. » Les deux feuilles de la fleur de
lys, qui sont *veles* (ployées, courbées), signifient sens et chevalerie
qui gardent et défendent la tierce-feuille qui est au milieu d'icelles,
plus longue, plus haute, et par laquelle *foys* (la foi) est entendue
et signifiée, car elle doit estre gouvernée par sapience et deffendue
par chevalerie. »

Il est donc hors de doute, d'après le témoignage de cet historien, que, dans les armes du roi de France, le pétale central de la
fleur de lis représentait la religion, et que les ailes ou feuilles laté-
rales étaient la force morale et la force matérielle, destinées à lui
servir d'appui. Au surplus, les fleurs de lis figuraient aussi dans
les armoiries d'une foule de familles nobles, françaises et étran-
gères, qui ne tenaient, par aucun lien de parenté ou d'alliance, à
la branche de nos rois de la troisième race. Quelques-unes de ces
familles seulement avaient obtenu la prérogative de mettre les fleurs
de lis dans leur écusson, en récompense de services rendus au souverain. Ainsi Charles VII, en anoblissant les frères de Jeanne
d'Arc, leur avait donné non seulement le nouveau nom de Du
Lys, qu'ils portèrent après elle, mais encore un écusson d'azur,
chargé d'une épée en pointe, avec deux fleurs de lis d'or, à droite
et à gauche (fig. 190).

Après avoir employé à la création des armoiries les principaux
emblèmes fournis par la nature, l'art héraldique en demanda aux
ouvrages fabriqués de main d'homme, ou aux conceptions chimé-
riques de l'esprit humain. Telle famille accepta ou choisit alors,
pour en orner son écu, soit des instruments de musique, harpes
guitares, cors de chasse; soit les ustensiles les plus usuels de la
vie privée, pots, verres à boire, couteaux, meules de moulin, chan-
deliers, etc. Telle autre famille, plus orgueilleuse, plaça dans ses

armes des animaux fantastiques, tels que le phénix , la licorne, les harpies, etc.

Notons que beaucoup d'armes étaient *parlantes,* c'est-à-dire que les familles ne répugnaient pas à mettre dans leur blason certains objets vulgaires et même accusant une sorte de trivialité roturière, à cause de la similitude ou de l'analogie que leur nom patronymique pouvait offrir avec la désignation de ces objets (fig. 191). Par

Fig. 191. — Les Orsini, famille romaine, xive siècle. Un ours assis (emblème du nom), tenant un sablier, avec la légende : *Tempus et hora,* A temps et à l'heure.

exemple, les Bouesseau portaient *trois boisseaux d'azur;* les Chabot, *trois chabots,* poissons fluviatiles du genre des cattes; les Mailly, *trois maillets de sinople;* les du Palmier, *trois palmes d'or;* le Rethel, *trois râteaux d'or;* les Créquy *un créquier* (cerisier) *de gueules;* les Begassoux, *trois têtes de bécasses d'or;* les Auchat, *un chat effrayé, d'argent;* les Héricé, *trois hérissons de sable;* les Gourdin *trois gourdes d'or,* les Guiton, *une guitare d'or;* les Colonna, *une colonne;* les Orsini, *un ours ;* les Porceletti, *un pourceau;* les du Chesne, *un chêne;* les Nogaret, *un noyer;* etc. C'est par application du même principe que la ville de Reims, dont le nom s'est écrit *Rains,* avait pris autrefois dans ses armes deux *rainseaux* ou *rains* rameaux entrelacés; et que le poète Racine adopta, comme exacte traduction de son nom, un *rat* et un *cygne,* qui se prononçait de son temps *cyne.*

La fin du treizième siècle et tout le quatorzième furent la plus brillante époque du blason. C'est alors une langue figurée que tout le monde parle et comprend, du plus grand au plus petit. Les armoiries figurent partout, chez les morts comme chez les vivants, puisqu'elles servent d'attributs décoratifs aux tombeaux et aux épitaphes; elles sont sculptées, gravées en creux et en relief, dessinées ou peintes, dans les châteaux et dans les plus modestes manoirs, sur les linteaux des portes, sur les serrures, sur les girouettes, sur les carrelages, sur les vitraux, sur les cheminées, sur les tapisseries, sur toutes les parties de l'ameublement, etc. On les voit même se multiplier, de mille manières, sur les vêtements, sur ceux des nobles eux-mêmes, sur ceux de leurs femmes et de leurs enfants, aussi bien que sur les livrées de leurs serviteurs, sur les caparaçons de leurs chevaux (fig. 192), sur les colliers de leurs chiens et sur les capuchons de leurs oiseaux de chasse.

Vers le quinzième siècle, le blason se complique d'une façon ingénieuse en inventant le *timbre* ou signalement. Le timbre représentait, au-dessus de l'écu le *heaume* (casque de chevalier); placé de face, de trois quarts ou de profil, selon sa forme et la matière dont il était fait, il indiquait exactement à première vue la condition et le titre de chaque noble. Ainsi les rois avaient le heaume d'or posé de face, la visière complètement ouverte et sans grille, pour montrer qu'un souverain doit tout voir et tout savoir. Le heaume des comtes et des vicomtes était d'argent, posé de trois quarts, la visière baissée et garnie de neuf grilles d'or ; celui des barons n'avait que sept grilles à sa visière ; celui des gentils-

Fig. 192. — Le duc de Bourbon, armé de pied en cap pour le tournoi. Miniature des *Tournois du roi René*, ms. du xvᵉ siècle.

hommes anciens était en acier poli, placé de profil, avec cinq grilles d'argent.

Lorsque les rois donnèrent ou vendirent les titres, ils imaginèrent, comme *timbre* du blason, pour les nouveaux anoblis, un casque de fer, posé de profil, ayant la *vantaille* et le *nasal* entr'ouverts. Les heaumes se compliquèrent encore des morceaux d'étoffe, nommés *lambrequins,* que les gentilshommes attachaient aux cimiers de leurs casques, qui avaient atteint des proportions gigantesques. Ces cimiers devinrent eux-mêmes un ornement essentiel et représentèrent des lions, des cornes, des bras armés, des chimères. Peu à peu, cependant, l'usage prévalut de substituer à ces décorations accessoires de simples couronnes, enrichies de fleurons et de perles, dont la forme et le nombre variaient, selon la condition des titulaires.

Au milieu du quinzième siècle seulement l'usage s'établit, et d'abord exclusivement dans les familles qui avaient enrôlé et conduit, sous leurs propres bannières, des troupes à l'*ost* (armée) du suzerain, de placer au-dessus des cimiers un *listel* ou *banderole* portant leur *cri d'armes*. A vrai dire, le droit d'ajouter le listel au cimier héraldique ne tarda pas d'être acquis par le moindre chevalier *banneret*, qui fut assez riche pour réunir, sous son *pennon* ou *gonfanon* (étendard aux armes ou aux couleurs d'un noble), quatre ou cinq gentilshommes et douze ou seize gens d'armes équipés à ses frais.

Au reste, le cri d'armes est bien antérieur au quinzième siècle; car on peut dire qu'il a existé de tous temps; les Barbares eux-mêmes s'excitaient à combattre par des cris qui devaient leur servir de signaux. L'usage de rallier les soldats, sur le champ de bataille, par une acclamation que tous répétaient à la fois, remonte à la plus haute antiquité. Dans la Bible, Gédéon, lorsqu'il veut surprendre le camp des Madianites, à la faveur de la nuit, recommande aux siens de crier, en attaquant l'ennemi que Dieu leur livre : « Vive le Seigneur et vive Gédéon! »

Mais c'était là un cri de guerre plutôt qu'un cri d'armes, un moyen d'animer l'orgueil et l'ardeur des combattants, au lieu d'un hommage rendu à un chef militaire. « Outre les cris particuliers, » rapporte du Cange, « il y en avait un général pour toute l'armée, lequel était celui qui commandait en chef, à moins que le roi y fût en personne. Il se prononçait unanimement par tous les soldats en même temps, dans l'instant de la mêlée, et lorsqu'on s'approchait. Quant au cri particulier, il était d'ordinaire poussé par les chefs pour animer dans la mêlée les troupes qui étaient sous leur conduite. » A quoi le P. Ménestrier ajoute : « Le cri suit la bannière, parce qu'anciennement nul n'était reconnu pour gentilhomme de nom, d'armes et de cri que celui qui avait droit de lever bannière. » En règle générale, il appartenait à l'aîné de la famille, et ses parents ne pouvaient s'en servir qu'en y ajoutant quelques mots.

Au moyen âge, les cris de guerre éclataient de toutes parts dans les combats. La plupart de ces cris étaient simplement des noms de seigneurs et de chevaliers, accompagnés d'une épithète élogieuse ou d'une pieuse invocation, comme par exemple : *Mailly!* — *La Trémoille!* — *Bourbon, Bourbon, Nostre Dame!* — *Coucy, à la merveille!*

Les hauts barons avaient pris pour cris d'armes le nom d'une province, d'une seigneurie, ou le nom d'une ville importante de leur domaine; et ces cris ne changeaient pas même lorsque la ville ou la seigneurie avait changé de maître. Sous les ducs de Bourgogne, les Hennuyers criaient encore : *Hainaut au noble duc!* Les Navarrais et les Aragonais criaient : *Bigorre! Bigorre!* comme sous les rois de Navarre et d'Aragon. Les gens du Beauvaisis, allant en guerre, invoquaient : *Biauvais la jolie!* tandis que ceux de Louvain saluaient : *Louvain au riche duc!*

Certaines familles faisaient allusion aux pièces de leur blason. *Flandre au lion!* était le cri des comtes de Flandre ; *Au peigne d'or!* celui des sires de Culant. Telle autre maison faisait de son cri de guerre une sorte d'exhortation aux vaillants ou de menace aux vaincus, sans caractère propre ou générique. Les comtes de Champagne criaient : *Passavant les meillors!* les chevaliers de Bar : *Au feu! au feu!* et ceux de Brie : *Cans d'oiseaux!* parce qu'ils avaient chargé dans une embuscade où chantaient des oiseaux. Quelques cris d'armes, enfin, avaient pour but évident d'implorer l'intercession de Dieu, de la Vierge, des saints, pendant le combat. Les ducs de Bretagne disaient : *Saint Yves! Saint Malo!* les ducs d'Anjou : *Saint Maurice!* les comtes de Limoges : *Saint Léonard!* les ducs de Bourgogne : *Nostre Dame Bourgogne!* les Montmorency : *Dieu ayde au premier baron chrestien!* les Chastel-Montfort : *Sainte Marie aie* (aide)!

C'est à cette catégorie de cris de guerre qu'appartenait certainement celui des rois de France : *Montjoie Saint-Denis!* sur l'origine duquel il existe beaucoup de dissertations contradictoires, dont les auteurs ont, pour la plupart, fait fausse route en se jetant dans les plus étranges rêveries. Celui-ci prétend que Clovis, livrant bataille dans la vallée de Conflans, repoussa les ennemis jusqu'au pied d'une tour appelée *Montjoie,* dont il voulut conserver le souvenir dans son cri d'armes. Celui-là prétend que le même Clovis, ayant invoqué saint Denis pendant la bataille de Tolbiac, l'appela, en bon français : *mon Jupiter, mon Job!* dont on fit ensuite, par corruption, le mot de *Montjoye,* etc.

En réalité, *Montjoie Saint-Denis* signifie simplement : « Suivez la bannière de saint Denis! » car cette bannière, en temps de guerre, était arborée sur un char doré, comme sur une *montjoie* (butte ou colline), pour qu'on la vît de loin au milieu de l'armée

pendant la bataille. Les rois de France portaient la bannière de
Saint-Denis, en qualités d'*avoués* de l'abbaye de ce nom et de
comtes du Vexin. Louis VI, le premier, alla prendre l'oriflamme,
qui n'était autre que cette bannière, dans la basilique de Saint-
Denis, sur l'autel des saints martyrs, qu'on appelait la *montjoie,* et

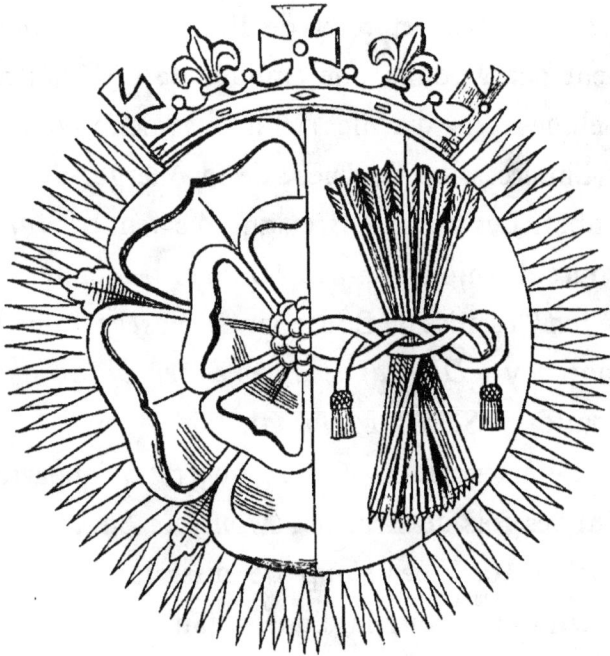

Fig. 193. — Marie Tudor, reine d'Angleterre (1553-1558). Une double rose coupée au demi-
cercle, et un faisceau de flèches, le tout rayonnant et surmonté d'une couronne royale. La
double rose rappelait les maisons d'York et de Lancastre, et les flèches la maison d'Aragon.

ses successeurs continuèrent à la venir demander aux religieux de
cette abbaye royale, chaque fois qu'ils partaient pour quelque
expédition, « attendu, dit Suger, que le bienheureux saint Denis
était le patron et le protecteur particulier du royaume ». Cette
même formule de *Montjoie* se retrouvait, d'ailleurs, dans plusieurs
autres cris d'armes : *Montjoie Saint-André! Montjoie Anjou! Montjoie Toulouse!* etc.

Les cris d'armes cessèrent d'être employés à la guerre, lorsque Charles VII, en établissant les compagnies d'ordonnance, dispensa les bannerets de conduire eux-mêmes leurs vassaux à l'armée. Ce fut alors qu'on inscrivit ces cris, comme nous l'avons dit, sur un listel placé au-dessus du cimier, tandis qu'au-dessous, sur un autre listel, se déroulait, tracée en lettres d'or ou d'argent, la devise patrimoniale du seigneur.

La devise devait se composer de deux parties : l'âme et le corps; celle-là formée des mots de l'inscription, celui-ci de l'objet matériel qui la représente. « Il faut une figure et des paroles pour faire une vraie devise, » a écrit le P. Bouhours. Il y avait cette différence entre les cris d'armes et les devises, que celles-ci n'étaient pas toujours héréditaires; on les voit quelquefois changer, à chaque génération, dans une même famille. Par exemple, la devise ordinaire de la maison de Sales, en Savoie, avait été originairement : *Ni plus, ni moins;* mais plusieurs gentilshommes de cette famille avaient pris d'autres devises : celle de François de Sales, seigneur de Roisy, était : *En bonne foy;* celle de Jean de Sales : *Adieu biens mondains!* celle de Galois de Sales : *In paucis quies* (le repos dans la médiocrité); et celle de saint François de Sales : *Numquam excidet,* signifiait, en sous-entendant le mot *charitas :* Que la charité ne s'éteigne jamais.

Souvent les devises sont parlantes comme les pièces du blason et reproduisent le nom de la famille, dans une espèce de jeu de mots : Achey, en Franche-Comté : *Jamais las d'acher;* Vaudrey : *J'ai valu, vaux et vaudray;* Grandson : *A petite cloche grand son;* Lauras, en Dauphiné : *Un jour l'auras;* Disemieu : *Il est nul qui dise mieux;* Alez, en Languedoc : *Allez comme allez;* Morlaix, en Bretagne : *S'ils te mordent, mords-les;* Beaujeu : *A tout venant beau jeu;* Jacques Cœur : *A cœur vaillant rien impossible.*

Plusieurs devises font, en outre, allusion aux figures des armoiries. C'est ainsi que la famille de Simiane, qui porte *d'or semé de fleurs de lys et de tours d'azur,* prend pour devise : *Sustentant lilia turres* (les lis soutiennent les tours). Il y a aussi les devises qui évoquent un souvenir de guerre, rappellent un proverbe, ou même énoncent une idée indéfinie et mystérieuse ; Antoine de Croy : *Souvenance;* Pierre de Bauffremont : *Plus deuil que joie;*

Fig. 194. — Devise d'Henri VII, roi d'Angleterre (1485-1509). Un buisson d'aubépines en fleurs, entre les lettres H. R. (*Henricus rex*).

Fig. 195. — Devise de Charles IX, roi de France (1560-1574). Deux colonnes entrelacées, emblème de la piété et de la justice (*Pietate et justicia*).

Jean de la Trémoille : *Ne m'oubliez;* Jean Schenck, en Allemagne : *Plus tôt rompre que fléchir;* Philippe de Bourgogne, après son mariage avec Isabelle de Portugal : *Autre n'auray,* par abréviation de cette devise amoureuse : *Autre n'auray, dame Isabeau, tant que vivray.* Les fières devises des Rohan et des Coucy sont assez connues : *Roi ne puis, duc ne daigne, Rohan suis,* et *Je ne suis roy, ne duc, ne comte aussi, je suis le sire de Coucy.* Quelquefois, les devises étaient simplement figurées en emblèmes muets : la Rose blanche de la maison d'York, la Rose rouge de Lancastre (fig. 193),

le Chardon de Bourbon, le Fusil de Bourgogne, etc.; et, quelquefois, elles comprenaient des emblèmes et des légendes; par exemple,
en Italie, Camillo Pallavicini, d'une ancienne famille milanaise,
portait une fleur, dont une tortue rongeait le pied, avec cette inscription italienne : *Ogni belleza ha fine* (toute beauté a fin); Paolo
Sforza avait fait peindre, à côté de son blason, une flèche sur
l'arc tendu, et dirigée contre le ciel, avec ces mots : *Sic itur ad
astra* (ainsi l'on va jusqu'aux astres) (fig. 194 à 196).

Au seizième siècle surtout, les devises en rébus plus ou moins
compliqués devinrent de mode, et l'esprit des lettrés et des poètes
fut mis à la torture pour satisfaire la vanité ou le caprice de leurs
protecteurs. La maison de Médicis avait, dans sa devise, un diamant, trois plumes d'autruche, avec cette légende qui renferme
une espèce de calembour latin : *Super adamas in pennis* (au-dessus
du diamant, dans les *pennes*), et cette étrange devise, pour devenir
compréhensible, devait être traduite ainsi : *Toujours invincible
dans les peines.* Mme de Sévigné avait adopté pour devise une hi-
rondelle, avec ces mots : *Le froid me chasse.* L'art des devises,
car on en avait fait un art, comme du blason une science, se
permettait des énigmes encore plus inintelligibles, qui pouvaient
défier la sagacité des devineurs de rébus. Pierre de Morvilliers,
premier président du parlement de Paris, avait pour devise une
herse liée à un Y, et son nom était exprimé par cette figure
(Mort Y, liés), parce que la herse est l'emblème de la mort, qui
rend toutes choses égales.

Plusieurs devises héréditaires consacraient la mémoire d'un évé-
nement historique. Charles VIII, pendant la bataille de Fornoue
(15 juillet 1495), se voyant entouré d'ennemis qui l'accablaient,
fut secouru par le seigneur de Montoison, dont la vaillance héroïque
changea bientôt la face du combat : le roi, après la victoire, récom-

pensa son sauveur en lui donnant pour devise ces mots, par lesquels il l'avait appelé à son aide : *A la rescousse, Montoison!*
Catherine de Médicis, après la mort d'Henri II, atteint mortellement d'un coup de lance dans un tournoi (1559), changea sa devise (fig. 197) et adopta une lance brisée, avec ces mots latins :
Hinc dolor, hinc lacrimæ (De là ma douleur, de là mes larmes).

Fig. 196. — Devise de Charles-Quint, roi
d'Espagne (1518). Un soleil levant au-dessus d'un zodiaque, et ces mots : *Nondum
in auge,* pas encore au zénith.

Fig. 197. — Devise de Catherine de Médicis,
reine de France, après son veuvage.

Christophe Colomb, qui avait découvert l'Amérique, laissa en
héritage à ses descendants cette belle devise espagnole :

> Por Castilla y por Leon
> Nuevo mundo halló Colon.
> (Pour Castille et pour Léon, Colomb trouve un nouveau monde.)

Les États, les villes, les académies, les ordres militaires et religieux, les corps de métiers adoptèrent des devises, le plus souvent

rédigées en latin, et qui rappellent soit un sentiment, soit une idée morale, soit une circonstance notable; la Belgique : *L'union fait la force;* l'Angleterre : *Dieu et mon droit;* la France : *Dieu protège la France*; la Hollande : *Je maintiendrai.* Paris a pour armes un vaisseau et pour devise : *Fluctuat nec mergitur.* La devise de l'ordre de la Jarretière est : *Honni soit qui mal y pense.* N'oublions pas la devise des Jésuites, qui consiste en quatre lettres :

Fig. 198. — Armes d'Anne de Bretagne, reine de France. Une hermine, pure et sans tache, attachée au cordon de l'ordre de la Cordelière, *créé par la reine pour les dames, avec cette* devise : *A ma vie.* L'écusson royal est soutenu d'un côté par un ange, avec cette légende : *Rogo pro te, Anna* (Anne, je prie pour toi !), et de l'autre côté, par un lion debout, avec ces mots qui font allusion à l'hermine de Bretagne : *Libera eam de ore leonis* (Délivre-la de la gueule du lion). Miniature des *Funérailles d'Anne de Bretagne,* xvie siècle.

A. M. D. G., initiales des mots *Ad majorem Dei gloriam* (A la plus grande gloire de Dieu); celle de Louis XIV : *Nec pluribus impar* (Je suffirais à plusieurs, sous-entendu mondes), avec un soleil; ni celle de l'Académie française : *A l'immortalité.*

Vers le temps où se propageaient les devises en tous genres, on commençait à flanquer les armoiries de *supports* ou *tenants* (fig. 198); la première de ces deux qualifications s'appliquant aux

Fig. 199. — Jean Le Feron, savant héraldiste français (1504-1570), présente au roi Henri II son *Blason d'armoiries*. D'après une miniature dudit ouvrage. XVIe siècle.

animaux réels ou fantastiques qui supportaient l'écusson ; la seconde, aux êtres de forme humaine qui le tenaient : anges, chevaliers, hérauts, mores, sauvages, etc. Ce fut, d'ailleurs, l'époque
la plus brillante du blason, mais aussi la plus confuse et la plus
fatale à cette vieille institution qui avait rendu tant de services à la
chevalerie et à la noblesse, car la complication exagérée des signes
héraldiques favorisa naturellement la fraude et l'usurpation en
matière d'armoiries (fig. 199). Cette usurpation, qui était ordinairement le prélude de l'usurpation du titre de noblesse, n'entraînait
pourtant pas d'autre pénalité qu'une amende, ce que l'ordonnance
de Charles IX, faite aux États d'Orléans en 1560, rappelle en ces
termes : « Ceux qui usurperont faussement et contre vérité le nom
et titre de noblesse, prendront ou porteront armoiries timbrées,
ils seront, par nos juges, mulctés d'amendes arbitraires, et au paie-
ment d'icelles contraints par toutes voies. »

En dépit de nombreuses et sévères ordonnances de la royauté
contre les usurpateurs et les faussaires, le mal ne fit que s'accroître, et l'on vit, dès la fin du quinzième siècle, les marchands et les
ouvriers mécaniques, comme les bourgeois, se donner, selon leur
bon plaisir, des armes et des devises sans rencontrer la moindre
opposition de la part des juges d'armes, qui exerçaient une sur-
veillance officielle sur tous les faits relatifs à la noblesse et à ses
privilèges. Les rois avaient reconnu, d'ailleurs, une sorte de noblesse de métier, en accordant des statuts aux corporations ouvrières, et celles-ci se montraient aussi jalouses que les familles
nobles de leurs distinctions honorifiques et de leurs armes peintes,
gravées ou brodées sur les insignes de la communauté.

LA PASSE D'ARMES D'ASHBY

EN 1194 (1).

Sur la lisière d'un bois, qui s'avançait jusqu'à une demi-lieue de la ville d'Ashby, s'étendait une vaste prairie, tapissée de la plus luxuriante verdure; d'un côté, elle longeait le bois; de l'autre, elle touchait à une rangée de chênes, dont quelques-uns s'élevaient à une hauteur extraordinaire. Le sol semblait avoir été façonné exprès pour la fête martiale qui se préparait : de toutes parts, il s'abaissait insensiblement jusqu'à un plateau de surface unie, long de quelques centaines de pas et large de moitié, et entouré de fortes palissades. La forme de cet enclos était celle d'un carré long, mais les angles en avaient été largement arrondis pour la commodité des spectateurs. Aux extrémités nord et sud, on avait ménagé aux combattants deux ouvertures, fermées par de solides portes en bois et assez spacieuses pour que deux cavaliers pussent y passer de front. A chacune des portes se tenaient deux hérauts, escortés de six trompettes, d'autant de poursuivants et d'un fort détachement d'hommes d'armes, afin de maintenir l'ordre et de s'assurer de la qualité des chevaliers qui se proposaient d'entrer en lice.

Derrière l'entrée du sud et sur une plate-forme, produite par un exhaussement naturel du terrain, on avait disposé cinq pavillons

---

(1) Cette description, fidèle et vivant tableau des mœurs chevaleresques, est tirée d'*Ivanhoé*, roman de Walter Scott, traduit par M. Louisy (Firmin-Didot et Cie).

magnifiques, décorés de gonfanons rouges et noirs, avec les cordages pareils, aux couleurs des cinq chevaliers tenants du tournoi. Devant chaque pavillon était suspendu le bouclier du chevalier qui l'occupait, et à côté se tenait son écuyer. La tente du milieu, comme place d'honneur, avait été assignée au templier Briand de Bois-Guilbert : sa renommée dans les jeux guerriers et sa liaison avec les chevaliers qui avaient conçu le projet de cette passe d'armes l'avaient fait accueillir avec empressement dans la compagnie des tenants, et il était devenu leur chef et leur guide, bien qu'il vînt à peine de les rejoindre. D'un côté de sa tente étaient alignées celles de Réginald Front de Bœuf et de Richard de Malvoisin ; et de l'autre, celles d'Hugues de Grandmesnil, riche baron du voisinage, dont le bisaïeul avait été grand sénéchal d'Angleterre sous les règnes du Conquérant et de Guillaume le Roux ; et de Ralph de Vipont, chevalier de Saint-Jean de Jérusalem, qui possédait d'anciens domaines près d'Ashby.

Un passage, de trente pieds de largeur, conduisait, par une pente douce, depuis l'entrée de la lice jusqu'à la plate-forme sur laquelle étaient dressées les tentes ; il était fermé des deux côtés par une forte palissade, de même que l'esplanade située en face des pavillons, et le tout était gardé par des hommes d'armes.

L'entrée de l'arène aboutissait à la porte du nord par un second passage de trente pieds de large ; il donnait accès sur un grand terrain clos, et réservé aux chevaliers qui se présenteraient comme assaillants. Il y avait en arrière plusieurs tentes, les unes contenant des rafraîchissements de toutes espèces, les autres destinées aux armuriers, aux maréchaux ferrants et autres artisans dont les services pouvaient être nécessaires.

Autour de la lice on avait élevé des estrades temporaires, décorées de tapisseries historiées, et dont les gradins étaient garnis de

tapis et de coussins pour la commodité des dames et des seigneurs
qui devaient assister au tournoi. Entre ces galeries et la lice un
étroit espace était aménagé pour les francs-tenanciers et les spectateurs d'une classe un peu au-dessus du vulgaire, et pouvait se
comparer au parterre de nos théâtres. Quant au peuple, il était
entassé pêle-mêle sur les immenses tertres de gazon qu'on lui
avait abandonnés, et d'où l'élévation naturelle du sol permettait
d'avoir, par-dessus les galeries, un beau coup d'œil de l'arène.

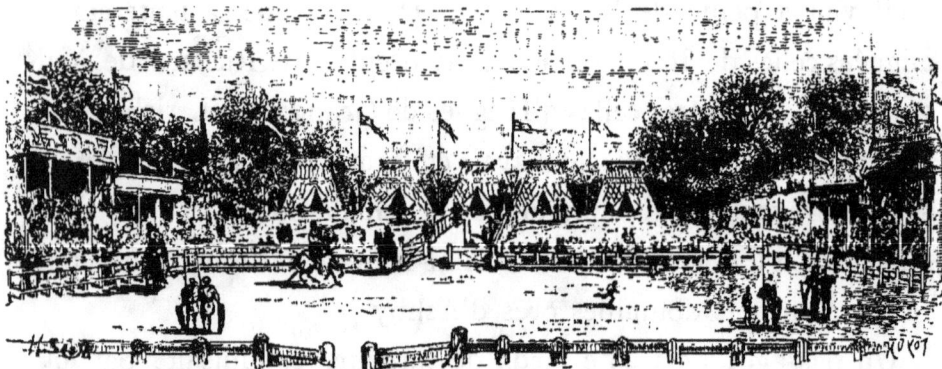

Fig. 200. — Lice du tournoi d'Ashby.

Malgré les avantages que présentait cette distribution de places,
les curieux étaient perchés par centaines sur les branches des ar-
bres qui encadraient la prairie, et il n'y avait pas jusqu'au clocher
d'une église de campagne, situé à quelque distance, qui ne fût
chargé de monde.

Afin de compléter la description générale, il ne reste plus qu'à
parler d'une tribune, placée au centre, du côté de l'orient, et par
conséquent juste en face de l'endroit où le combat devait s'engager ; plus haute que les galeries et plus richement décorée, on y
voyait une espèce de trône sous un dais, aux armes royales d'Angleterre. Des écuyers, des pages et des archers, en brillantes li-

vrées, veillaient autour de cette place d'honneur, réservée au prince Jean et à sa suite. A l'occident, c'est-à-dire en face de cette tribune royale, il y en avait une autre de même hauteur, parée plus gaiement, mais avec moins de magnificence. Là, une troupe de pages et de jeunes filles, choisies parmi les plus belles, et tous vêtus de costumes de fantaisie rose et vert, entourait un trône rehaussé des mêmes couleurs. Au milieu des bannières et des étendards qui flottaient au-dessus, une inscription blasonnée annonçait au public que ce trône d'honneur était destiné A LA ROYNE DE BEAULTÉ (fig. 200).

Cependant, les spectateurs de toutes les classes s'empressaient à l'envi d'occuper leurs places respectives, non sans occasionner beaucoup de querelles pour régler les droits de chacun. Parfois les hommes d'armes coupaient court aux difficultés en usant sans façon du manche de leurs haches et du pommeau de leurs épées, comme d'arguments irrésistibles pour convaincre les plus récalcitrants. Lorsqu'il s'agissait de juger des prétentions rivales de personnages d'un plus haut rang, les hérauts intervenaient, ou bien les deux maréchaux du tournoi, Guillaume de Wyvil et Étienne de Martival, qui, armés de pied en cap, se promenaient à cheval dans l'arène pour veiller au maintien du bon ordre parmi les spectateurs.

Peu à peu, les estrades se remplirent de chevaliers et de nobles, en habits de fête, dont les longs manteaux aux riches couleurs contrastaient avec les costumes riants et somptueux des dames; celles-ci étaient venues en plus grand nombre même que les hommes, bien que le spectacle de ces jeux sanglants et périlleux ne fût pas fait, à ce qu'on aurait pu croire, pour donner à leur sexe beaucoup de plaisir. L'espace intermédiaire fut bientôt occupé par les plus riches tenanciers, par les bourgeois et par ces gen-

tillâtres que la modestie, la pauvreté ou un titre incertain empêchait de prétendre à des places plus relevées. Naturellement, ce
fut parmi ces derniers qu'il s'éleva le plus de disputes sur la préséance.

« Chien de mécréant! » s'écria un vieillard, dont la casaque
râpée trahissait la gêne, tandis que son épée, son poignard et sa
chaîne d'or étaient autant d'indices de ses hautes prétentions.

Fig. 201. — L'archer et le juif.

« Fils de louve! oses-tu bien te frotter à un chrétien, à un gentilhomme normand du sang de Montdidier? »

Celui à qui s'adressait cette brutale apostrophe n'était autre que
le juif Isaac. Vêtu avec richesse, et même avec magnificence, d'une
robe flottante garnie de dentelles et de fourrure, il s'efforçait d'arriver jusqu'au premier rang pour y placer sa fille, la belle Rébecca,
qui, l'ayant rejoint à Ashby, lui tenait le bras, non sans être émue
du mécontentement qu'excitait autour d'eux la présomption de son
père. Mais Isaac, passablement timide en d'autres circonstances,

savait bien qu'en celle-ci il n'avait rien à craindre. Ce n'était pas dans les grands concours de monde, ou en présence de ses égaux, qu'un noble avide ou méchant aurait osé lui faire aucun mal. Les juifs se trouvaient alors sous l'égide de la loi commune : et si cette garantie était trop faible, il arrivait d'ordinaire que parmi les personnes présentes, certains barons, par des motifs d'intérêt personnel, étaient prêts à les couvrir de leur protection. En ce moment, Isaac se sentait plus que jamais en sûreté; car le prince était alors en train de négocier avec les juifs d'York un gros emprunt, qui devait être garanti par des joyaux précieux et des terres, et la part d'Isaac dans cette affaire était considérable. De là venait sa conviction que l'extrême désir du prince d'en finir au plus vite suffisait dans tous les cas à lui assurer sa bienveillance.

Enhardi par ces considérations, le juif poursuivit son idée, et coudoya le chrétien normand, sans respect pour sa naissance, qualité ou religion. Les doléances du vieillard soulevèrent l'indignation de ses voisins. Un de ceux-ci, gaillard solide et bien bâti, vêtu en drap vert de Lincoln, portant douze flèches passées dans sa ceinture et un baudrier à plaque d'argent, ainsi qu'un arc de six pieds de long à la main, se retourna tout à coup : son visage, aussi brun qu'une noisette par l'action continuelle du grand air, devint noir de colère, et il avertit le juif que, si toute la richesse qu'il avait acquise en suçant le sang de ses malheureuses victimes l'avait enflé comme une araignée repue, il n'oubliât pas que, cachée dans l'ombre, on laisse vivre la bête, mais que, si elle se risque au grand jour, on l'écrase (fig. 201).

Cet avis, intimé en anglo-normand d'une voix vibrante et d'un air menaçant, fit reculer le juif, et il se serait probablement éloigné de ce dangereux voisinage si l'attention générale ne s'était portée sur la subite arrivée du prince Jean. En effet, il entrait en ce mo-

Fig. 202. — Entrée du prince Jean sans Terre dans l'arène du tournoi.

ment dans l'arène, avec une nombreuse et brillante escorte, composée de seigneurs et de plusieurs ecclésiastique, aussi élégants dans leurs toilettes et aussi mondains que leurs compagnons. Il y avait encore les chefs favoris de ses troupes mercenaires, des barons pillards, des courtisans débauchés, ainsi que plusieurs chevaliers templiers et hospitaliers.

Dans ce brillant appareil, splendidement vêtu de pourpre et d'or, un faucon sur le poing, coiffé d'un riche bonnet de fourrure qu'entourait un diadème de pierres précieuses, ses cheveux bouclés flottant jusqu'aux épaules, le prince Jean, monté sur un coursier gris-pommelé plein de feu, caracolait dans la lice, riant aux éclats et lorgnant, avec le sans-gêne d'un royal amateur, les beautés qui faisaient l'ornement des galeries (fig. 202).

Après avoir pris place sur le trône, entouré de son joyeux cortège, Jean donna le signal aux hérauts d'armes de proclamer les règles du tournoi :

1° Les cinq chevaliers tenants devaient se mesurer contre tous venants.

2° Tout chevalier qui se présenterait pouvait choisir, à son gré, son adversaire parmi les tenants, en touchant son bouclier ; s'il le faisait du bois de sa lance, le combat aurait lieu avec ce qu'on nommait *les armes courtoises,* c'est-à-dire avec des lances garnies à l'extrémité du tampon de bois rond et uni, de façon à ne courir d'autre danger que le choc des chevaux ou des cavaliers. Mais si l'on heurtait le bouclier du fer de la lance, il s'ensuivrait un combat à outrance, c'est-à-dire à fer affilé, comme dans une bataille véritable.

3° Lorsque les tenants auraient accompli leur vœu en rompant chacun cinq lances, le prince proclamerait le vainqueur de la première journée, en lui donnant comme prix un destrier d'une vigueur et d'une perfection sans pareilles; et, outre cette récompense de sa valeur, on annonça que le vainqueur aurait l'honneur insigne de désigner la reine de la Beauté, qui décernait le prix de la seconde journée.

4° Ce jour-là, il y aurait une joute plénière, où tous les chevaliers présents, désireux de gagner des louanges, pourraient prendre part, et, divisés en deux troupes à nombre égal, combattre noblement jusqu'à ce que le prince donnât le signal de terminer la lutte. La reine élue devait alors poser sur la tête du vainqueur qu'aurait proclamé le prince une couronne d'or, en forme de feuilles de laurier. Cette cérémonie mettrait fin aux jeux chevaleresques.

La lice offrait en ce moment le plus magnifique spectacle. Les estrades d'en haut étaient encombrées de tout ce qu'il y avait de remarquable, dans le nord et le centre de l'Angleterre, en noblesse en grandeur, en fortune et en beauté; le contraste des divers vêtements de cette élite de spectateurs en rendait la vue aussi brillante qu'agréable, tandis que les galeries d'en bas, pleines de riches bourgeois et de francs-tenanciers, formaient, par la simplicité des habits, une espèce de bordure sombre autour de ce cercle de costumes éclatants, dont elles contribuaient à rehausser, pour ainsi dire, la splendeur.

Les hérauts ayant terminé leur proclamation par le cri d'usage : *Largesse! largesse, vaillants chevaliers!* une pluie de pièces d'or et d'argent tomba sur eux du haut des galeries, car c'était un point d'honneur chez les nobles de témoigner leur libéralité à ceux qui passaient alors pour les secrétaires et les historiens de la gloire. Cette marque de libéralité fut saluée des acclamations ordinaires : *Amour aux dames! Honneur aux généreux! Gloire aux braves!* Le peuple fit retentir l'air des mêmes cris, et de nombreuses trompettes y mêlèrent leurs accents guerriers (fig. 203). Quand le bruit eut cessé, les hérauts d'armes sortirent en bon ordre de la lice, et il n'y resta plus que les maréchaux du tournoi, à cheval, armés de toutes pièces, immobiles comme des statues, chacun à l'une des extrémités.

Cependant, le vaste enclos réservé aux assaillants était rempli d'une foule de chevaliers, qui brûlaient du désir de se mesurer contre les tenants; des galeries supérieures cette foule présentait l'image d'une mer aux plumes ondoyantes, où étincelait le fer des casques et des armes; les banderoles qui décoraient la plupart des lances, cédant à tous les frissons de l'air, prêtaient, avec l'ondoiement continu des panaches, une vivacité singulière à cette scène.

Les barrières s'ouvrirent enfin, et cinq chevaliers, tirés au sort, s'avancèrent lentement dans l'arène, un seul champion en tête, et les autres suivant deux à deux. Tous étaient splendidement armés, et le manuscrit saxon de Wardour, qui me sert de guide, rapporte, avec force détails, leurs devises, leurs couleurs et jusqu'aux ornements de leurs harnais. Il est inutile d'insister ici sur ce sujet; car, pour emprunter quelques vers à Coleridge,

> Ces chevaliers sont réduits en poussière,
> La rouille mord leur vaillante rapière,
> Et leur âme est, je crois, avec les saints.

Depuis longtemps leurs écus ont disparu des murailles de leurs châteaux, et leurs châteaux même ont fait place à des ruines branlantes et à des tertres de verdure; le sol qui les connut jadis ne les connaît plus, et après eux mainte autre génération a rencontré la mort et l'oubli sur les lieux où ils exerçaient l'autorité absolue de maîtres et seigneurs féodaux. A quoi donc servirait-il au lecteur de savoir leurs noms ou les symboles évanouis de leur puissance guerrière?

En ce moment, ne songeant guère à l'oubli qui ensevelirait leurs noms et leurs exploits, les champions s'avançaient dans la lice, contenant la fougue de leurs chevaux et les forçant à marcher au pas, pour montrer à la fois la grâce de leur allure et l'adresse des cavaliers. Dès leur entrée, une musique barbare fit entendre, derrière les pavillons des tenants, de sauvages accords. D'origine orientale, elle avait été rapportée de la terre sainte; c'était un mélange de timbres et de cymbales, qui semblaient saluer et défier les assaillants tout ensemble. Sous les yeux de l'immense concours de cu-

Fig. 203. — Hérauts d'armes proclamant le tournoi.

rieux qui suivaient leurs mouvements, les cinq chevaliers gravirent la plate-forme où s'élevaient les tentes, et, se séparant, touchèrent légèrement, du revers de la lance, le bouclier de l'adversaire contre lequel chacun d'eux désirait combattre. Les gens du peuple en général, beaucoup de nobles et l'on ajoute même plusieurs dames, furent désappointés de ce qu'ils avaient choisi les armes courtoises; car la même classe de personnes qui, de nos jours, applaudit avec le plus d'ardeur les drames les plus noirs, s'intéressait alors à un tournoi en raison directe du danger que couraient les champions qui y prenaient part.

Ayant ainsi fait connaître leurs intentions pacifiques, les assaillants se retirèrent à l'autre extrémité de la lice, où ils attendirent, rangés en ligne, pendant que les tenants, sortant chacun de leur tente, montaient à cheval, et, sous la conduite du templier Briand de Bois-Guilbert, descendaient de la plate-forme et venaient faire face aux chevaliers qui avaient touché leurs boucliers respectifs.

Au son des doucines et des trompettes, ils s'élancèrent au grand galop les uns contre les autres (fig. 204), et telle fut la supériorité d'adresse ou la bonne fortune des tenants que les antagonistes de Bois-Guilbert, de Malvoisin et de Front de Bœuf roulèrent à terre. Celui de Grandmesnil, au lieu de diriger le bout de sa lance en plein contre le casque ou l'écu de son ennemi, s'écarta tellement de la ligne droite qu'il lui brisa l'arme sur le corps; cette circonstance passait pour plus déshonorante que d'être démonté, parce que si celle-ci pouvait résulter d'un accident, celle-là était une preuve de maladresse ou d'inexpérience dans le maniement des armes et du cheval. Seul, le cinquième assaillant maintint l'honneur de son parti : le chevalier de Saint-Jean et lui rompirent tous deux leur lance et se séparèrent sans avantage d'aucun côté.

Les cris de la multitude, les acclamations des hérauts et le bruit des trompettes annoncèrent le triomphe des vainqueurs et la défaite des vaincus. Les premiers regagnèrent leurs pavillons; les autres, se remettant de leur mieux, sortirent de la lice, honteux et abattus, pour traiter avec leurs adversaires du rachat de leurs armes et de leurs chevaux, qui, d'après les règles du tournoi, ne leur appartenaient plus. Le cinquième, resté seul dans l'arène, fut suivi dans sa retraite des applaudissements des spectateurs, ce qui aggrava sans doute la mortification de ses compagnons.

Une seconde et une troisième troupe de chevaliers se présentèrent successivement : ils remportèrent des avantages partiels, mais en somme la victoire demeura décidément aux tenants, dont pas un ne fut renversé ou ne dévia du but, ce qui arriva, dans chaque rencontre, à un ou deux de leurs adversaires. Un succès si constant parut refroidir sensiblement l'ardeur des assaillants. A la quatrième entrée, trois d'entre eux seulement parurent dans la lice : évitant de toucher les boucliers de Bois-Guilbert et de Front de Bœuf, ils se contentèrent de défier les autres, qui n'avaient montré

Fig. 204. — Les chevaliers s'élancèrent au galop les uns contre les autres.

ni la même force ni la même habileté. Cette manœuvre politique ne changea point la fortune du combat ; les tenants eurent le même bonheur : un des antagonistes fut démonté, et les autres faillirent dans l'*atteinte*, c'est-à-dire à frapper fort et ferme le casque ou l'écu avec la lance en avant, de façon à ce que l'arme pût se briser, à moins que le champion ne fût jeté à terre.

Après cette passe, il y eut un temps d'arrêt considérable ; personne ne semblait disposé à recommencer la lutte. La foule murmurait, car, au nombre des tenants, Malvoisin et Front de Bœuf s'étaient rendus impopulaires par leurs exactions, et l'on n'aimait pas les autres parce qu'ils étaient étrangers, à l'exception de Grandmesnil.

Le tournoi restait toujours comme suspendu, et l'on n'entendait que les hérauts d'armes criant : *Amour aux dames! Rompez vos lances! En avant, braves chevaliers; de beaux yeux contemplent vos exploits.*

De temps en temps, la musique des tenants éclatait en fanfares de triomphe ou de défi. D'autre part, la foule regrettait qu'un jour de fête se passât dans l'inaction; les vieux chevaliers déploraient à demi-voix la décadence de l'esprit militaire, et rappelaient les triomphes de leurs jeunes ans, tout en convenant que l'Angleterre n'offrait plus des beautés aussi accomplies que celles qui faisaient l'ornement des joutes d'autrefois. Déjà le prince Jean commençait à parler des préparatifs du banquet et proposait de décerner le prix à Briand de Bois-Guilbert, qui, d'une même lance, avait démonté deux chevaliers et déjoué l'effort d'un troisième.

A la fin, et comme la musique orientale achevait une de ces longues et bruyantes sonneries dont elle avait assourdi les spectateurs, une trompette isolée y répondit par un appel de défi à la porte du nord. Tous les yeux se tournèrent de ce côté pour apercevoir le nouveau champion qui s'annonçait, et la barrière ne fut pas plus tôt ouverte qu'il entra en lice.

Autant qu'on pouvait juger d'un homme tout bardé de fer, cet assaillant inattendu, d'une taille qui n'excédait guère la moyenne, semblait plus élancé que robuste. Son armure d'acier était richement damasquinée en or; son bouclier laissait voir un jeune chêne déraciné, avec la devise espagnole DESDICHADO (Déshérité). Il montait un superbe cheval noir, et en traversant l'arène, il fit, en inclinant sa lance, un salut plein de grâce au prince et aux dames

L'adresse avec laquelle il conduisait son destrier, son air de jeunesse et l'aisance de ses manières, lui gagnèrent tous les cœurs,
et des rangs du peuple partirent ces avis bienveillants : « Touchez
le bouclier de Ralph de Vipont, l'hospitalier; il est le moins ferme
en selle, et vous en aurez bon marché. »

Encouragé de la sorte, le champion inconnu se dirigea vers la
plate-forme par l'avenue en pente qui la séparait de la lice; à
l'étonnement général, il alla droit à la tente du milieu, et, du fer
de sa lance, heurta avec une telle force l'écu de Bois-Guilbert qu'il
lui fit rendre un son prolongé. Chacun fut surpris de sa présomption, mais pas autant que le redoutable templier, ainsi provoqué
à une lutte mortelle, et qui, sans s'attendre à ce violent défi, se tenait nonchalamment à la porte de sa tente.

« Vous êtes-vous confessé, frère? » demanda-t-il, « et avez-
vous entendu la messe ce matin pour mettre si témérairement
votre vie en péril?

— Je suis mieux préparé que toi à la mort, » répondit le chevalier Déshérité, nom sous lequel l'étranger s'était fait inscrire
pour le tournoi.

— Prenez donc place dans la lice, et regardez une dernière fois
le soleil, car cette nuit vous dormirez en paradis.

— Grand merci de ta courtoisie! Pour t'en récompenser, je te
conseille de prendre un cheval frais et une lance neuve; sur mon
honneur, tu auras besoin de l'un et de l'autre. »

Après s'être exprimé avec tant de confiance, l'assaillant fit descendre son cheval à reculons de la plate-forme et le força à traverser ainsi toute l'arène jusqu'à la porte du nord, où il attendit,
sans plus bouger, que son adversaire fût prêt. Cette preuve de
savoir-faire équestre lui valut de nouveaux applaudissements.

Bien qu'irrité des conseils qu'il avait reçus, Bois-Guilbert ne les négligea point; son amour-propre y était trop intéressé pour qu'il oubliât rien de ce qui pouvait l'aider à vaincre un présomptueux ennemi. Il choisit donc un nouveau cheval, ayant plus de fond et d'ardeur, et s'arma d'une lance plus solide, de peur que le bois de l'ancienne n'eût été affaibli dans les joutes précédentes; il mit aussi de côté son bouclier, qui était un peu faussé, et en prit un autre des mains de ses écuyers. Le premier n'avait pour armoiries que celles de son ordre : *deux cavaliers sur le même cheval* (fig. 205), emblème parlant d'humilité et de pauvreté, ces vertus primitives que les templiers échangèrent contre l'arrogance et la richesse, qui finirent par amener leur suppression. Son second écu représentait un corbeau de plein vol, tenant un crâne dans ses serres, avec cette devise en français : Gare le corbeau!

Lorsqu'on vit les deux champions en face l'un de l'autre aux deux extrémités de la lice, l'émotion des spectateurs atteignit au plus haut degré; s'ils formaient tous des vœux pour le chevalier Déshérité, presque personne n'espérait que la rencontre pût tourner à son avantage.

A peine les trompettes eurent-elles donné le signal, les deux combattants s'élancèrent avec la rapidité de l'éclair, et se heurtèrent au milieu de l'arène avec un fracas semblable à celui du tonnerre. Leurs lances, brisées à la poignée, volèrent en éclats; on les crut un moment renversés tous deux, car la violence du choc avait fait fléchir leurs chevaux sur les jarrets de derrière; mais leur adresse à manier la bride et l'éperon les maintint en selle. Après s'être regardés avec des yeux qui semblaient lancer des flammes à travers leurs visières, ils firent volte-face, et, revenant à leur point de départ, ils reçurent une nouvelle lance de leur écuyer.

De bruyants hourras, le balancement des écharpes et des mouchoirs qu'agitaient les dames, un applaudissement unanime, témoignèrent de l'intérêt qu'avaient pris les spectateurs à cette passe d'armes, la plus égale et la plus savante de la journée. Aussitôt que les champions eurent repris leur poste, les clameurs firent place à un silence si profond qu'on eût dit que cette immense foule n'osait plus même respirer.

Après un répit de quelques minutes pour laisser reposer les hommes et les chevaux, le prince Jean leva son bâton de comman-

Fig. 205. — Sceau et armes de l'ordre du Temple.

dement et fit signe aux clairons de sonner la charge. Les deux adversaires partirent une seconde fois à fond de train, et se rencontrèrent au milieu de la lice, avec autant d'impétuosité, d'adresse et de violence, mais non avec la même fortune.

Dans cette nouvelle passe, le templier visa droit au centre de l'écu de son ennemi, et le frappa si juste et avec tant de vigueur, qu'il brisa sa lance et que le chevalier Déshérité chancela sur sa selle. Celui-ci, de son côté, avait d'abord pris pour point de mire le bouclier de Bois-Guilbert; puis, détournant sa lance presque au dernier moment, il la dirigea contre le casque, but plus difficile, mais qui, une fois atteint, rendait le choc irrésistible, et heurta en plein la visière. Malgré ce désavantage, le templier soutint sa haute réputation, et si les sangles de sa selle ne se fussent rompues, il n'aurait peut-être pas vidé les arçons ; mais, à la suite de cet accident, cheval et cavalier roulèrent à terre, au milieu d'un nuage de poussière.

Se dégager de ses étriers et reprendre pied, ce fut pour Bois-Guilbert l'affaire d'un instant. Outré de fureur de sa disgrâce et des acclamations qu'elle provoquait parmi l'assistance, il tira son épée et la brandit en signe de défi (fig. 206). Le chevalier Déshérité sauta à terre et en fit autant. Les maréchaux du camp, poussant alors leurs chevaux entre eux, leur rappelèrent que les règles du tournoi n'autorisaient pas ce genre de combat.

« Nous nous retrouverons, je l'espère, » dit le templier en jetant des regards de haine à son adversaire, « et dans un endroit où nul ne viendra nous séparer.

— Si cela n'arrive point, il n'y aura pas de ma faute, » répondit le chevalier Déshérité. « A pied ou à cheval, avec la lance, la hache ou l'épée, je serai toujours prêt à te faire face. »

Ils auraient échangé des paroles encore plus violentes si les maréchaux, en croisant leurs lances, ne les eussent obligés à se séparer. Le chevalier Déshérité revint à son premier poste, et Bois-Guilbert rentra dans sa tente, où il passa le reste de la journée en proie à un sombre désespoir.

Sans descendre de cheval, le vainqueur demanda une coupe de vin, et, levant la visière de son casque, il déclara qu'il buvait « à tous les cœurs vraiment anglais et à la confusion des tyrans étrangers ». Ensuite il ordonna à son trompette de sonner un défi aux tenants, et chargea un héraut d'armes d'aller les prévenir que, loin de faire aucun choix parmi eux, il voulait les combattre dans l'ordre où il leur plairait de se présenter.

Fig. 206. — Combat de Briand de Bois-Guilbert et du chevalier Déshérité.

Le gigantesque Front de Bœuf, couvert d'une armure noire, descendit le premier dans l'arène. Son écu portait, sur un fond d'argent, une tête de taureau noir, à demi effacée par suite des nombreux combats qu'il avait soutenus, avec cette arrogante devise en latin : CAVE, ADSUM (Gare, me voici!). Le Déshérité n'obtint sur lui qu'un avantage léger, mais décisif. Tous deux eurent leur lance brisée ; mais Front de Bœuf ayant vidé l'un des étriers dans la rencontre, cet accident tourna à son préjudice.

L'étranger n'eut pas moins de bonheur avec Philippe de Malvoisin : il frappa le casque de ce baron avec une force telle que les courroies se rompirent, et Malvoisin, que cet accident avait préservé d'une chute, fut déclaré vaincu.

Dans la course suivante, le chevalier Déshérité fit preuve d'autant de courtoisie qu'il avait jusque-là montré de vaillance et d'habileté. Grandmesnil, son quatrième adversaire, montait un cheval jeune et fougueux, qui se cabra au point de lui rendre impossible l'usage de ses armes. Au lieu de tirer parti d'un tel désarroi, l'inconnu releva sa lance, et passa près du champion malheureux sans le toucher ; puis, faisant exécuter une volte à son destrier, il galopa vers la porte du nord, d'où il envoya un héraut offrir à Grandmesnil la chance d'une nouvelle épreuve ; mais ce dernier refusa et se reconnut pour battu autant en courtoisie qu'en adresse.

Ralph de Vipont ferma la liste des victoires de l'étranger : jeté à bas avec une extrême violence, il rendit le sang par la bouche et par les narines, et on l'emporta hors de l'arène, privé de sentiment.

D'une commune voix, le prince et les maréchaux déclarèrent que le chevalier Déshérité avait remporté les honneurs de la journée, décision qui fut accueillie par des acclamations unanimes.

Guillaume de Wyvil et Étienne de Martival, maréchaux du

camp, furent les premiers à offrir leurs félicitations au vainqueur;
ils le prièrent en même temps de permettre qu'on détachât son
casque, ou du moins d'en lever la visière pour aller recevoir le
prix du tournoi des mains du prince Jean.

Le chevalier Déshérité, avec une déférence toute chevaleresque,
se refusa à leur demande, attendu que, pour des raisons qu'il
avait exposées aux hérauts d'armes avant d'entrer dans la lice, il
ne pouvait en ce moment laisser voir son visage. Cette réponse
parut satisfaire les maréchaux; car, au nombre des vœux singu-
liers par lesquels s'engageaient souvent les chevaliers de cette époque, aucun n'était plus commun que celui de rester inconnu pour
un certain temps ou jusqu'à l'accomplissement de telle aventure.
Les maréchaux ne cherchèrent donc pas à pénétrer ce mystère, et,
annonçant au prince le désir du vainqueur de n'être point connu,
ils lui demandèrent la permission de le conduire devant lui afin
qu'il pût recevoir la récompense de sa valeur.

Deux valets en riche livrée amenèrent dans la lice le coursier que
le prince lui destinait. S'appuyant d'une main au pommeau de la
selle, le chevalier sauta d'un bond sur le dos du noble animal
sans se servir de l'étrier, brandit sa lance, et lui fit exécuter deux
fois le tour de l'enceinte en mettant en évidence ses qualités et ses
allures avec l'habileté d'un écuyer accompli.

On aurait pu en toute autre circonstance attribuer à un sentiment de vanité cet étalage d'adresse, mais on n'y vit qu'une
preuve des plus flatteuses du prix qu'il attachait au présent dont
le prince venait de l'honorer, et encore une fois le chevalier recueil-
lit sur son passage les applaudissements de tous les spectateurs.

Sur ces entrefaites, le prieur de Jorvaulx rappela tout bas au
prince Jean que le vainqueur, après ses gages de vaillance, était
tenu d'en donner un de son goût en choisissant parmi les dames

qui faisaient l'ornement des galeries celle qui devait, en qualité de reine de la Beauté, décerner, le lendemain, le prix du tournoi. Avec son bâton de commandement, Jean fit un signe au chevalier au moment où il passait devant lui pour la seconde fois; celui-ci se tourna vers le trône, et, la pointe de sa lance baissée vers la terre, attendit, immobile, les ordres du prince, tandis que la soudaineté avec laquelle il sut passer d'un état d'agitation violente à l'immobilité d'une statue équestre provoquait de toutes parts un murmure d'admiration.

« Sire chevalier Déshérité, » dit Jean, « puisque ce titre est le seul que nous puissions vous donner, c'est à présent votre devoir, non moins qu'un de vos privilèges, de désigner la noble dame qui, demain, comme reine d'Honneur et de Beauté, devra présider à la fête. Vous êtes absolument le maître de décerner cette couronne à telle dame qu'il vous plaira de choisir; celle qui la recevra de vous sera demain notre reine. Levez votre lance. »

Le chevalier obéit, et le prince posa sur le fer de sa lance une couronne de satin vert bordée d'un cercle d'or, qui était surmontée de cœurs et de pointes de flèche, alternés comme les boules et les feuilles de fraisier d'une couronne ducale.

Marchant alors avec non moins de lenteur qu'il avait mis jusque-là de vitesse à parcourir l'arène, le chevalier sembla user de son droit d'examiner une à une les nombreuses beautés qui composaient ce cercle magnifique. Il était vraiment curieux de voir, pendant ce temps-là, le manège des dames qui subissaient cet examen. L'une rougissait, l'autre se donnait un air fier et digne; celle-ci détournait les yeux, feignant d'ignorer ce qui se passait, celle-là se rejetait en arrière, par affectation peut-être; certaines cherchaient à retenir un sourire, et deux ou trois le laissèrent voir tout franc. Il y en eut aussi qui baissèrent leur voile.

A la fin, le vainqueur s'arrêta sous la galerie où était assise lady Rowena, et l'attention des spectateurs fut portée à son comble.

Soit indécision, soit tout autre motif, le champion de la journée resta quelques instants immobile, pendant que l'assemblée attendait en silence, et les yeux fixés sur lui, ce qu'il allait faire; enfin, inclinant peu à peu et avec grâce le fer de sa lance, il déposa la

Fig. 207. — Rowena choisie comme reine de Beauté.

couronne aux pieds de la belle Rowena (fig. 207). Les trompettes sonnèrent aussitôt, et les hérauts d'armes proclamèrent cette dame reine de la Beauté et des Amours pour le lendemain, en menaçant de peines exemplaires quiconque ne se soumettrait pas à son autorité. Puis, à leurs nouveaux cris de *Largesse!* Cedric, au comble de la joie, répondit par un don généreux, et après lui Athelstane, avec non moins de libéralité.

Il y eut des murmures parmi les demoiselles d'origine normande, aussi peu accoutumées à se voir préférer des beautés saxonnes que les barons l'étaient à être battus par ceux à qui ils avaient enseigné les jeux de la chevalerie. Ces signes de mécontentement se perdirent au milieu des acclamations générales.

Par différents chemins, selon les localités d'où ils étaient venus, et en files plus ou moins serrées, on vit ensuite les spectateurs s'éparpiller dans la plaine. Un grand nombre d'entre eux se dirigeaient du côté d'Ashby, où les plus marquants avaient un logement au château et les autres dans la ville. Parmi ces derniers étaient la plupart des chevaliers qui avaient déjà figuré dans le tournoi ou qui se proposaient d'y prendre part le lendemain ; pendant qu'ils chevauchaient au pas en causant des événements de la journée, ils étaient salués par les hourras de la multitude, qui en poussait également sur le passage du prince Jean, bien plus à cause de l'éclat de son cortège que par suite de sa popularité.

Des acclamations plus sincères, plus unanimes et aussi mieux méritées accueillirent, lorsqu'il parut, le vainqueur du jour ; mais, afin de se soustraire aux regards des curieux, il accepta l'offre que lui firent poliment les maréchaux du camp d'une des tentes dressées au nord de la lice. Dès qu'il y fut entré, tous ceux qui étaient restés dans l'arène pour le voir, et hasarder à son sujet de nouvelles conjectures, se décidèrent à partir.

Les signes et les rumeurs qui indiquent la présence d'un immense concours d'hommes réunis en un même lieu, et sous l'influence d'un même spectacle, firent alors place à ce brouhaha de voix qui s'éloignent de divers côtés, et l'on cessa bientôt de l'entendre. Le silence ne fut plus troublé que par les valets, chargés d'enlever les coussins et les tapisseries, afin de les mettre en sûreté pour la nuit,

et qui se disputaient les restes du vin et des autres rafraîchissements qu'on avait apportés aux assistants.

En dehors de l'enceinte, plusieurs forges étaient installées, et
leurs feux, encore pâles à la lueur du crépuscule, annonçaient que
les artisans allaient passer la nuit à réparer ou à redresser les armures qui devaient servir le lendemain (fig. 208).

Fig. 2o8. — Forges installées en dehors de l'enceinte.

Des hommes d'armes, qu'on relevait de deux en deux heures,
furent placés en grand nombre autour de la lice, et veillèrent jusqu'au jour.

A peine le chevalier Déshérité fut-il entré dans sa tente que pages
et écuyers lui offrirent en foule leurs services pour le désarmer, lui
présenter des habits de rechange et le mettre au bain. La curiosité
les poussait à cet excès de zèle, car chacun brûlait de savoir quel
était le champion qui, après avoir cueilli tant de lauriers, n'en

avait pas moins refusé, même sur l'invitation du prince, de lever
sa visière ou de dire son nom. Leur empressement de commande
fut sans résultat : le chevalier ne voulut recevoir d'autre aide que
celle de son propre écuyer. Resté seul avec lui dans la tente, ce
dernier le débarrassa des pièces les plus incommodes de son armure, et apporta du vin et des aliments, dont les fatigues de la
journée lui faisaient éprouver le besoin.

Le chevalier terminait à peine un sommaire repas lorsque son
écuyer lui annonça que cinq hommes, conduisant en laisse des chevaux barbes, demandaient à lui parler. Il avait, en quittant son
armure, revêtu la longue robe que portaient dans la vie civile les
personnes de sa condition, et dont le capuchon pouvait à volonté
déguiser ses traits presque aussi bien que la visière d'un casque;
d'ailleurs la nuit, qui commençait à tomber, aurait rendu toute
dissimulation inutile, excepté pour des gens à qui son visage eût
par hasard été parfaitement connu.

Il s'avança donc hardiment jusqu'au seuil de sa tente, et y trouva
les écuyers des cinq tenants, qu'à leur livrée rouge et noire il n'eut
pas de peine à reconnaître; chacun d'eux tenait par la bride le destrier de son maître, chargé de l'armure sous laquelle il avait combattu (fig. 209).

« Conformément aux lois de la chevalerie, » dit celui qui venait
en tête, « moi, Baudoin d'Oyley, écuyer du redoutable chevalier
Briand de Bois-Guilbert, je vous offre à vous, qui prenez le titre,
quant à présent, de chevalier Déshérité, le cheval et l'armure dont
s'est servi ledit Briand de Bois-Guilbert dans la passe d'armes de ce
jour, laissant à votre magnanimité le soin de les garder ou d'en fixer
la rançon, selon votre bon plaisir; car telle est la loi des armes. »

Les autres écuyers répétèrent à peu près la même formule, et
attendirent en silence la décision du chevalier Déshérité.

« A vous quatre, Messires, » dit celui-ci en s'adressant à ceux qui avaient parlé les derniers, « ainsi que pour vos vaillants et honorables maîtres, ma réponse sera la même. Portez mes compliments à ces nobles chevaliers, et dites-leur que je croirais mal faire de les priver d'armes et de coursiers qui ne sauraient servir à de plus braves champions. Je voudrais pouvoir terminer là mon

Fig. 209. — Remise des chevaux et des armes au Déshérité.

message; mais étant, de fait comme de nom, le Déshérité, j'aurai une grande obligation à vos maîtres s'il leur plaît de bonne grâce de racheter ces dépouilles, car à peine puis-je dire que ce que je porte est à moi.

— Nous sommes chargés, » répondit l'écuyer de Front de Bœuf, « d'offrir cent sequins chacun pour la rançon des chevaux et des armes.

— Cela suffit, » dit le chevalier. « Les besoins du moment m'o-
bligent d'accepter la moitié de cette somme; quant au reste, sires
écuyers, gardez-en la moitié pour vous, et partagez l'autre entre les
hérauts et les poursuivants d'armes, les ménestrels et les valets. »

Les écuyers, tête nue et avec de profondes révérences, exprimè-
rent leur vive reconnaissance d'une générosité dont ils n'étaient
pas habitués à recevoir des marques si grandes. Puis le chevalier,
se tournant vers Baudoin, l'écuyer de Bois-Guilbert :

« De votre maître, » lui dit-il, « je ne veux ni armes ni rançon.
Dites-lui en mon nom que notre lutte n'est pas finie, qu'elle ne le
sera point tant que nous n'aurons pas combattu à l'épée comme à
la lance, à pied comme à cheval. C'est un combat à outrance : il
m'y a défié lui-même, et je ne l'oublierai pas. Assurez-le en même
temps que, loin de le mettre au rang de ses compagnons, avec lesquels je ferai volontiers assaut de courtoisie, je le traiterai en ennemi mortel.

—Mon maître, » répondit Baudoin, « sait rendre mépris pour
mépris, coup pour coup, et courtoisie pour courtoisie. Puisque
vous dédaignez d'accepter de lui la part de rançon que vous venez
d'assigner aux autres chevaliers, je dois laisser ici son armure et
son cheval, bien sûr d'avance qu'il ne s'abaissera jamais à porter
l'une ni à monter l'autre.

— Vous avez bien parlé, brave écuyer, » dit le chevalier, « bien
et hardiment, ainsi qu'il sied à celui qui porte la parole au nom
d'un maître absent. Toutefois ne laissez ni le cheval ni les armes;
rapportez-les à votre maître et, s'il dédaigne de les reprendre,
gardez-les pour vous, mon ami : en tant qu'ils m'appartiennent,
je vous les donne de bon cœur. »

Baudoin salua profondément et se retira avec ses compagnons,
tandis que le chevalier Déshérité rentrait dans sa tente.

Le jour reparut brillant et sans nuages, et le soleil ne s'était guère élevé au-dessus de l'horizon que déjà les files de curieux couvraient la plaine, et, d'un pas vif ou nonchalant, s'acheminaient vers le champ clos, afin de s'assurer les meilleures places pour assister à la reprise des exercices guerriers.

Bientôt après, les maréchaux du camp et leur escorte, ainsi que les hérauts d'armes, entrèrent en fonctions : ils devaient recevoir les noms des chevaliers qui se présenteraient au tournoi, avec l'indication de la bannière sous laquelle ils voulaient se ranger; précaution nécessaire pour établir l'égalité entre les troupes qui allaient être opposées l'une à l'autre.

Suivant l'usage, le chevalier Déshérité était de droit le chef d'une des deux troupes; Briand de Bois-Guilbert, le mieux faisant, après lui, du jour précédent, fut désigné pour commander la seconde. Ceux qui, la veille, avaient soutenu le défi, lui restèrent fidèles, à l'exception de Ralph de Vipont, que sa chute avait mis hors d'état d'endosser de sitôt une armure. Il ne manqua pas, au reste, de nobles candidats pour remplir les rangs de côté et d'autre.

En effet, bien que la lutte générale, dans laquelle tous les chevaliers combattaient à la fois, offrît plus de dangers que les joutes isolées, elle était plus recherchée et marquait d'ordinaire la fin des tournois. Beaucoup de chevaliers, qui n'avaient pas assez de confiance en leurs propres talents pour affronter un seul adversaire de grand renom, aspiraient à déployer leur vaillance dans une mêlée, où ils pouvaient rencontrer des chances plus égales.

Cinquante chevaliers environ étaient déjà inscrits sous l'une et l'autre bannière, lorsque les maréchaux déclarèrent la liste close, au désappointement de plusieurs autres qui arrivèrent trop tard.

Vers dix heures du matin, toute la plaine était couverte de personnes des deux sexes, à cheval ou à pied, qui se hâtaient de gagner leurs places; et, bientôt après, de bruyantes fanfares de trompettes annoncèrent l'arrivée du prince Jean, accompagné, outre sa suite ordinaire, d'un grand nombre de chevaliers en armes, les uns qui allaient prendre part à la lutte, les autres qui n'en voulaient être que les spectateurs.

Dans le même instant, arriva Cedric le Saxon, avec lady Rowena. Athelstane, cette fois, n'était pas avec lui : il avait, sur sa haute et forte personne, endossé le harnais de guerre, afin de se mêler aux combattants, et, à la stupéfaction de Cedric, il s'était enrôlé dans le parti du templier. Le Saxon eut beau faire à son ami d'énergiques remontrances sur un choix si peu judicieux; il ne reçut qu'une réponse évasive, telle qu'en donnent d'habitude les gens qui ont à leur service plus d'obstination que de bons arguments.

Bracy et les autres chevaliers de la suite du prince avaient adopté le parti des tenants, d'après l'ordre indirect de leur maître, qui souhaitait fort d'assurer autant que possible la victoire de ce côté. D'autre part, beaucoup d'autres chevaliers, normands ou anglais, indigènes ou étrangers, s'étaient déclarés contre eux, avec d'autant plus d'empressement qu'ils allaient avoir à leur tête un champion qui avait donné d'éclatantes preuves de ses talents.

Dès que le prince Jean vit que la reine du jour était arrivée dans l'arène, il s'avança à sa rencontre, avec ces façons courtoises qui lui seyaient si bien quand il lui plaisait de les prendre; ôtant son bonnet, il mit pied à terre et aida lady Rowena à descendre de son palefroi, tandis qu'un des plus illustres seigneurs de sa suite tenait la bride, et que les autres s'approchaient, la tête découverte (fig. 210).

« Soyons, » dit Jean, « les premiers et les loyaux sujets de la reine de Beauté, et conduisons-la jusqu'au trône qu'elle doit occuper aujourd'hui. Mesdames, accompagnez votre reine, si vous désirez qu'on vous rende un jour les mêmes honneurs. »

En parlant ainsi, le prince conduisit Rowena jusqu'à la tribune qui faisait face à la sienne, tandis que les dames les plus distinguées par leur beauté et par leur naissance se pressaient à l'envi pour se placer aussi près que possible de leur souveraine d'un jour.

A peine Rowena fut-elle assise que le son des trompettes, assourdi par le fracas des acclamations populaires, salua sa nouvelle dignité. Le soleil brillait alors de tout son éclat, et ses ardents

Fig. 210. — Le prince aida Rowena à descendre de son palefroi.

rayons venaient se refléter sur les armes des chevaliers, qui, groupés à chaque extrémité de la lice, discutaient gravement sur la meilleure manière de disposer leur ligne de bataille et de soutenir l'assaut.

Puis les hérauts imposèrent silence afin de donner connaissance des règles du tournoi; elles étaient conçues de façon à diminuer jusqu'à un certain point les périls de la lutte, et la précaution n'était point inutile, car on devait y faire usage des épées et de lances affilées.

Il était défendu de se servir de l'épée autrement qu'avec le plat de la lame. Un chevalier pouvait, à sa guise, avoir recours à la masse ou à la hache d'armes, mais non au poignard, qui était interdit. Tout champion démonté pouvait recommencer à pied le combat avec un adversaire qui fût dans le même cas, mais aucun homme à cheval n'avait le droit de l'attaquer. Lorsqu'un chevalier parvenait à acculer son adversaire au bout de la lice, de manière à lui faire toucher la palissade soit de sa personne soit de ses armes, celui-ci était obligé d'avouer sa défaite, de se retirer de la mêlée et de remettre au vainqueur son cheval et son armure. Si l'un des combattants était renversé et hors d'état de reprendre pied, son écuyer ou son page pouvait entrer dans la lice et l'entraîner hors de l'enceinte, mais en ce cas il était déclaré vaincu, et il perdait ses armes et son cheval.

Le combat devait cesser aussitôt que le prince Jean jetterait dans l'arène son bâton de commandement : autre précaution prise d'ordinaire pour empêcher l'inutile effusion du sang par la trop longue durée d'une bataille acharnée. Tout chevalier qui violait les règles du tournoi, ou qui manquait en aucune manière aux lois de la chevalerie, s'exposait, en punition de sa conduite déloyale, à être placé, sans armes et l'écu renversé, à califourchon sur les barreaux de la palissade, en butte aux risées de la foule.

Après avoir proclamé ces dispositions, les hérauts exhortèrent tous les bons chevaliers à faire leur devoir et à mériter la faveur de la reine de Beauté. Cette proclamation terminée, ils se retirèrent aux postes qui leur étaient assignés.

Alors les chevaliers, partant en longue procession des deux bouts de la lice, se rangèrent sur une double file, exactement en face les uns des autres. Le chef de chaque troupe devait prendre place au milieu du premier rang, mais il ne l'occupa qu'après avoir réglé avec soin l'ordonnance de sa troupe et fixé le poste de chacun.

C'était un spectacle à la fois imposant et plein d'anxiété que de voir tant de vaillants preux, magnifiquement montés et couverts d'armures brillantes, se préparer à une rencontre formidable, campés sur leur selle de guerre comme autant de piliers d'airain, et attendant le signal du combat avec la même ardeur que leurs généreux coursiers, qui manifestaient leur impatience en hennissant et en frappant du pied la terre.

Comme les chevaliers tenaient droites leurs longues lances, le soleil en faisait étinceler le fer, et les banderoles dont elles étaient ornées flottaient au-dessus des panaches qui ombrageaient leurs casques. Ils demeurèrent dans cette attitude pendant que les maréchaux du tournoi parcouraient les rangs avec une rigoureuse attention, pour s'assurer que l'un des partis n'était pas plus nombreux que l'autre. Le compte ayant été trouvé exact, ils s'éloignèrent, et Guillaume de Wyvil lança, d'une voix retentissante, le signal convenu : « Laissez aller! »

Au même instant les trompettes sonnèrent; les chevaliers baissèrent leurs lances tous à la fois, les mirent en arrêt et enfoncèrent l'éperon dans les flancs de leurs chevaux. Des deux côtés les premiers rangs fondirent l'un sur l'autre au galop, et s'entrechoquèrent au milieu de l'arène avec un fracas si terrible qu'on l'entendit à plus d'un mille de distance. Les seconds rangs se mirent aussi en mouvement, mais à une allure plus modérée, prêts à profiter des chances de leur bannière.

Les spectateurs inquiets ne distinguèrent pas sur-le-champ quel avait été le résultat de la rencontre; des nuages de poussière s'étaient élevés sous les pieds des chevaux, l'air en était obscurci, et ils ne se dissipèrent qu'au bout de quelques moments. Quand la scène du combat fut visible, on s'aperçut que, de chaque côté, la moitié des chevaliers avaient été désarçonnés : ceux-ci étaient tombés sous un adroit coup de lance; ceux-là (et leur monture avec eux), sous le poids et la force de leur adversaire; quelques-uns gisaient tout de leur long à terre, comme s'ils ne devaient jamais plus se relever; d'autres, déjà sur pied, serraient de près ceux du parti contraire qui se trouvaient dans la même position; plusieurs enfin, grièvement blessés, se servaient de leurs écharpes pour arrêter le sang, en cherchant à se mettre à l'écart. Les chevaliers restés en selle, qui presque tous avaient eu leur lance rompue par la violence du choc, avaient mis l'épée à la main, et poussant leurs cris de guerre, ils échangeaient de rudes coups, comme si leur honneur et leur vie eussent été attachés à l'issue du combat.

Le tumulte augmenta bientôt lorsque, de chaque côté, le second rang, qui avait été tenu en réserve, accourut au secours du premier. Les suivants de Bois-Guilbert criaient : « Ah! Beaucéant! Beaucéant! Pour le Temple! Pour le Temple! » et ceux du parti opposé répondaient : « Desdichado! Desdichado! » d'après la devise inscrite sur le bouclier de leur chef.

Les combattants s'attaquant l'un et l'autre avec une furie extrême et des alternatives de succès, le sort de la bataille semblait flotter tantôt vers le nord, tantôt vers le midi de l'arène, selon la troupe qui l'emportait momentanément. Cependant le cliquetis des armes et les cris des combattants, se mêlant d'une manière effrayante au son des trompettes, étouffaient les gémissements de ceux qui étaient frappés et qui roulaient sans défense sous les pieds des chevaux (fig. 211). Les éclatantes armures, alors souillées de poussière et de sang, se brisaient sous les coups redoublés de l'épée à deux mains et de la hache d'armes. Les soyeuses plumes, arrachées des cimiers, voltigeaient au gré de la brise comme des flocons de neige. Tout ce qu'il y avait de brillant et de gracieux dans l'appareil militaire avait disparu, et ce qu'on en voyait n'était plus propre qu'à éveiller la terreur ou la pitié.

Cependant, telle est la force de l'habitude que non seulement les spectateurs vulgaires, naturellement attirés vers les scènes d'horreur, mais même les dames de haut parage, qui remplissaient les galeries, suivaient les phases de la mêlée avec un intérêt sai-

Fig. 2ıı. — La mêlée.

sissant, mais sans songer à détourner les yeux d'un spectacle si terrible. Parfois, il est vrai, une belle joue pâlissait; il s'échappait un faible cri, à la vue d'un amant, d'un frère ou d'un époux qui était jeté à terre. Mais, en général, les dames encourageaient les combattants, soit en frappant des mains, soit en agitant leurs voiles, parfois même en s'écriant : « Brave lance! bonne épée! » si elles distinguaient un trait d'adresse ou de courage.

A l'intérêt que prenait le beau sexe à ces jeux sanglants, il est aisé de comprendre celui qu'ils inspiraient aux hommes. Ils le manifestaient par de bruyantes acclamations à chaque changement de fortune, et tenaient les yeux fixés sur l'arène comme s'ils avaient donné et reçu les coups qu'on y distribuait si libéralement. Entre chaque pause, la voix des hérauts d'armes se faisait entendre : « Courage, braves chevaliers! L'homme meurt, mais la gloire subsiste. Courage ! Plutôt la mort que la défaite! Courage, braves chevaliers! La beauté assiste à vos prouesses. »

Au milieu des vicissitudes du combat, tous les regards s'efforçaient d'apercevoir les deux chefs, qui, se jetant au plus fort de la mêlée, soutenaient leurs compagnons de la voix et de l'exemple. Ils firent l'un et l'autre des prodiges de bravoure, et nul, dans les rangs opposés, ne pouvait leur être comparé. Excités par une animosité mutuelle et sachant que la chute de l'un d'eux pourrait décider de la victoire, ils essayèrent plusieurs fois d'en venir à un combat singulier ; mais si grandes étaient la foule et la confusion que longtemps leurs efforts pour se joindre furent inutiles : ils étaient toujours séparés par l'empressement de leurs suivants, dont chacun brûlait de se distinguer en mesurant ses forces contre le chef du parti contraire.

Lorsque le champ de bataille eut commencé à s'éclaircir par la retraite de ceux qui s'étaient avoués vaincus, ou qui avaient été acculés au bout de la lice, ou qui, par d'autres raisons, n'étaient plus en état de continuer la lutte, Bois-Guilbert et le Déshérité se rencontrèrent à la fin, face à face, et s'attaquèrent avec toute la fureur qu'une haine mortelle, jointe à la rivalité de gloire, pouvait inspirer. Telle fut leur adresse dans l'attaque et dans la défense que les spectateurs, au comble du ravissement et de l'admiration, éclatèrent en acclamations unanimes et involontaires.

En ce moment, la troupe du chevalier Déshérité eut le dessous. Le bras du gigantesque Front de Bœuf, d'un côté, et la force écrasante d'Athelstane, de l'autre, avaient terrassé et dispersé tous ceux qui s'offraient à leurs coups : se voyant délivrés de leurs adversaires immédiats, il leur vint à l'instant la même idée, paraît-il, c'était de rendre définitive la victoire de leur parti en s'unissant au templier contre son rival. Tournant la bride en même temps, ils s'élancèrent à fond de train contre celui-ci, le Normand à droite et le Saxon à gauche. Il eût été absolûment impossible que le Déshérité soutînt cet assaut inattendu, s'il n'avait été averti par un cri général des assistants, qui ne pouvaient s'empêcher de prendre intérêt à l'objet d'une attaque si inégale.

« Garde à vous, Déshérité! garde à vous! » lui cria-t-on de toutes parts. Il s'aperçut alors du danger qu'il courait, et, après avoir frappé en pleine poitrine son ennemi, il fit reculer aussitôt son cheval de façon à éviter l'agression simultanée d'Athelstane et de Front de Bœuf. Ces derniers, ayant manqué le but, passèrent entre le chevalier du Temple et son adversaire, sans pouvoir retenir leurs chevaux, qui faillirent s'entrechoquer. S'en étant enfin rendus maîtres, ils les ramenèrent de front, et tous trois réunirent leurs efforts pour venir à bout du Déshérité.

Aucun moyen de salut ne lui restait, hormis la vigueur étonnante et l'agilité de son destrier, prix de sa victoire de la veille. Il sut tirer d'autant mieux parti de ces qualités que le cheval de Bois-Guilbert était blessé, et que ceux de Front de Bœuf et d'Athelstane, pliant sous le poids de leurs pesants cavaliers, commençaient à faiblir. Le chevalier Déshérité mit alors en œuvre ses rares talents d'équitation : grâce à l'énergie du noble animal qu'il montait, il réussit durant quelques minutes à tenir les assaillants en respect sous la menace de son épée ; bondissant et tournoyant avec la vélocité d'un faucon en chasse, il les divisait autant que possible, ou, se précipitant tantôt sur l'un, tantôt sur l'autre, il les frappait à l'improviste, sans leur laisser le temps de riposter à propos.

Mais, quoique l'arène retentît des applaudissements prodigués à son habileté, il était manifeste qu'il finirait par succomber. Les seigneurs qui entouraient le prince le conjurèrent tout d'une voix de jeter dans l'enceinte son bâton de commandement, et d'épargner à un preux si vaillant la disgrâce d'être accablé sous le nombre.

« Par le ciel qui nous éclaire! » répondit Jean, « je n'en ferai rien. Ce jouvenceau, qui cache son nom et qui dédaigne notre hospitalité, a déjà remporté un prix; qu'il permette à d'autres d'avoir leur tour. »

Comme il disait ces mots, un incident inattendu vint changer la face du combat.

Dans la troupe du chevalier Déshérité il y avait un champion à l'armure noire, monté sur un cheval de même couleur, large de poitrail, de haute taille, et, selon les apparences, aussi puissant et aussi robuste que son maître. Celui-ci, qui ne portait aucune espèce de devise sur son bouclier, avait paru jusque-là s'intéresser médiocrement à l'issue de la lutte; il repoussait, comme en se jouant, ceux qui l'attaquaient, sans poursuivre ses avantages ni provoquer personne. En somme, il tenait plutôt dans la mêlée le rôle d'un spectateur que celui d'un auxiliaire, circonstance qui lui avait attiré le sobriquet de *Noir Fainéant*.

Tout à coup il sembla secouer son indifférence en voyant le chef de son parti si vivement pressé; car, éperonnant sa monture, encore toute fraîche, il s'élança comme l'éclair à son secours (fig. 212), en s'écriant d'une voix de stentor : « Desdichado à la rescousse! »

Fig. 212. — Le chevalier Noir vient au secours du chevalier Déshérité.

Il n'était que temps : tandis que le Déshérité serrait de près le templier, Front de Bœuf arrivait sur lui, l'épée haute. Avant que l'épée s'abaisse, le chevalier Noir lui décharge la sienne sur la tête ; mais l'acier poli du casque la fait glisser, et elle retombe, avec une force à peine amoindrie, sur le chanfrein du cheval. L'homme et la bête roulent à terre, étourdis à la fois de la violence du choc. Puis le chevalier se retourne contre Athelstane. Comme son épée s'était brisée, il arrache des mains du lourd Saxon la hache que celui-ci brandissait, et, non moins familier avec le maniement de cette arme, il lui en assène un tel coup sur le cimier qu'Athelstane tombe renversé, privé de sentiment.

Après ce double exploit, d'autant plus applaudi qu'on y était moins préparé de sa part, le chevalier Noir parut rentrer dans son indolence naturelle, et, retournant tranquillement à l'extrémité de la lice, il laissa son chef batailler comme il pourrait avec Briand de Bois-Guilbert. Cette lutte n'offrait plus les mêmes difficultés qu'auparavant. Le cheval du templier, qui avait perdu beaucoup de sang, s'affaissa au premier choc du chevalier Déshérité. Bois-Guilbert fut entraîné dans la chute, un pied accroché à l'étrier, d'où il ne put le dégager. Son adversaire sauta à terre, et, l'épée haute, lui cria de se rendre... Alors le prince Jean, plus touché de la situation critique du templier qu'il ne l'avait été de celle de son rival, lui épargna la mortification de confesser sa défaite en jetant son bâton dans la lice.

A ce signal devait cesser le combat. Au reste, comme un feu qui s'éteint, il lançait ses dernières flammes ; car, du petit nombre de champions qui restaient encore, la plupart, s'éloignant par un accord tacite, avaient laissé à leurs chefs le soin de décider entre eux la victoire.

Les écuyers, qui avaient jugé périlleux et difficile d'assister leurs

maîtres durant la bataille, accoururent en foule pour venir au secours des blessés, qui furent transportés avec tous les ménagements
possibles dans les tentes voisines ou aux quartiers préparés pour
eux dans la ville.

Ainsi se termina le mémorable tournoi d'Ashby de la Zouche,
un des plus meurtriers de ce siècle. Si quatre chevaliers seulement,
dont l'un fut suffoqué par la chaleur de son armure, périrent sur
la place, plus de trente reçurent des blessures horribles; quatre ou
cinq n'en guérirent jamais, d'autres demeurèrent infirmes toute
leur vie, et ceux qui se rétablirent portèrent jusqu'au tombeau les
stigmates du combat. De là vient qu'il est toujours qualifié, dans
les vieilles chroniques, de « Noble et Joyeuse Passe d'armes
d'Ashby ».

Le moment était venu où le prince devait désigner le mieux faisant des chevaliers : il décida que l'honneur de la journée appartenait à celui que la voix publique avait surnommé *le Noir Fainéant*. On eut beau lui représenter, à l'encontre de sa résolution,
que la victoire était de fait l'œuvre du Déshérité, qui avait, ce jour-
là, terrassé six champions de sa propre main et fini par désarçon-
ner le chef du parti opposé, le prince persista dans son opinion,
sous prétexte que le Déshérité et ses suivants auraient perdu la
bataille sans l'aide puissante du chevalier aux armes noires, à qui
il fallait donc décerner le prix.

A la surprise générale, le chevalier qui venait d'être préféré ne
se trouva nulle part. Il avait quitté l'arène à peine le combat fini,
et quelques personnes l'avaient vu se diriger vers une des percées de
la forêt, avec cette même lenteur et ce même air d'insouciance
qu'on avait remarqués chez lui. On l'appela deux fois au son des
trompettes et par la voix des hérauts d'armes. Il fallut bien, en
son absence, désigner un autre chevalier pour recevoir les hon-

neurs du tournoi : Jean, n'ayant plus rien à alléguer contre les droits du Déshérité, se résigna à le proclamer vainqueur.

A travers un terrain où le pied glissait dans le sang, et tout encombré d'armes en pièces et de chevaux morts ou blessés, les maréchaux du tournoi amenèrent derechef le vainqueur jusqu'au pied du trône royal.

« Chevalier Déshérité, » lui dit le prince, « puisque c'est le seul titre sous lequel vous vouliez être connu, nous vous décernons pour la seconde fois les honneurs de ce tournoi, et rappelons que vous avez droit de réclamer et de recevoir des mains de la reine de la Beauté la couronne qu'a justement méritée votre valeur. »

Le chevalier s'inclina sans répondre.

Pendant que les trompettes sonnaient, que les hérauts d'armes s'égosillaient à crier : « Honneur au brave ! Gloire au vainqueur ! » que les dames agitaient leurs mouchoirs de soie et leurs voiles brodés, qu'enfin de toutes parts s'élevait un concert de louanges et de cris de joie, les maréchaux conduisirent, à travers la lice, le Déshérité au pied du trône occupé par lady Rowena.

On le fit mettre à genoux sur la dernière marche du trône. Depuis la fin du combat, il semblait, dans tous ses mouvements, céder plutôt à l'impulsion de ceux qui l'entouraient qu'à sa propre volonté, et l'on avait observé qu'en quittant le prince il avait chancelé. Rowena, descendant de son siège avec autant de grâce que de majesté, allait placer sur le heaume du champion le chapelet de fleurs qu'elle tenait à la main, lorsque les deux maréchaux s'écrièrent à la fois : « Ce n'est pas de règle ; sa tête doit être découverte. » Le chevalier articula quelques mots, qui se perdirent dans la cavité de son casque, et dont le sens paraissait exprimer le désir de rester couvert.

Soit respect de la règle, soit curiosité, les maréchaux ne prêtèrent aucune attention à ses marques de répugnance; ils le décoiffèrent, en coupant les attaches de son casque et de son gorgerin. On vit alors les traits d'un jeune homme de vingt-cinq ans, bien formés et brunis par le soleil, couronnés d'une abondance de cheveux blonds et courts. Il était d'une pâleur mortelle, et deux ou trois filets de sang sillonnaient son visage.

Fig. 213. — Le Déshérité tomba évanoui aux pieds de Rowena.

Rowena l'eut à peine entrevu qu'elle laissa aller un faible cri; mais rappelant aussitôt toute l'énergie de son caractère et se contraignant, pour ainsi dire, à continuer son rôle, elle posa, d'une main tremblante d'émotion, sur la tête du vainqueur la magnifique couronne qui devait être sa récompense. En même temps elle prononça ces mots d'une voix claire et vibrante :

« Je te donne cette couronne, sire chevalier, comme le prix de vaillance réservé au vainqueur de cette journée. » Elle s'arrêta un moment et reprit d'un ton ferme : « Et jamais couronne de chevalerie n'a été placée sur un front plus digne ! »

Le chevalier pencha la tête, et baisa la main de la jeune reine qui venait d'honorer son courage ; puis, s'affaissant encore davantage, il tomba à ses pieds, évanoui.

Fig. 214. — Saint Georges, patron des chevaliers.
Bas-relief du tombeau du cardinal d'Amboise, à Rouen. xvie siècle.

TABLE DES MATIÈRES.